国家特色专业包头师范学院汉语言文学专业建设丛书

阅读教学资源
研究的理论与实践

◎ 张学凯／编著

南開大學出版社

图书在版编目（CIP）数据

阅读教学资源研究的理论与实践 / 张学凯编著. ——

天津 ：南开大学出版社，2014.5

（国家特色专业包头师范学院汉语言文学专业建设丛书）

ISBN 978-7-310-04453-5

Ⅰ．①阅… Ⅱ．①张… Ⅲ．①阅读课－教学研究－中

小学 Ⅳ．①G633.332

中国版本图书馆CIP数据核字(2014)第064769号

南开大学出版社出版发行

出版人：孙克强

地址：天津市南开区卫津路94号　邮政编码：300071

营销部电话：（022）23508339　（022）23500755

营销部传真：（022）23508542　邮购部电话：（022）23502200

*

北京天正元印务有限公司印刷

全国各地新华书店经销

*

2014年5月第1版　2014年5月第1次印刷

710×1000毫米　1/16　13.5印张　232千字　2000册

定价：32.00元

如有质量问题请与本社营销部联系调换，电话：（022）23507125

丛书总序

包头师范学院汉语言文学专业始建于 1958 年，是国家于上世纪在西北地区建立的高等师范专科学校的院系之一；专业建立之初就汇集了来自全国各地的众多名家，如古代文学研究方面的卢兴基先生、现当代文学研究方面的丁尔纲先生、中学语文教学法研究方面的韩雪屏先生等诸多学者，他们从各个方面为汉语言文学专业的建设与发展奠定了坚实的基础。前贤导引，后人进取，历经半个多世纪的上下求索、不懈努力，汉语言文学专业于 2007 年获批内蒙古自治区高等教育品牌专业，成为包头师范学院第一批品牌专业，又在 2010 年获批国家高等教育特色专业建设点。凡此，充分表明了汉语言文学专业建设得到了国家和社会的高度认可。然而，获得荣誉的同时，我们又感到极大的压力：究竟怎样在国家特色专业建设中"充分体现学校办学定位，在教育目标、师资队伍、课程体系、教学条件和培养质量等方面，具有较高的办学水平和鲜明的办学特色，获得社会认同并具有较高社会声誉"（教高司函〔2008〕208 号《教育部关于加强质量工程本科特色专业建设的指导性意见》）才能办出人才培养质量上乘、特色鲜明的专业呢？为此，我们一方面加大专业课程建设优化与改革的力度，从学生专业课程体系的改革入手，使专业必修课程教学内容向"专而精"、"深而博"发展；同时倾力打造师范特色，设置了"教师教育方向""语文教学方向"和与之直接关联的"语言学及应用语言学方向"三大系列课程，力求打破学科、专业之间的界限，实现人文社科专业的共融、相通，强化学生自主学习、自我发展和个性化、创新能力的培养。另一方面，我们把提升教师业务素质与特色专业建设有机结合，把人才培养与研究基础教育、服务基础教育有机结合，探索、总结特色专业建设的一点一滴，将特色专业建设真正落实于彰显办学实力、服务社会、锻造人才、提高教育教学质量、深化内涵式发展上。

在国家级特色专业的建设过程中，我们严格要求广大教师潜心研究专业教学规律、基础教育规律、教师教育特性，不断提高自身专业素养，多方进行课堂教学、教育实习等方面的改革，强化了师范生语文教学能力培养的改革与研究。在多年不断积淀的基础上，广大教师根据学科特长与社会所需，凝炼了多种研究成果。我们将这些研究成果加以梳理，形成了"提高汉语言文学专业学生专业素养""服务基础教育""教师教育"三个方向的系列成果（总计15种）。其中"提高中文专业学生专业素养"系列成果（8种）：

《中国古代草原文学研究》（王素敏、温斌编著）

《北朝诗校注》（赵建军、孙红梅、赵彩娟等校注）

《中国古代文学作品补选》（赵彩娟、郁慧娟、温斌编著）

《中国文学经典文本细读理论与个案批评》（诗歌、散文部分）（张学凯主编）

《中国文学经典文本细读理论与个案批评》（小说、戏剧部分）（田中元主编）

《现代汉语实用修辞学》（倪素平、丁素红编著）

《申论写作研究》（运丽君编著）

《写作技法研究》（吴素娥、金鹏善编著）

"服务基础教育"系列成果（4种）：

《中小学汉字教学研究》（刘彩霞编著）

《汉语语言要素的语境研究》（张金梅编著）

《古诗如月》（郁慧娟、李春丽、孙红梅编著）

《初中语文外国文学经典细读与欣赏》（李国德编著）

"教师教育"系列成果（3种）：

《语文阅读教学文本研究的理论与实践》（张学凯编著）

《义务教育阶段基于新课标的语文学科评价研究》（刘旭、李文星编著）

《新课程·新理念·新视域》（刘丽丽编著）

文章百年事，得失寸心知。我们深知知识、视野有限；真诚希望能得到大家的批评、指正。

付版在即，感谢包头师范学院领导的大力支持。

我们将继续努力，不断续写"中文不老"的历史传奇，为包头师范学院的发展贡献力量。

是为序。

2013.8.10

前　　言

　　近年来，视觉审美正在不断消解着传统的阅读观念，以享乐式、消费式的审美活动取代文本阅读，"看形象"成为一种潮流，虚拟性、游戏性、娱乐性的表象日益受到青睐，读书意识淡化，汉语言文学专业中没读过四大古典名著的也大有人在。清华大学肖鹰教授从捍卫文学的立场曾对当代中国文学的"视觉化走向"进行了抨击。复旦大学的陈思和教授曾指出，学生对文学史准备得相当充分，但一问到具体作品就破绽百出，"他们（指学生）对于文学作品的阅读量不仅相当少，而且几乎不具备解读作品的能力"。我校汉语言文学专业学生的阅读量与解读能力，也不容乐观。大多数学生对于作品的理解停留在浅表层面，有时会出现一些常识性的错误。为此，我校开设了语文课程教学资源研究课程，帮助师范生提高对语文教科书的研究能力。

　　2010年我校汉语言文学专业获批国家级特色专业建设点。为提升人才培养质量，我们一方面加大了专业课程改革的力度，使专业课程教学内容向着"专而精"、"深而薄"发展。另一方面倾力于师范特色，开设了教师教育方向，构建了基础课程和选修课程相结合的更加科学的课程体系，进一步加强了对师范生语文教学能力形成的研究，强化师范生的语文教学技能。我们对我校汉语言文学专业2009级、2010级两届师范生的语文课程资源课程进行了改革，把师范生作为教学的主体，放手让他们实践，在实践中逐步理解研究阅读教学资源的意义，学会研究文本的方法。大体上讲，分为四步：其一是给师范生传授语文课程资源研究的新理念，其二是教给他们研究语文课程资源的方法，其三是让师范生按照所学方法读解文本，研究阅读教学资源，其四，鼓励师范生以教育叙事的研究方式对自我的语文教学实践进行研究。

　　这本书是作者近年来对高等师范院校师范生语文教学能力培养的研究成果之一。本书的编写基于解决问题的理念，针对师范生研究语文阅读教学资源时所遇到的突出问题，提出解决策略。体例上分为理论篇、案例研究篇、实践篇、反思篇几个部分。内容上既有理论阐述，又有案例分析，还有实践方法指导与反思性的叙事研究。为师范生及在职的语文教师提供语文阅读教学资源的研究思路及研究方法。在以下几个方面体现出一定的特色：

一、以生为本。在以往的研究中，大都是以学科为出发点，研究语文课程教学资源的应然状态，忽视师范生的实然状况，更多时候，研究成果成为美好的愿景。本书总结多年的教学经验，以我校师范生现有的专业理论知识学习和教师教育类课程的学习的现状为研究的基点，研究他们在解读阅读教学文本及相关资源过程中产生的问题，并探讨解决这些问题的途径，帮助师范生提高阅读教学文本解读能力和相关资源的研究能力。

二、注重实用。这本书基于解决问题的理念只是紧扣住研究单篇课文这一问题，一是阐述了阅读教学资源研究的相关理论，没有在更广阔的层面阐述课程、阅读学、文章学等等理论，二是教给研究策略，三是呈现相关研究案例，四是选择师范生的实践案例，五是师范生的自我教育叙事研究。整部书呈现出理论——策略——案例——自我实践——对自我实践的研究这样一个体例。这样的体例符合马克思主义认识论所阐释的认识规律，比较实用。

三、突出实践。本书刻意呈现了师范生在语文课程资源研究课程中"学得"什么。因而选择了本人所教授的我校汉语言文学专业 2009 级、2010 级两届师范生的实践案例，有阅读教学资源的研究案例、"用教材教"的使用教材案例及其教学反思案例。这些案例除了呈现师范生的"学得"之外，还可作为研究师范生语文教学能力形成的第一手资料。

四、体现创新。教学反思以被公认为是促进教师专业成长的有效途径之一。我国教育界权威专家、华东师范大学终身教授叶澜曾说过：一个教师写一辈子教案不一定成为名师，如果一个教师写三年的反思，有可能成为名师。近年来教育叙事、教学反思被一线教师作为研究方法而运用，但是在职前教育阶段，还很少有人用来研究师范生的教学能力的形成。本书将教育叙事引入职前教育，期望师范生能够自觉反思自我的教学资源研究、模拟教学、教育见习、教育实习，尽快形成教学能力，早日成为合格的教师。

本书针对阅读教学中单篇课文的文本解读以及相关资源的研究进行了探讨，并未覆盖所有的阅读教学资源应研究的问题，如对一个单元的研究等，对师范生的实践案例也只是作了呈现，未作分析研究以探讨其语文教学能力形成的规律。书中难免不足之处甚至于错误，期盼同仁指正，以便进一步修改完善。

编著者

2013 年 8 月

目　　录

第一章 理 论 篇

本章阐述了课程资源、语文课程资源、阅读教学资源等几个概念。语文教科书的构成与特点，文本在语文教科书中的特殊地位及其研究意义；阐述了阅读教学资源研究的内容、策略与步骤；阐述了文学文本、写实文本、文言文本的解读理念与方法。

研究阅读教学资源，主要包括五个方面：一是要独立研读，与文本对话，知人论文；二是要与编辑者对话，了解编辑意图，有效地、合理地使用教科书提供的教学材料；三是要与学生对话。根据授课班级学生的语文学习状况、年龄心理等特点以及课程标准对这一学段学生学习的总体要求，来明确教学目标，选择教学内容与策略；四是要与研究者对话，研究其他研究者对文本的研究成果，选择适宜的作为教学资源，进入课堂教学，拓展学生的视野。五是教学之后，根据教学实际情况，还要对文本进行再研究。

在上述的静态与动态相结合的、系统的研究过程中，一方面，师范生必然会对文本及其助学系统、课程标准等有逐渐深入地理解与认识，在这一过程中，必然会源源不断地获得并更新专业知识；另一方面，在对文本研究与教学效果的不断反思中，其专业知识、教学能力也必将不断提高，促进其向合格教师乃至专家型教师不断迈进。

第一节 阅读教学资源概述

一、课程资源与语文课程资源

（一）什么是课程资源

目前关于课程资源的概念有许多不同的说法。总的说来，一般都认为课程资源有广义与狭义之分。广义的课程资源指有利于实现课程和教学目标的各种因素；狭义的课程资源仅指形成课程与教学的直接因素来源。我们采用教育部师范教育司组织编写的《普通高中新课程研修手册·课程资源的开发与利用》

1

中对课程资源的阐释：把课程资源视为课程设计、实施和评价等整个课程教学过程中可资利用的一切人力、物力以及自然资源的总和，包括教材、教师、学生、家长和社区中所有利于实现课程目标，促使教师专业成长和学生有个性的全面发展的各种资源。可以说在教育教学活动中可以开发与利用的资源多种多样，但需要明确的是，并不是所有的资源都是课程资源，只有那些进入课程，与教学活动联系起来的资源，才是课程资源。①

首先，课程资源是外在于课程而客观存在的。课程资源存在于社会，是自然资源和人力、物力资源的总和。是课程整个教学过程中校园内、外的一切可以利用的资源的总和。这些资源存在是客观的，并不因为某门课程的存在而存在，也不因为某门课程的消失而消失。其次，课程资源潜在于课程的教学中而主观的存在。一方面，由于课程资源是外在于课程而存在的，并非课程内在的，因此，这些资源是潜在的，需要教师的主动去挖掘。另一方面，课程资源也存在于课程和教学的全过程，包括教师和学生。在这种情况下，课程资源是教师和学生的一种见识、一种感受、一种智慧。② 再次，课程资源还具有不确定性。从发展的角度看，课程的目标、内容随着社会的发展，会有变化，因而，其资源也不是固定的，也会因课程目标及内容的发展变化而变化。从选择的角度看，由于课程资源外在于课程，是客观存在的，不同教师在选择进入课程教学的资源时，也会千差万别。从教学过程看，教师、学生都是课程资源，不同教师以不同的方式组织教学、激发学生的学习兴趣，以及在这样的教学过程与学生交流所生成的教学资源也是不同的。由上可见，课程资源是不确定的。

（二）课程资源的分类

根据不同的分类标准，可以把课程资源分成不同的类型。大体分类如下：

1. 根据课程资源的功能特点不同，可以把课程资源划分为素材性资源和条件性资源。

素材性资源，指的是课程的素材或直接来源；如相关的知识、技能、经验、感受、创意、问题、活动方式与方法、以及相关的情感态度和价值观以及培养目标等。

---

① 教育部基础教育司教育部师范教育司组织．普通高中新课程研修手册·课程资源的开发与利用[M]．北京：高等教育出版社，2004，4．
② 韩雪屏、王相文、王松泉．语文课程教学资源[M]．北京：高等教育出版社，2007，8．

条件性资源，不是形成课程本身的直接来源，但却决定课程实施的媒介、设备、设施和环境，范围和水平；如人力、物力、财力，时间、场地等。

2. 按照课程资源的空间分布不同，又可以把课程资源划分为校内资源和校外资源。

校内课程资源包括校内的各种场所和设施，如图书馆、实验室、专用教室、信息中心等；校内人文资源，如教师群体、师生关系、班级社团、校风校纪等；与教育教学密切相关的各种活动，如实验、座谈讨论、文艺演出、社团活动、体育比赛、典礼仪式等。

校外课程资源包括学生的家庭、社区乃至整个社会中各种可以用于教育教学活动的设施和条件以及丰富的自然资源，如社区图书馆、科技馆、博物馆、纪念馆、气象站、地震站、水文站、工厂、农村、部队以及科研院所、学生家长与学生家庭的图书、报刊、电脑、学习工具等等。学校范围以外的丰富、美好的自然资源也是可资利用的课程资源。

3. 根据物理特性和呈现方式的不同，课程资源还可以分为文字资源（以教材为主的印刷品）、实物资源（动植物、矿石等自然物质和建筑、服饰等人类生产生活制造出来的物质）、活动资源（教学活动、班级活动、社团活动等）和信息化资源（计算机、网络等）。

4. 根据资源的不同来源，课程资源可分为自然课程资源（自然景观、动植物、天气与气候等）和社会课程资源（政治、外交、科技等活动以及风俗习惯等）。

5. 根据存现方式的不同，课程资源又可以划分为显性课程资源（教材、各种实物和活动等看得见、摸得着的资源）和隐性课程资源（学校和社会风气等以潜在的方式产生潜移默化影响的资源）。[1]

我们列举了众多课程资源的分类，其目的并不是让学生记住这些知识，而是通过了解课程资源的分类，使学生建立利用和开发课程资源的意识，建立科学的课程资源新理念。

二、语文课程资源

《全日制义务教育语文课程标准（2011 版）》对语文课程资源的表述是：

1. 语文课程资源包括课堂教学资源和课外学习资源，例如：教科书、

---

[1] 韩雪屏、王相文、王松泉.语文课程教学资源[M].北京:高等教育出版社,2007,8—10.

相关配套的阅读材料、其他图书、报刊、工具书、教学挂图，电影、电视、广播、网络，报告会、演讲会、辩论会、研讨会、戏剧表演，生产劳动与社会实践场所，图书馆、博物馆、纪念馆、展览馆，布告栏、报廊、各种标牌广告，等等。

自然风光、文化遗产、风俗民情，方言土语，国内外的重要事件，日常生活的话题等也都可以成为语文课程的资源。

2. 各地都蕴藏着多种语文课程资源。学校要有强烈的资源意识，认真分析本校和本地的特点，充分利用已有的资源，积极开发潜在的资源，特别是人的资源因素和在课程实施过程中生成的资源因素。

3. 学校应积极创造条件，努力为语文教学配置相应的设备；还应当争取社会各方面的支持，与社区建立稳定的联系，给学生创设语文实践环境，开展多种形式的语文学习活动。

4. 语文教师应高度重视课程资源的开发与利用，创造性开展各类活动，增强学生在各种场合学语文、用语文的意识，通过多种途径提高学生的语文素养。

《普通高中语文课程标准（实验）》，对语文课程资源的表述有：

高中语文课程要满足多样化和选择性的需要，必须增强课程资源意识。各地区都蕴藏着自然、社会、人文等多方面的语文课程资源，应积极利用和开发。

各地区、各学校的课程资源是有差别的，各学校应该认真分析本地和本校的资源特点，充分利用已有资源，积极开发潜在的资源。

学校在充分利用已有资源，逐步推动语文课程新资源生成的同时，也应该注意学校之间资源的互补与共享。

语文课程标准对语文课程资源的表述涉及到多种不同的课程资源，告诉我们语文课程资源无处不在，无时不在，语文的外延等于生活。依据以上表述和语文教学的实际情况，我们把语文课程资源分为语文课程的基本资源和语文课程的相关资源。所谓语文课程的基本资源就是指语文教科书，它是教师从事教学、学生学习知识技能的最为主要的依据与资源。语文教科书以外的其它各种各类资源都归入语文课程的相关资源。

三、阅读教学资源

众所周知，新课程标准视域下的中小学语文课程的教学包含有阅读教学、写作教学、口语交际教学和综合性学习。现行的语文教科书编写体例，基本上都是以阅读教学文本为主体，构建起教科书的单元。每个单元中配以写作、口语交际和综合性学习。

本书所研究的阅读教学资源，包括阅读教学的基本资源和相关资源。阅读教学的基本资源主要是指语文教科书中为阅读教学所编选的文本（课文），以及围绕着文本所编写的助学系统。阅读教学的相关资源是指其他人的对文本的研究，主要包括学术界的研究和中小学语文教师的研究；学生的特点和已有的相关知识的积累；语文课程标准对文本所处学段设置的阅读教学目标和所提出的阅读教学建议、评价等。这些资源主要是文字资源、声像资源和信息化资源。

在教学的基本要素（教师、学生、课程资源）中，课程资源是决定有效教学的理想兑现为课堂教学实践的关键因素。① 为此，不论是职前的师范生，还是已经在职的中小学语文教师，都要在研究语文课程资源上下功夫，特别是在阅读教学资源的研究上下苦功夫，吃透文本，引入恰当的资源，丰富语文课堂教学，使学生在阅读教学中不断汲取文化，学习作者的文思和语言表达，提高语文综合素养。

第二节　阅读教学资源研究的意义

一、文本在语文教科书中的特殊地位

在中国的古代教育中，语文是与经学、哲学、史学等学科相融合的，并不单独设置学科。为此，传统的语文教材主要有两类。一类是选择现成的经学典籍、名家诗文作为教与学的典范文本。经学教材以儒家的经典为主，汉唐主要是"五经"，宋以后又增添了"四书"。"四书"、"五经"构成中国古代学校教育较为完整的教材体系。名人文选教材中流传久、影响大的当首推南朝梁的萧统编写的《文选》。《文选》在编辑体例上，以文体为主，兼顾文章产生的时代，开创了中国文选型教科书编写之先河，一直影响到现代，使得文选型教科书成为中国语文教科书编写的最为主要的一种模式。另一类是教习儿童识字的蒙学教材。这类教材以《三字经》、《百家姓》、《千字文》流传最广。这三种识

---

① 高慎英、刘良华. 有效教学论［M］. 广州：广东教育出版社，2004，7.

字教材在编写上，是选择一定数量的常用字，以韵文形式编成篇章，句式简短，用字重复率低；读之，朗朗上口。

20 世纪初，"癸卯学制"颁行，语文从与经学、哲学、史学等学科相融合的状态中分离出来，独立设置了语文学科，我国的语文教育进入现代语文教育时代。1904 年由商务印书馆出版的《最新国文教科书》是我国第一套小学语文教科书。这套教科书的课文是编者自己所写，同时配有自编的教授法，开辟了具有学科意义的语文教科书的新纪元。之后，一百余年中，诸多学者专家、语文一线教师投入到语文教科书的探索与编写之中，语文教科书的体例有了新变化、新发展。其中出现过《汉语》课本和《文学》课本分册编写并进行实验的时期，但是，最终没有在全国范围内推广开来。新时期"一纲多本"下的教科书，占据主导地位的仍是文选型。只是在编辑理念上，更加先进、科学，在体例上更加成熟，在装帧印刷上引进现代化技术，更加新颖。

新课程改革以来的语文教科书，不论是义务教育阶段的教科书，还是高中阶段的教科书，尽管在编辑理念、单元组元、文章的选择、编者话语的编写、习题设计等方面各显其能，但各种版本的教科书仍旧以文选型为其主要模式。

综上所述，我们可以这样说，以选文为主的教科书，是中国迄今为止最为主要、也是最为重要的语文教科书模式，教科书的改革也主要是围绕着完善与发展文选型的模式。

二、新课程背景下的文选型教科书的构成与特点

（一）课文系统

现行的新课程标准下的各版本语文教科书，在编排体例上，延袭"单元"形式。但是在组织单元的方式上，不再是单一的文体组元，而是呈现多样化。如义务教育阶段的人教版教科书以主题组织分布单元，每个单元同一主题下分布着阅读和综合性学习两个板块，读、写、说勾连贯通，相互促进。苏教版教科书是围绕一个主题词把阅读、诵读、口语交际和综合实践活动、写作等四个板块优化整合，彼此渗透、互相联系从而组成单元。各版本的教科书每册有 6 个单元，每个单元的阅读板块有 4—5 篇课文，构成教科书的主体部分。

语文课程标准对教科书的选文提出建议，如《全日制九年义务教育语文课程标准（实验稿）》的"教材编写建议"中指出："教材选文要具有典范性，文质兼美，富有文化内涵和时代气息，题材、体裁、风格丰富多样，难易适度，

适合学生学习。"① 由此可见，典范性、文质兼美、文化内涵、时代气息、风格多样、难易适度是教科书选文的重要标准。现行的各版本教科书遵循此标准，所选的文本主要有古今中外、各种体裁的文学经典，反映现代生活的时文，反映现代科技的小品文，等等。

（二）助学系统

各版本教科书的助学系统主要包括阅读板块的助学系统和附录两部分。附录集中在各册教科书的最后面，主要是各类语文知识。阅读板块的助学系统，是编辑者围绕着单元所选的文本而设计的，体现着教科书的编辑理念，其目的是帮助教师教学文本，学生学习文本。主要包括单元导读语、文前导读语、课后习题、插图、注释，以及补白等。

1. 单元导读语

写在每个单元的前面，一般是以平易亲和的语言与学生进行交流，激发了学生的阅读兴趣，提示单元选文的内容及学习建议。以人教版教科书为例，单元导读语一般有 2—3 段。第一、二段提示本单元选文的主题和内容，第三段编辑者一般提示自己期望学生学习掌握的语文知识、技能和学习方法等。单元导读语往往兼顾知识与能力、过程与方法、情感态度和价值观三个维度的内容。

2. 文前导读语

其写法与内容基本上与单元导读语大体相同，只是提示、引导的范围缩小了，局限在本篇课文上。

3. 课后习题

课后练习题的命名不很一致。以义务教育学段的语文教科书为例，人教版是"研讨与练习"，苏教版"探究·练习"，语文版"思考与练习"。在具体的习题设计上，大体上有以下几种类型：有针对文本理解的题目，有比较阅读的题目，有语文知识的学习与运用的题目，有延伸拓展题目，有读写结合的题目，也有让学生收集、整理材料的实践类题目。凡此种种，在练习题的设计中渗透了自主、合作、探究的学习方法。

4. 插图

是指配合着文本的主要人物、情节或景物而绘制或拍摄的精美图画。其目

---

① 中华人民共和国教育部制订.全日制义务教育语文课程标准(实验稿).第一版.北京:北京师范大学出版社,2001,14.

的是为调动学生的视觉感应，引发学生的学习兴趣，帮助学生理解文本。根据插图的位置，可分为文前插图和文中插图。文前插图多为彩色照片，文中插图多为黑白线条画。低学段的教科书中插图数量多，且多为彩色，高学段的教科书中则插图数量少，且多为黑白线条画。

5. 注释

大体上有两类。一类是关于作家、作品的文学知识或者是文体知识，另一类是关于字词的读音及意义的解释。

三、选文的特点及文本研究的目的

在现行的文选型的语文教科书中，编辑者所选择的文本是主题。这些文章依据编辑者的理念组成单元。为此，要进行语文阅读教学，首先必须了解语文教科书选文的特点。

（一）选文的特点与阅读教学内容的选择

1. 言意一体，导致教学内容的不确定性

文以载道，每篇选文都是运用语言表达作者思想情感的综合体。也就是说，选文既蕴含着学习语言知识技能的内容，也蕴含着情感态度价值观的教育内容。英国著名应用语言学家科德阐述了相似的观点：

> 我们提供给学生的材料都是语言运用的样品，也即完全合格的话语的例子，是运用语言规则的产物或成果。我们无法把选出来"未加转换的"基本语符列当作语言材料向学生提出来，正如我们无法向学习辨别各种颜色的儿童说清"什么是红色"一样。……我们为了要说明教学大纲中某个特定的项目或程序而向学生提供的任何话语，都是语言的具有完整形式的具体单位。①

换言之，学习语言需要把语料分解排序，而选文的言意一体特点，无法分解，无法排序。这就使得语文教师在教学内容的选择与确定上，有极大的空间，可以把选文的内容或形式中的任意一点，作为教学内容。其直接的结果就是导致语文教学内容的不确定性。

2. 言语个性化，导致教学内容的不确定性

语言是有规律的，而每个人运用语言表情达意是极具个人色彩的。语文教科书中的选文就是作者带着个人的经验，以其鲜明的个人言语风格，在特定的

---

① ［英］S·皮特·科德. 应用语言学导论［M］. 上海：上海外语教育出版社，1983，308.

语境下抒写的。因此，选文呈现的是作者个性鲜明地言语现象，而非语言规律。在语文教学中，要想指导学生理解文本，首先须得理解作者写文章时所处的语境，体验这些言语经验。由于每个人的成长经历和语言经验的不同，使得在解读文本时也具有个性化的特点，这正如"一千个读者就有一千个哈姆雷特"。所以说，言语经验个人化以及读解言语的意义和方法的个性化体验性，也给教学内容带来了许多不确定性。

3. 选文无序与知识学习循序的矛盾，导致教学内容的不确定性

教科书中的选文，出自不同的作者之手，产生在不同的时代，其言语风格各异，思想情感不同，彼此间毫无联系。也就是说，选文自身是无序的，只是被语文教科书的编辑者，依据自我的理念分册、分单元的组合在一起。众所周知，人对事物的认识是循序渐进的，语言的学习与运用也不例外。选文本身的无序性质，又和掌握语言知识、训练、掌握语言运用技能的循序要求，形成了难以调和的矛盾。教科书编辑者编排选文的主观色彩，既有可能背离作者的原初用意，又增加了教学内容的不确定性。

4. 教科书编者选文的自主性，导致教学内容的不确定性

语文课程标准对教科书选文提出了指导意见。以 2011 版的《义务教育语文课程标准》为例，课程标准指出：

> 教材选文要文质兼美，具有典范性，富有文化内涵和时代气息，题材、体裁、风格丰富多样，各种类别配置适当，难易适度，适合学生学习。要重视开发高质量的新课文。

从课程标准的表述，可以看出，课标提出的选文标准，也仅仅是"原则性"的标准，为此，入选语文教科书文章，也并不确定。由于要使"各种类别配置适当"，要"开发高质量的新课文"，各版本的教科书除保留一部分经典之外，还各自选择了不同的文章。这种教科书编者选文的自主性，也增加了教学内容的不确定性。

（二）选文研究的目的与意义

了解了选文的特点以及语文教学内容的不确定性，我们就会清楚地认识到语文教科书并没有列出明确的教学内容，"教什么"，得依靠教师来选择。为此，语文教师必须独立地、深刻地理解研究选文的目的，才能依据语文课程标准、文章的特点和学生的实际情况，较好地教学内容，最终达成培养学生语文能力的教育目标。

1. 研究选文，是阅读教学的起点与基础

读懂选文，可能是普通读者理解文本所表达的内容，与作者进行交流的开始与基础，也可能是阅读的结束。读者完全既可以凭借自己的好恶，长时间、反复地阅读同一文本，也可以随时终止阅读。然而作为教师，却没有这样的权力。教师的角色决定着他对于语文阅读教学文本必须进行研究性阅读。语文教师是一个特殊的读者，他的阅读不仅仅为了自己理解文本的主旨及其特点，更重要的是为了指导学生理解文本的主旨及其特点，具有鲜明地教育目的性，所以选择性极弱。为此，语文教师必须认真阅读文本，准确理解作者在文本中所传达出的思想情感，全面了解文本的写作背景、作者及其代表作品的特点以及文本的内容和构思、语言风格、表现手法等各方面的信息。惟其如此，语文教师才有可能对文本有较为全面的、准确的理解，才能深入透彻地理解。在此基础上，才能够引导学生准确理解文本。

2. 研究选文，是合理选择教学内容的关键

语文教师肩负着培养学生语文能力的重任，而实现这一重任所凭借的就是教科书。每一篇选文，应该教给学生什么，培养学生哪些语文能力，是每一位语文教师的日常教学工作，几乎天天都要做出的选择。语文教师要认真研究文本，从其中寻找并抽取适合学生学习语文知识技能的语料。诚然，影响语文教学内容选择的因素很多，诸如语文课程标准、学生的语文学习现状、学习习惯、年龄及其心理特点等，但最为重要的是依据选文自身所表达的思想情感和所蕴含的知识与能力，作出的判断与选择。这样的选择是否合理，直接关系到语文教学的效率，关系到学生语文能力的高下。在语文教学实践中，不少语文教师，由于种种原因，对文本的独立研究不到位，仅仅依靠教师用书等参考资料和个人教学经验以及喜好选择教学内容，导致语文教学效率低下，存在"少慢差费"的弊端。而那些优秀的语文教师，没有哪一个不是在文本的研究上下足功夫的。

3. 研究选文，是科学设计阅读教学的前提

所谓教学设计"是运用现代学习与教育心理学、传播学、教学媒体论等相关的理论与技术，来分析教学中的问题和需要，设计解决方法，试行解决方法，评价试行结果并在评价基础上改进设计的一个系统过程。"[1] 换言之，语文教学设计是指依据教育、教学的相关理论和学科知识对语文课堂教学进行规划和设计的能力。包括预设教学目标，了解学生，进行教学分析，规划教学过

---

[1] 皮连生. 教学设计——心理学的理论与技术[M]. 北京:高等教育出版社,2000,2.

程，选择教学策略等技能。语文教学设计有其固有的学科特点，一是依赖系统方法，保证设计的完整、有序与可操作之外，也必然以哲学、教育学、心理学、课程论、教学论等作为理论基础，根据学生认知规律的实际，对教学目标、教学内容、教学策略作出预设和策划，尽可能体现科学性和艺术性的辩证统一。二是在上述的基础上，充分考虑特定学段学生的学习状况和智力发展、心理发展所处的阶段性特点，考虑学生的个别差异，强调充分促使学生语文学习过程的发生和有效进行，突出学生在学习中的主体地位。

教科书中的文本学习系统是固定的、客观的，而语文教学从内容到方法都是主观性极强的，这其中最为关键的就是将教科书的内容教学化，合理地进行教学设计。也就是说，语文教师首先必须将阅读教学的文本理解透彻，才能将文本的学习系统转换成具有个性化的教学内容。换言之，研究选文是进行语文教学设计的基础与前提。

然而目前的现状令人担忧。一方面，网络科学发达，图书馆已经电子化、数据化，这为人们查阅资料提供了极大的便利，足不出户，就可以检索各种数据库，介入一个关键词，搜索引擎就会找出各种各样的、成千上万的资料。另一方面，网络科学提供的便利，也带来了负面影响。特别是对于职前教师（师范生）和刚入职的教师，由于对所选文本没有独立地进行深入细致地研究，从而形成自己对文本的见解的过程，再加之人生阅历有限，又缺乏教育教学经验，面对铺天盖地的语文课程资源，茫然而不知所措。不能够准确辨别、判断资料的价值，更不会创造性地使用资源，使其为语文阅读教学服务。结果，对文本的理解支离破碎，剪刀加浆糊地使用课程资源，导致语文教学设计出现泛语文化、非语文化现象，学生的读写、口语交际等语文能力得不到有效培养，造成语文教学效率低下。

有鉴于此，师范生必须经历独立地、全面地、深入地研究文本，准确地把握文本的主旨，形成自己对文本的见解的过程，在此基础上，整合各种资源，进行教学设计，才能够合理地把语文知识技能的学习、情感态度价值观的熏陶，有机地统一在语文教学过程中，全面提高学生的语文能力。

4. 研究选文，是教师专业发展的重要途径

教师教育研究成果表明：作为社会职业人的教师从接受师范教育的学生，到初任教师，到有经验的教师，到实践教育家的持续过程。即从职前教育，到入职新手再逐步成为专家型教师的过程。教师发展的中心是教师的专业成长，教师专业成长的根本性动力是教师作为主体，积极参与到教育教学的实践中。

教师具有相应的教学实际能力，积极参与教学目的与教学内容的设计，促使课堂教学合理化。在教育教学实践中主动反思，使教师成为研究者，是促进教师专业发展的重要途径。

第三节　阅读教学资源研究的内容与方法

教师既是课程资源的研究者，同时也是课程最为重要的人力资源。也就是说，教师对语文课程教学资源的研究与整合，直接关系着语文教学的效率。始于本世纪初的语文新课程改革中，出现了"非语文"、"泛语文"现象，究其原因主要是源于教师对教科书的理解不到位，研究不够深入。因而，十余年来，不少大学的学者、中学一线的教师撰文多角度地"读解"文本。无疑，这在一定程度上能够帮助教师正确理解文本。但是，探讨具体怎样研究文选型教科书中单篇选文的文章并不多见，特别是策略层面上的研究更少。而依据一定的程序研究选文，对于师范生来讲非常必要，是他们今后从事语文教学的基础。高师院校要利用语文学科教学论及相关课程帮助师范生借助这些程序性策略，一步步地展开对于文本系统以及助学系统的研究，进而逐步掌握研究选文的技能，正确、全面地读解文本，较好地利用教学资源实施教学，最终达到创造性地使用教科书，开展有效教学，实现"用教材教"。研究语文阅读教学资源要从以下几个方面入手：

一、与文本对话——四维视角解读文本

文本是语文教科书中最主要的阅读教学资源，也是阅读教学中最重要的资源，同时又是语文教师教学、学生学习的最重要的依据。通读文本，钻研文本，是研究语文教学资源的第一步，是实施有效教学的基础。研究文本，我们首先强调"独立"。这是因为从阅读学的角度讲，阅读是读者从作者的精神产品中提取信息和加工信息的心智过程[①]，而这一系列的思维活动，是他人所不能够替代的。教师只有有了对文本的感知、理解、欣赏、评价、迁移、创造等阅读的完整过程，才能走进文本，才能推己及人地揣摩学生阅读过程中的思维活动，帮助学生准确理解文本。从语文教学的角度来看，新课程标准提出阅读教学要"培养学生探究性阅读和创造性阅读的能力，提倡多角度的、有创意的

---

① 曾祥芹.汉文阅读学研究（中卷）［M］.北京：高等教育出版社，2010：216。

阅读"①，而要达到这一目标，教师也必须要深入理解文本，钻研透彻，才有可能在语文课堂教学中迅速判断出学生的阅读理解是个性化的理解、有创意的阅读，还是偏离了文本，抑或是错误的理解。如果缺少了"独立"读解文本的过程，仅仅依靠教学参考书或者期刊、网络等资料，人云亦云，就极有可能出现"随意"解读文本的现象。

一般来讲，读解文本应从四个维度入手：

其一，把握文本"说什么"。教师要以一个读者的心态，通读文本，去感受、理解文本。要通过注音、解词、析句、理篇等步骤，逐级感知文本的意义；要经历由整体到部分，由表层到深层意蕴的循环读解过程，从而全面准确地理解文本的思想内容。

其二，弄明白作者"为什么说"。我国传统的阅读理论有"知人论世"说。这就是说，理解作者的写作背景、创作意图对准确地理解文本，具有十分重要的意义，也是拓展阅读视界的重要环节。如《背影》的开头写道"我与父亲不相见，已二年余"，如果不了解朱自清为什么写这篇文章，就只能从中获得"我和父亲两年没有见面"的信息，而这样的信息因没有准确把握文本的真谛，所以对学生理解文本没有帮助。只有明白朱自清因与父亲闹矛盾，已经两年不见面；当接到父亲的来信，读着父亲的嘘寒问暖时，他被感动，"在泪光晶莹中，仿佛又看到了他的背影"，写下这篇文章。也只有了解了作者这样的创作动机，才能准确体会到"不相见"中的"不"，所具有的强烈的主观色彩。

其三，挖掘文本的学习意义。要想透彻地理解文本，还需跳出文本去"论世"。鲁迅曾经说过"倘要论文，最好是顾及全篇，并且顾及作者全人，以及他所处的社会状态，这才较为确凿。要不然，很容易近乎说梦的"②。可以看出鲁迅提出的"全篇"、"全人"、"社会状态"，涉及了阅读中的文本、作者、社会三个视界，告诫我们，阅读不仅要理解文本义，还要拓展到研究作者，更要延伸到文本所反映的社会。为此，教师在独立研究文本时，要"俯瞰文本写作的'历史视界'，坚守读者阅读的'现在视界'，把文本放到历史和现实的社会背景中去考察其原有的当时意义和新生的现代意义"③。这样才有可能获得阅读创意。此外，还要挖掘文本的自我修养意义，所谓"察己"。也就是说，

---

① 中华人民共和国教育部制定.全日制义务教育语文课程标准[M].北京:北京师范大学出版社,2006:17..

② 鲁迅."题未定"草[A].鲁迅.且介亭杂文二集[C]..

③ 曾祥芹,汉文阅读学研究(中卷)[M].北京:高等教育出版社,2010,423..

在与文本、作者、社会的交往中，提高自我，认识世界，改变着读者的素质。教师在独立研读文本时，要经历"论事"与"察己"的过程，深入挖掘文本蕴涵的学习意义，真正吃透教材，并在语文教学中帮助学生阅读文本、体察情感、感悟意义，使语文具有应有的"深度"。

其四，理清文本"怎么说"。语文教学的核心任务是"理解和运用祖国语文"，如果说，前三项策略主要是"理解"，那么，这项策略则主要侧重于"运用"，即通过学习作者如何表达自己的思想情感，来提高学生言语表达智慧。因此，要对文本的体式、作者的思路、言语表达形式等进行研究，从而提炼言语运用的规律。

二、与研究者对话——多向度整合教学资源

现行的"文选"型教科书的教学内容是不确定的，文本"包含着种种甚至不能言明的要素，任何人任何时候学习一篇特定的选文只能关注其中某些特定的方面、特定的点，而具体到哪些方面、哪些点、在什么水平上去关注，选文本身是不会批示的，得由教它或者学它的人摸索着取舍、摸索着定夺"。[①] 教师个人在"摸索"之后的"取舍"、"定夺"是否恰当、对文本的理解是否准确、是否全面，需要借助于学术界的研究成果作出判断。所以教师在独立研究教科书文本的基础之上，搜集相关研究资源，了解他人对文本的研究角度、研究方法、研究的结论等，比对自己的研究，丰富自己对文本的理解，拓展自己的认识领域，就尤为重要。教师要把语文学科新的研究成果同化到自己已有的学科知识系统中，整合相关的教学资源，在全面、深入地理解文本的前提下，选择恰当的教学内容。

首先，整合关于文本的研究资源。这是整合研究资源中非常重要的内容。一般来讲，一是要搜集并整合关于文本内容的读解及研究资源，以深刻理解文本的意义；二是要整合关于文本形式方面的研究资源，主要包括作者的思路及其呈现形式、言语表达、文章体式等方面的内容，全方位把握文本。

其次，整合关于作者及文本写作背景的研究资源。语文教科书中所选择的文章，特别是文学经典作品，与我们在时间和空间上都有很大的距离，是作者在特定的环境下，对人、事、物、景等产生的独特的体验，又是用极具个性的言语表述方式来表情达意。所以研究文本，要努力还原到作品产生的情境中去

---

① 欧阳林、何更生，当今语文教材使用的三大误区[J]. 语文教学通讯，2005(1).

体验作者的思想情感。

再次，以学生为本，选择教学资源。值得注意的是，许多研究者并不是从语文教学角度去研究文本的，因而，有许多资源不适合进入语文教学，不能成为语文课程教学资源。为此，在整合相关研究资源的过程中，必须从学生的语文实践（读、写、口语交际）需求出发，从促进学生的发展出发，来整合语文教学资源。

三、与编辑者对话——多维研究助学系统

汉金斯认为教科书代表了编制者对什么知识最有价值的观点。即使是那些宣称客观的编制者，其所编教科书包含什么信息或排除什么信息也能够使我们感受到作者的关注点主要偏向哪些方面。编制者怎样进行编写，便会反映出他认为什么重要。所有教科书都有潜台词①。为此，研究教科书，准确理解编辑者编制的教学文本，了解其编辑理念以及编辑智慧，有助于教师更好地利用和开发教科书这一最主要的课程资源。

编辑者所编制的教学文本，主要是指选文之外的助学内容，即单元阅读指导语、文本阅读指导语、课后习题，注释、插图、补白等辅助学生理解作者原创文本的内容。

第一，研究阅读指导语。所谓阅读指导语是指单元指导语和文前指导语。一般从四个方面进行研究。一是阅读指导语写了什么；二是编辑者这样写的意图是什么，对教与学的建议有哪些；三是单元指导语和文前指导语的关系；四是这些建议是否适合你所执教班级的学生，需做怎样的调整。

第二，研究课后练习题。在独立完成练习题的基础之上，主要思考三个问题。一是研究练习题的内容，按照其所蕴含的语文知识、语文能力进行分类；二是研究练习题的呈现方式；三是研究练习题的内容和形式是否适合你所执教的班级学生；四是根据学生的情况和文本的教学目标、内容，对练习题进行调整、整合与增删。

第三，研究注释、插图、补白等。首先关注已有注释的准确性，其次考虑是否增加注释内容，再次思考插图、补白等与文本以及学生理解文本的关联度。

---

① ［美］艾伦·C奥恩斯坦,弗朗西斯·P,汉金斯,柯森,钟启泉.课程:基础、原理和问题.南京:江苏教育出版社,2002,381.

第四，研究如何使用助学系统的内容。在上述研究的基础上，综合分析编辑者编辑教材的意图，思考怎样在语文教学过程中使用助学内容，使其发挥最大的作用。

四、与学生对话——三个层面研究学情

从教学层面来看，学生是主体，这不仅仅表现在语文课堂教学中学生是否参与了活动，回答了几个问题，更重要的是教师在确定教学目标、教学内容时真正把学生置于"主体"地位，从学生的"学"来确定教学目标、选择相关的语文教学资源，以学论教，教服务于学。从课程资源角度来看，学生又是重要的人力资源。教师要拓展自己的认知领域，不仅关注教学内容，而且关注学生的前在状态、潜在状态、生活经验和发展需要，这是教师能否实现对教材文本个性化和创造性占有的关键一步，也是教师能否实现从"教"教材到"用"教材转换的关键一步[①]。为此我们有必要从三个层面来研究学生的学情。

首先，弄明白学生"已有的"积累。美国教育心理学家奥苏伯尔在其所著《教育心理学》一书的扉页上写了这样一句话："如果我不得不把全部的教育心理学还原为一句话，我将会说，影响学习的唯一的、最重要的因素，是学生已经知道了什么，我们应当根据学生原有的知识状况去进行教学。"所以，教师研究语文阅读教学资源，就必须研究学生的已具备的语文知识技能和情感、态度、价值观，学习这一篇课文的难点、困惑等，能够使教学目标更具有针对性和适应性，从学生的学习需要出发，从而使教学目标的确定脱离教师的"想当然"，脱离教师个人的"兴趣、爱好"，使语文阅读教学从源头上就向着有效地方向靠近。

其次，为学生"预设"学习空间。教师在研究语文课程教学资源时，要准确把握学生的最近发展区，有时还要针对学生的学习情况，为学生"预设"一定的空间，让学生在原初的资源中去寻找有价值的主题，进行探究性阅读，个性化阅读。

再次，开启学生"可能的"读解智慧。学生是带着已有的知识结构和情感储备进入语文课的学习的，读解文本时也会有着自己的种种感受、体验、疑惑。对此，教师在研究教学资源时要充分重视。课前，教师要根据自己的教学积累对学生读解文本可能有的理解做多种设想；课上，要通过启发、讨论、讲

---

① 吴亚萍、王芳，备课的变革[M].北京:教育科学出版社,2007,69.

解等多种教学手段，使学生与文本、与同伴、与教师进行积极而深入地对话，从而开启学生的读解智慧；课后，教师要对学生在学习过程中迸发出的智慧火花进行梳理，不断积累语文阅读教学资源。

诚然，以上的表述是基于理论上的研究，然而对于没有经历过活生生的课堂的师范生来讲，研究学情是极难把握的。但这一环节又是研究阅读教学资源极为重要的环节，因而必须帮助师范生牢固树立研究学情的理念，惟其如此，当他们在走上教学岗位后，才能够做到心中有学生，真正把学生作为教学中的主体。在阅读教学资源研究过程中，师范生可以借助以下三个环节，与学生对话。一是通过文本所在的教科书的位置；二是语文课程标准中制定的该学段应该学习的内容；三是教育学、心理学研究成果对该学段的学生特点的概括。例如，看到《苏州园林》这一选文，首先，确定它是人教版七年级（上）的第几单元的文章。接着就要考虑，这一单元共有几篇文章，对于学生来讲，这是他们升入初中之后，第一次学习说明文。学生学习《苏州园林》的难度可能在哪里？人教版是以主题来组元的，那么，关于说明文的知识要不要给学生讲？讲哪些？怎么讲？其次，要研读语文课程标准 7－9 年级学段的阅读教学的具体目标以及教学建议。再次，运用教育学、心理学的理论，了解七年级学生的共同特点。最后，综合上述研究结果，大体上判断出学生的学习语文的情况。

虽然这样研究得出的学情，难免脱离实际，与真实的语文课堂中的学生的实际情况会有较大差别，但毕竟通过这样的研究过程能够帮助师范生逐步树立学生观念，了解并熟悉语文课程标准的相关内容，这对于其今后的语文教学也是大有裨益的。

五、与自我对话——反复研究课程资源

文本研究不可能一次性到位。很多成功的案例都是教师在多次、反复研究课程资源，反复研究学生、反复研究自我教学过程之后，才逐渐成熟的。我们通过范金豹老师对《死水》这一教学文本的研究经历来理解这一点。

《死水》的教学生长过程[①]

一、两次教学《死水》的过程（略）

二、新的理念点燃《死水》

---

① 范金豹.《死水》的教学生长过程[J].语文学习,2004(6).

第一次教学《死水》时，我只是按照教材编排的顺序，亦步亦趋地教教材，而且还是孤立地教，只是为了被动地完成教学任务，让学生了解"三美"诗歌理论、"死水"的象征涵义。学生是在冷清、孤独中被动地学习《死水》。课堂死气沉沉，毫无生气。可以说一切皆死："死"的教师用"死"的教材去教"死"的学生，以致产生"死"的课堂！这《死水》真是教"死"了！虽然编者指定《死水》为自读课文，可是我还是传授过多，学生在被动地接受。

如何拯救《死水》，让《死水》燃烧？关键是教师，关键是教师的理念。

爱国主义是闻一多先生一生的心灵之火，也是《死水》的灵魂之火。教学《死水》必须紧紧扣住这首诗的人文性——爱国主义。只有高举闻一多先生熊熊燃烧的"爱国主义"之火，才能点燃教师的心灵之火。才能点燃学生的心灵之火，才能点燃《死水》的课堂，才能点燃《死水》！

如何才能实现这一目标？

在处理教材时，从整体着眼，使教材为我所用，而不是我教教材。我把《再别康桥》《死水》《赞美》作为一个有机的整体，让其各有侧重，又相互作用。根据《死水》的情感教学目标，我重新安排课文教学顺序，让先上的课文为后上的课文服务。"三美"的诗歌理论安排在《再别康桥》里学，结合《赞美》学习象征主义创作方法。只有闻一多式的爱国主义才是《死水》所独有的。于是先学习《再别康桥》《赞美》。让它们为学生学习《死水》奠定基础。

如果就《死水》教《死水》，必然单调、单薄，也难以深入。因此必须充实《死水》的课堂教学内容，也就是必须开发利用各种教学资源。选取哪些资源，这要根据情感教学目标来定。爱国主义是贯穿闻一多先生一生的红线，也是闻一多先生诗歌的主旋律。《死水》只是其中一篇，且是十分独特的一篇——用极度的冷漠、憎恨之情来折射极度强烈的爱国主义之情，就像鲁迅先生的散文诗《死火》里的"死火"。于是，我就想在闻一多先生广阔的时代背景中，来教学《死水》。我以《死水》为界、为主，以《死水》创作前后闻一多不同时期创作的不同格调的诗歌为宾，形成前呼后拥之势，布成众星拱月之态，然后以爱国主义这根红线将它们连接起来。因此我从闻一多大量的诗歌中选取《红烛》《太阳吟》《忆菊》《七子之歌》《发现》《静夜》《一句话》这七首有代表性的诗歌。它们之间遥相呼应，又有相通之处。前四者为《死水》的出场起到渲染、铺垫、映衬和烘托的作用；《发现》点明《死水》的背景；后二者为理解《死水》起到印证、延伸、丰富等等作用。这样课堂容量大大丰富，但又多而不乱，繁而有序，爱国主义作为主旋律自始至终唱响课堂，学生始终浸泡在浓浓的爱国主义之情中，受到感染、熏陶。搜集闻一多像、讲演图片以及信件，还有关于当时时代的资料，提供给学生，这些对学生认识闻一多、理解《死水》也从侧面起到了积极作用。

如果仅仅让学生感知抽象的冰冷的诗歌文字，可能难以达到理想的效果。创设适当的教学情境，让学生走进闻一多的时代以及他的内心世界，更容易点燃学生的感情之火。让学生看闻一多像，聆听《七子之歌》，观看20世纪20年代的中国、美国社会图，点一枝红烛，展示20世纪40年代闻一多为争取民主大声疾呼的情景，这些均是为了营造《死水》的教学氛围，让学生仿佛置身其中，直接感受、深入体会闻一多诗歌中的爱国主义情感。

一般情况下，教师要求学生背诵《死水》是《死水》唯一的课后练习。过去我也是如此。现在我连课后练习也精心设计，因为课后练习也是课堂教学有机的组成部分。我布置的《死水》课后作业是阅读贾平凹的《丑石》，然后模仿《死水》，将之改编成诗，让学生亲自实践"三美"的诗歌理论，学习"反讽"的艺术手法。表面上看这是能力训练，实际上仍然是在对学生进行语文人文性教育；表面上看是模仿，但是在模仿中去将散文改编成一首诗，也就包含了自主、探究、创新精神的实现。

从上述案例我们可以看出：范老师认为第一次教学《死水》失败的原因主要是"'死'的教师用'死'的教材去教'死'的学生，以致产生'死'的课堂"。第二次之所以让《死水》燃烧，关键在于教师下了很大功夫研究《死水》这一教学文本及相关资源，这主要表现在以下几个方面：

第一，教师转变了教科书的使用观念，不再刻板的按照教科书固有的顺序进行教学，而是整体处理教科书中课文的顺序，"从整体着眼，使教材为我所用，而不是我教教材。我把《再别康桥》《死水》《赞美》作为一个有机的整体，让其各有侧重，又相互作用"。

第二，教师根据《死水》的特点，调整了教学次序，让先上的课文为后上的课文作铺垫，"'三美'的诗歌理论安排在《再别康桥》里学，结合《赞美》学习象征主义创作方法。只有闻一多式的爱国主义才是《死水》所独有的。于是先学习《再别康桥》《赞美》。让它们为学生学习《死水》奠定基础"。

第三，教师围绕着作者闻一多和《死水》研究了大量的相关资源，并且精心选择关联度较大的文本资源，形成了供学生深入理解《死水》的资源包。"我以《死水》为界、为主，以《死水》创作前后闻一多不同时期创作的不同格调的诗歌为宾，形成前呼后拥之势，布成众星拱月之态，然后以爱国主义这根红线将它们连接起来。因此我从闻一多大量的诗歌中选取《红烛》、《太阳吟》、《忆菊》、《七子之歌》、《发现》、《静夜》、《一句话》这七首有代表性的诗歌。它们之间遥相呼应，又有相通之处。前四者为《死水》的出场起到渲染、铺垫、映衬和烘托的作用；《发现》点明《死水》的背景；后二者为理解《死水》起到印证、延伸、丰富等等作用"。

第四，教师研究了学情。考虑到学生与闻一多创作《死水》的年代相距甚远，难以理解作者的思想情感，就选用了媒体资源，较为直观地呈现那一时代的闻一多大声疾呼的情景，帮助学生理解《死水》。"选择让学生看闻一多像，聆听《七子之歌》，观看20世纪20年代的中国、美国社会图，点一枝红烛，展示20世纪40年代闻一多为争取民主大声疾呼的情景"。

第五，教师在深入研究《死水》的基础上，寻找与相关的文本，为学生实践所学知识，深入理解《死水》搭建平台。"我布置的《死水》课后作业是阅读贾平凹的《丑石》，然后模仿《死水》，将之改编成诗，让学生亲自实践'三美'的诗歌理论，学习'反讽'的艺术手法。表面上看这是能力训练，实际上仍然是在对学生进行语文人文性教育；表面上看是模仿，但是在模仿中去将散文改编成一首诗，也就包含了自主、探究、创新精神的实现。"

从上例的分析中，我们能够感受到对于教学文本的研究是无止尽的，需要教师在不断地反思中，逐步深入。并且针对不同的教学对象，寻找适宜的、相关的教学资源。

第四节　阅读教学文本的分类研究

一、阅读教学资源研究的基本步骤

尽管我们已经从五个方面讲述了研究文本及其相关资源的内容与方法，但是对于在校的师范生而言，他们可能仅仅获得的是一种模糊的概念。面对着语文教科书中的一篇选文，怎样又好又快地弄清楚文本的内容及特点、编辑者的意图，从而为特定的教学对象，选择恰当的教学内容呢？他们还是会感到茫然。总结多年的教学经验，我们认为师范生可以借助下面5个步骤，回答13个问题，逐步熟练并掌握文本及相关资源的基本研究方法。

（一）读一读，查一查

这一步骤主要是先扫清文字障碍，通过朗读，获得对文本的整体感知。

1. 出声朗读一遍课文，体会并把握文章的感情基调；并用一句话表述出来。

2. 如有不会读的字，不懂意义的词语，查字典、词典标出字音，读几遍；弄懂词义后，再用这个词造几个句子；找几个它的近义词、反义词。

（二）想一想，写一写

这一步骤主要是与文本对话，正确理解文本。

3. 这篇文章写了什么内容？用简短的文字表述出来。

4. 这样的内容是怎样的言语表达的？有没有比作者更好的表达方式，为什么？把你思考的结果写下来。

5. 这篇文章最鲜明地特点是什么？

6. 作者为什么要写这篇文章，目的何在？

（三）问一问，做一做

这一步骤主要是与编辑者对话，读懂文前导语和课后习题，研究它们与文本之间的关系，以便更好地使用教科书。

7. 分析文前导语的内部结构，看看编辑者对文本的学习提出怎样的建议。

8. 课后的练习题我会做吗？拿起笔来做一做，并记录你感到困难的问题，以及解决这些问题的思维过程。你感到困难的问题也许就是学生在学习时感到困难的问题，你解决这些问题的思路或许是课堂教学中引导学生解决问题的思路。

9. 课后练习题与课文有怎样的联系呢？与单元导读语、文前导语有怎样的联系？它们之间的联系，反映了编辑者对本课的教与学有着怎样想法？

（四）搜一搜，比一比

这一步骤的作用主要有二：一是搜集并研究与阅读教学文本相关的其它资源，二是思考并甄别这些资源与本课的教学是否有关，三是选择恰当的相关资源进入教学。

10. 我对文本的研究是正确的吗？别人是怎样研究的，有哪些研究成果？收集、阅读、比对他人的研究成果，矫正自我的研究结果；如有疑义，一时解决不了的，可做中长期的课题性研究。

11. 搜集到的哪些资源与文本的关联度较高，可以进入教学？

（五）看一看，定一定

这一步骤，主要与学生对话，研究学情。根据学情，整合上述的研究，初步确定文本的教学内容。

12. 确定文本在教科书中的位置，即属于哪一册教科书，哪一单元，是本单元的第几篇课文，是讲读课，还是自读课。

13. 查看语文课程标准，课标对本学段的学生语文学习提出哪些要求？根据对学生的初步研究，对选文的教学内容作出初步地判断。

二、阅读教学文本的分类研究

（一）读解文学文本

我们阅读文学作品时，首先看到的就是文学作品的语言，语言是文学的载体。作家在文学作品中为我们创造了意象，创造了意境，创造了典型。他们用不同的语言风格表现自己对现实生活、对人生、对自然的独特感受，独特的体验。

傅道彬、于茀在《文学是什么》中指出："文学作品是作家创造的存在物，它的最外层载体是语言，从语言是一种物质存在的角度来说，文学作品具有一定的"物性"。但是，"物性"不是它的本质，文学作品归根到底与精神相关，所以，以对待"物"的态度来对待文学作品是行不通的，过度的抽象分析甚至总结出模式和规则，是悖精神原则和文学本性的。"①

《义务教育语文课程标准》（2011版）第四学段的"阅读"目标中关于文学作品的目标是这样表述的：

> "能够区分写实作品与虚构作品，了解诗歌、散文、小说、戏剧等文学样式"；"欣赏文学作品，有自己的情感体验，初步领悟作品的内涵，从中获得对自然、社会、人生的有益启示。对作品中感人的情境和形象，能说出自己的体验；品味作品中富于表现力的语言"。②

从上面的表述，我们可以获得这样几个关键词及主要信息：

了解——文学样式

领悟——作品内涵

体验——情感、情境及形象并表达自己的体验

品味——语言

《普通高中语文课程标准》在必修课程目标的"阅读与鉴赏"目标中指出：

---

① 傅道彬、于茀. 文学是什么[M]. 北京:北京大学出版社,2002,155.
② 中华人民共和国教育部制定. 义务教育语文课程标准(2011年版)[M]. 北京:北京师范大学出版社,2012,15.

学习鉴赏中外文学作品，具有积极的鉴赏态度，注重审美体验，陶冶性情，涵养心灵。能感受形象，品味语言，领悟作品的丰富内涵，体会其艺术表现力，有自己的情感体验和思考。努力探索作品中蕴涵的民族心理和时代精神，了解人类丰富的社会生活和情感世界。

在阅读鉴赏中，了解诗歌、散文、小说、戏剧等文学体裁的基本特征及主要表现手法。了解作品所涉及的有关背景材料，用于分析和理解作品。①

在必修课程的"阅读与鉴赏"的评价中指出：

文学类文本阅读的评价，是阅读与鉴赏评价的重点。要重视评价学生对作品的整体把握，特别是对艺术形象的感悟和文本价值的独到理解，鼓励学生的个性化阅读和创造性的解读。要重视评价学生对不同文体作品的阅读鉴赏能力，以及借助有关资料评介作品的能力。②

研究《普通高中语文课程标准》中关于文学作品"阅读与鉴赏"的目标我们可以获得这样几个关键词及主要信息：

感受——形象；

品味——语言；

领悟——作品内涵；

体会——艺术表现力；

了解——诗歌、散文、小说、戏剧等文学体裁的基本特征及主要表现手法。

评价——学生对作品的整体把握；对作品的阅读鉴赏能力；评介作品的能力。

根据语文课程标准对中学生的阅读要求，作为教师，读解文学文本，至少要从以下几个方面入手。

1. 领悟作品内涵，了解人类丰富的社会生活和情感世界，努力探索作品中蕴涵的民族心理和时代精神。

就一般意义来讲，人之所以要阅读文学作品，是为了满足精神需求，人不可能没有精神，不能没有灵魂，文学艺术使人的精神丰富发达，提升起来。因此，有研究者认为文学是人类的一种生存方式。基于对文学这样的认识，阅读文学作品首要的就是要接收信息，正确理解作者所言说的内容，正确理解作品所蕴含的思想情感，从而认识社会，认识世界。在此基础上才有可能感受形

---

① 中华人民共和国教育部制定.普通高中语文课程标准(实验)[M].北京：人民教育出版社,2003,8.

② 中华人民共和国教育部制定.普通高中语文课程标准(实验)[M].北京：人民教育出版社,2003,22.

象，品味语言，获得审美体验。也就是说，读懂作品，是阅读的开始与基础。

就语文教育来讲，文学是民族语文教育的主要途径。现行的中小学语文教科书，选录了大量优秀的中国文学作品，这些作品承担着传承中华民族语言文化和民族精神的重任。语文教师作为特殊的读者，读解文学作品，不同于一般的读者，需要引导学生正确理解和应用祖国语言文字。所谓"正确理解"一方面规定着教师不能够随心所欲地去解读文本，必须要正确理解内涵；另一方面是要找到引导、帮助学生正确理解文学作品内涵的突破口。

教师怎样研读作品的内涵的呢？

首先，独立阅读，整体把握。教师读解文本，必须要有阅读的过程，即要静下心来，独立、反复地阅读文本，整体把握文本的主要内容和感情基调，正确理解文本的主旨，不能随意"创造"和"构建"作品的意义。

其次，知人论事，还原文学作品的意义。现行教材中所选的文学作品，特别是文学经典，与现实生活有较大的距离，因此，要想正确理解文学作品，还要努力把文学作品还原到作者创作作品的时代，去认识作品的原初意义。闫汝凯在"语文名师在线"网站上发表的《〈死水〉课堂观察及思考》中指出授课教师"对作者和作品的处理太过肤浅"。闫汝凯认为："孟子曰：'颂其诗，读其书，不知其人可乎？是以论其世也。'意即吟咏他们作的诗，读他们著的书，不知道他们的为人行吗？因此要研究他们所处的时代啊！这就告诉我们，要深刻地理解作品，必须了解作者的为人；而要了解作者的为人，又必须研究他所处的时代。因此我们鉴赏和分析文学作品时，总要先介绍作者和时代背景。这种方法，就叫"知人论世"。本节课，背景的处理略嫌单薄，理解作品仅停留在感性层面，缺少历史的时空感和厚重感。"同时他认为，教学本课，要"引领学生穿越历史体味诗人情感，最大限度的深入文本，再现诗人所处的时代和诗人的愤激之情，有必要多揣摩文本，多引入诗人同时期的作品，或和诗人同时代其他诗人的诗作，如闻一多的《七子之歌》，这样就大大拓展了文本深度和广度，使学生置身那风雨如磐的旧中国，与诗人同呼吸、共呐喊。这样的课，才能真正抵达诗人和诗作的灵魂。"①

再次，紧扣作品语言，参透作品内涵。不少语文教师在阅读文学作品时，对文学作品内涵的领悟，与一般读者并无差别，从主观感受出发，想到什么便是什么；只有阅读，没有研究，导致在语文教学中，忽视对文学文本语言的具

---

① 闫汝凯. http://my. eywedu. com/2013—06—07.

体感受，具体分析，大而无当；导致学生语文能力的低下。正确的作法应该是紧扣住文本的语言，深入钻研教材，找出语言与内涵之间的联系；在此基础上，才能发展学生的思维，引导学生正确领悟作品的内涵。例如彭景海老师在教学陶渊明的《归田园居》时①，就深入研究作品本身，紧紧抓住诗歌中的"晨兴理荒秽，带月荷锄归"和"草盛豆苗稀"两句看似矛盾的诗句。因为这两句诗"字面意思的理解好象又和诗的主旨相背离"，这可能是学生产生错误理解之处。彭老师在此处设问，引导学生深层次的解读文本。

学生在多次的朗读后，我提出这样一个问题：这首诗的主旨是什么？抒发了陶渊明什么样的情感？学生们几乎是异口同声的回答：诗歌表达了陶渊明归隐山林、享受田园乐趣的思想感情。我趁势追问：你们是从诗中哪些句子感受到作者享受到的田园乐趣呢？你们是怎样得出这一结论的？学生们一片惘然，有的说是从课本的预习提示中看出来的，有的说从参考资料和课后练习中也可以找出答案。我知道，这时，学生还没有真正理解诗歌的主旨，也没有真正学会分析。在备课中我已经预料到了这一点，于是，我抛出课前预设的问题：诗中写到陶渊明每天"晨兴理荒秽，带月荷锄归"，但是"草盛豆苗稀"，我认为这些诗句不仅不能反映作者享受的田园乐趣，而恰恰表现了作者的辛劳，这是怎么一回事呢？

学生们唧唧喳喳议论开了。

——陶渊明是一个诗人，他不会种田。

——可能是天气太旱了，豆苗不易生长。

——可能是雨水太大了，豆苗淹死了。

我感到学生们没有真正了解陶渊明，理解也缺少创造。就进一步的引导，陶渊明归隐山林，是因为他厌恶世俗，热爱纯净的自然，是不愿在那污浊的现实世界中失去自我，是在享受田园生活的乐趣。这首诗就洋溢着诗人归隐的自豪和心情的愉快。如果诗人真的整日忙于劳作，搞的筋疲力尽，满身臭汗，我想就少了很多情趣。现在大家再想一下，陶渊明在田里究竟在干什么？

一石激起千层浪。学生们的思维一下子打开了。

——陶渊明在休息。

---

① 彭景海.引领学生深层次解读文本的预设策略[J].黑龙江教育(中学教学案例与研究),2009,(z2).

——他在田头饮酒。

——他在和家乡的农民一起聊天。

——他在田间的树下读书。

——他在他的草棚下写诗。

——他在欣赏田间的美景，品味庄稼的芳香。

——他在观赏明月，朗读诗词歌赋。

……

我想，这时学生们应该真正的深入理解了诗的主旨，真正的感受到了陶渊明在平淡的田园生活中的乐趣了。

2. 品味语言，体会其艺术表现力

文学是语言的艺术。语言相对于其它的艺术形式更加自由而灵活，作家可以不受时空的局限，细致摹景状物，表现广阔的社会生活和人物丰富的内心世界。为此，教师在研读文学作品的语言时，要研究其语音、词藻、形式的审美效果，体会文学作品的艺术表现力。

语音审美主要体现在节奏和格律上，其审美效果在诗歌中最为突出。如人教版（2002 年版）初中语文第八册（下）刘禹锡的《酬乐天扬州初逢席上见赠》，是一诗七言律诗，其节奏为四三节拍，遵循"平平仄仄平平仄"的格式，押平声韵。它的颈联对仗工整，"沉舟"对"病树"，"侧畔"对"前头"，"千帆"对"万木"，"过"对"春"，且其结构相同，词性相同，平仄相对。读之，就有抑扬顿挫之感，增强了作品的感染力。

不仅古代的诗词歌赋等韵文如此，现代的诗歌、散文，也注重遣词造句，以增强语言的表现力。如郁达夫《故都的秋》，作者写道：

不逢北国之秋，已将近十余年了。在南方每年到了秋天，总要想起陶然亭的芦花，钓鱼台的柳影，西山的虫唱，玉泉的夜月，潭柘寺的钟声。在北平即使不出门去罢，就是在皇城人海之中，租人家一椽破屋来住着，早晨起来，泡一碗浓茶，向院子一坐，你也能看得到很高很高的碧绿的天色，听得到青天下训鸽的飞声。从槐树叶底，朝东细数着一丝一丝漏下来的日光，或在破壁腰中，静对着象喇叭似的牵牛花（朝荣）的蓝朵，自然而然地也能感觉到十分的秋意。说道了牵牛花。我以为以蓝色或白色者为佳，紫黑色次之，淡红色最下。最好，还要在牵牛花底，教长着几根疏疏落落的尖细且长的秋草，使作陪衬。

初读之，不一定就能感受到语言的美。细细品味，看似平淡的语言，其表现力却是极强的，从色彩、声音来写北国之秋。首先来看作者描写的景物色彩：天色是"碧绿"的，牵牛花是以"蓝色或白色者为佳""淡红色最下"，众所周知，绿、蓝、白都是冷色调，而冷色调最适合表现清静之感，这与作者在文章开头所写的"北国的秋，却特别来得清，来得静，来得悲凉"相呼应。其次再来看环境与声音："在皇城人海之中，租人家一椽破屋来住着"，租人家的"一椽破屋"在此处并非着意要表现贫穷，而是闹中取静之意，因其破，而少人声之喧闹。"驯鸽的飞声"并不嘹亮，但是，在青天下却能够"听得到"，可见四周之静谧。再次来看活动于其间的人，"早晨起来，泡一碗浓茶，向院子一坐"，看青天，听鸽声，细数槐树叶漏下来的日光，静对牵牛花。足见是一个清闲之人。景清、境静、人悠闲，情景交融，极好地体现北国之秋清静悲凉的特点。

从句式上来看，作者整句与散句相结合，使文章错落有致，富有音乐美。开头几句"陶然亭的芦花，钓鱼台的柳影，西山的虫唱，玉泉的夜月，潭柘寺的钟声"铺陈列举，极写北国之秋的胜景。接着以散句叙写自己眼中的秋晨，在写牵牛花的颜色时，又以整句写之："白色者为佳，紫黑色次之，淡红色最下"。这样整散搭配，增强了文章的韵律感。

3. 感受形象，体悟意境与典型

（1）体悟意境

"文学言语的话语体系遵循的是来自于另一个领域的规则，这个领域就是以感觉、情感、想象、和回忆编织成的审美经验领域"。"这是一个由意象所构造的世界"，"隐喻和象征是它的基本'语法'"[①] 因此，在读解文学作品时，必须要通过品味"文学言语的话语体系"，感受作家为我们创造的"由意象所构造的世界"。在这个世界里既有客观事物，又有作家的主观审美经验。也就是说，作家创造的文学形象是主观与客观的统一。所谓文学形象，是指文学作品中一切可以诉诸人的感官的具体、可感的事物或生活画面，包括人物、景物、场面等一切有形的物体。我国的古人把客观事物的"形象"称之为"象"，或言"物象"，包括感知形象，甚而至于表象；而把在想象、情感等心理因素共同作用下所产生的象，称为"意象"。意象有写实意象和虚构意象。但不论是写实意象，还是虚构意象，都不是作家创作的终极目标，而只是传达丰富的精神世界的一种手段。也就是说，感受形象，分析意象是读解文学作品的必要

---

① 傅道彬、于茀. 文学是什么[M].北京:北京大学出版社,2002,49.

过程,但读解文学作品最终是要体悟所创造的意境,表达的审美情感。那么,什么是意境呢?

　　唐代大画家张璪论画有两句话:"外师造化,中得心源"。造化与心源的凝合,成了一个有生命的结晶体,鸢飞鱼跃,剔透玲珑,这就是"意境",一切艺术底中心之中心。

　　意境是造化与心源的合一。就粗浅方面说,就是客观的自然景象和主观的生命情调底交融渗化。[①]

譬如马致远的《天净沙·秋思》:

　　枯藤老树昏鸦,

　　小桥流水人家,

　　古道西风瘦马。

　　夕阳西下,

　　断肠人在天涯。

诗人起笔就写了藤、树、鸦、桥、水、家、道、风、马九种意象。这其中既有视觉经验:又有空间经验和有时间经验。诗人并非为写意象而写意象,而是通过意象描绘了一幅秋风萧瑟苍凉凄苦的意境,传达出自己对人生的深刻体验:漂泊天涯的旅人之愁思——孤寂无依的悲凉处境和思念故乡的愁苦心情。

　　(2)把握典型形象

　　对于抒情作品而言,把握意象,体悟意境是关键的;而对于叙事作品来讲,则首要的是把握其典型形象来读解文学作品。

　　中小学的语文教科书中,最常见的叙事性文学作品是小说,其次是戏剧的节选片段。此外,还有叙事性的诗歌。不论是小说、戏剧,还是叙事诗歌,作家在抒写故事的同时,都在费尽心机地塑造典型人物,因为典型人物是叙事文学至高的美学追求,是人物形象塑造达到艺术至境的标志。读者之所以知晓曹操、黛玉、孙悟空,屈原、窦娥、周朴园,就是因为文学作品为我们塑造了生动形象的、鲜活的"典型"。众所周知,所谓典型是共性与个性的统一体,同时又能反映出特定社会生活的普遍性,揭示出社会关系发展的某些规律性和本质方面的人物形象。为此,读解叙事性文学作品,首先要把握文学典型的美学特征;其次要把握典型环境中的典型人物。

　　第一,把握文学典型的美学特征。作为文学形象的高级形态之一,典型是

---

① 宗白华.宗白华全集[M].合肥:安徽教育出版社,1994(第2卷),328—329.

文学言语系统中显出特征的富于魅力的性格。[①] 在叙事性作品中，人们一般把它称为典型人物或典型性格。读解叙事性作品，我们需从两方面把握典型的美学特征。

一是把握文学典型的特征性。所谓"特征"，是"艺术形象中个别细节把所要表现的内容突出地表现出来的那种妥帖性"[②]。这是文学典型的一个重要美学特点。就"特征"的内涵而言，有两种属性：一是它的外在形象极其具体、生动、形象；二是通过外在形象所表现的内在本质又是极其丰富和深刻的。作家往往抓住生活中最富有特征的东西加以艺术性地强化与生发，从而创造文学典型，使其成为现象与本质的结合点，情与理的交融点，个性与共性的重合点。综上，"特征"既可以是一个人物，也可以是一个事件、一个细节、一个场景，甚至于一句话。鲁迅把阿Q演绎成举世闻名的典型人物（《阿Q正传》），莫泊桑通过借项链、丢项链、还项链这一系列事件，揭示了当时法国社会追名逐利、爱慕虚荣、贪图享乐等思想产生的社会根源（《项链》），契诃夫把"打喷嚏"的细节生发成名扬四海的小说（《小公务员之死》），杜甫的《兵车行》叙写了爷娘妻子送别、千村万落生荆杞、战场尸骨遍野等场景，揭露了唐帝国穷兵黩武的罪恶。所以，读解文学文本就必须把握这些最富有典型的意义的特征，才能够深入理解文学作品的内涵。

二是把握文学典型的艺术魅力。所谓艺术魅力一方面是指典型人物的性格是丰富的、多彩的。如王熙凤的性格，就十分丰富。她聪明，伶俐，逞强好胜，颇有才干；还诙谐风趣，会说笑话；但她又贪财，嫉妒；狡诈，蛮横，嘴甜心苦；而且凶狠，残忍，两面三刀，杀人不见血。王熙凤的性格的诸多方面都不是固定不变的，它不仅在不同场合有不同的表现，而且在不同的阶段也有不同的变化。作者为我们塑造了一个完整的、立体的、"圆型"的人物形象。艺术魅力的另一方面是指典型性格所显示的灵魂的深度。灵魂的深度首先表现在人类解放和改变现状的愿望的程度上，如林黛玉的爱情带有明显的反叛性，它不顾当时社会的人情世故，不顾仕途经济，所爱的是有着共同个性的宝玉，他们的爱情具有与封建社会格格不如的色彩。这种追求个性解放的愿望与人类解放的愿望是相一致的。其次表现在灵魂所显现的历史真实的程度上，如鲁迅

①　童庆炳.文学理论教程(修订二版)[M].北京:高等教育出版社,2004,215.
②　黑格尔.美学(第1卷)朱光潜译,[M].北京:商务印书馆,1979,22.

通过阿 Q 这一形象，"暴露国民的弱点"，① "写出一个我们现代的国人的灵魂"。我们透过阿 Q 的可笑可悲的行为，触及其"精神胜利"的灵魂，分明感受到了阿 Q 的悲惨命运的深层次的原因，提升了我们对那一时代的生活本质的认识，产生了刻骨铭心的艺术感染。再次表现在性格与灵魂合乎理想的程度上。黑格尔认为，典型是"心灵"的产物，它"比起任何未经过心灵渗透的自然产品要高一层"②，也就是说，典型形象不是自然产品，而是合乎人类心灵愿望的审美产品，是经过作者审美提升了的精神产品。如关羽、诸葛亮就是寄寓了作者理想的类型化的典型，他们的灵魂是有深度的，虽然性格有些单一、扁平，依旧有着艺术魅力。

第二，把握典型环境中的典型人物

童庆炳认为典型环境即充分体现了现实关系真实风貌的人物所生活的环境，包括以具体独特的个别性反映出特定历史时期的社会现实关系总情势的大环境，又包括由这种历史环境形成的个人生活的具体环境。③ 一方面，典型性格是在典型环境中形成的，典型环境推动着典型性格的发展。例如林冲其性格中的讲义气、忍辱负重、只反贪官，不反皇帝等特征，就是他所生活时代的现实与其个人经历共同作用而形成的。在宋徽宗时代，由于皇帝亲小人，远贤臣，导致高俅等人败坏朝政、残害忠良，使得民不聊生，而林冲是八十万禁军的教头，他个人的生活是优越的，是有一定社会地位的。他放弃优越的生活，由教头走向梁山，也是由于他与环境不断地、强烈地冲突，被一步步地"逼"上梁山的。这体现着典型环境制约着人物性格的发展变化。另一方面典型性格又对典型环境发生反作用。阿 Q 本是未庄的小人物，微不足道。但是当革命的消息传到未庄，他在街上大喊"造反了"，立刻改变了他与未庄人的现实关系，就连找老太爷也低声下气地喊他"老……老 Q"。这就体现了在一定条件下，典型性格对典型环境的反作用。

4. 遵循文学作品体裁的基本特征及主要表现手法来读解文本

当我们看到一个文学作品时，首先要明了其体裁及其文体特点。文学理论把文学作品分为诗歌、散文、小说、戏剧四类，是基于这四种文学作品在其话语系统的结构和表现手法上都有着较大的差别。虽然，现行的语文教科书已经

---

① 鲁迅.伪自由书·再谈保留[A].鲁迅.鲁迅全集[C].漓江:漓江出版社,2000,547.

② 黑格尔.美学(第1卷)[M].朱光潜译,北京:商务印书馆,1979,35.

③ 童庆炳.文学理论教程(修订二版)[M].北京:高等教育出版社,2004,221.

不再按照文体编排单元，但是语文课程标准要求初中生"了解诗歌、散文、小说、戏剧等文学样式"①，要求高中生"在阅读鉴赏中，了解诗歌、散文、小说、戏剧等文学体裁的基本特征及主要手法。了解作品所涉及的有关背景材料，用于分析和理解作品"。② 高中的选修课程还设计了诗歌与散文、小说与戏剧两个文学作品系列，可见了解并把握文学体裁，学会分析鉴赏文学作品，还是中学语文一个重要的教学内容。为此，我们读解文学文本还是要把握其文体的基本特征，从其话语系统的结构入手来读解文本。例如，诗歌语言的最基本的特征便是凝练、跳跃、节奏韵律性强，表现手法上则主要通过对意象的描写，创设意境，来表达诗人的思想情感。那么，我们在读解诗歌时，就要从诗歌语言表达的特征入手，通过对意象、意境的分析与研究，去感悟诗人所表达的情感。散文的基本特征是题材广、结构自由灵活、抒写真情实感。在读解散文时，也要透过优美的文辞，看似散乱的文思，理出散文的文神，从而理解作者要表达的真情实感。小说的作者把笔力放在细致刻画人物、叙述复杂的情节、描写具体的环境上。创作典型人物是小说作者的最高追求。其主要表现手法是叙事。为此，读解小说，不论是研究其叙述话语、叙述视角，还是研究曲折复杂的情节、具体生动的环境描写，最终要落脚于对典型人物的分析与理解。惟其如此，才能透彻地理解小说的主旨。同样是叙事性文学作品，由于受到演出时空的限制，剧本的作者则想方设法地浓缩社会现实生活，集中地表现矛盾冲突，以人物台词推进戏剧动作。所以读解剧本，就要从台词入手分析戏剧动作和戏剧冲突，从而把握剧本所反映的社会现实。

（二）读解写实文本

这里所说的写实文本，是与虚构文本相对的，即指文学作品之外的狭义的文章。对于中学语文来说，主要指语文教科书所选的议论文、说明文、新闻作品等。对于这些写实作品的阅读，语文课程标准提出的要求是：

> 阅读简单的议论文，区分观点与材料（道理、事实、数据、图表等），发现观点与材料之间的联系，并通过自己的思考，作出判断。阅读新闻和说明性文章，能把握文章的基本观点，获取主要信息。阅读科技作品，还应注意领会作品中所体现的科学精神和科学思想方法。阅读由多种材料组

---

① 中华人民共和国教育部制定.义务教育语文课程标准（2011版）[M].北京：北京师范大学出版社，2012，15.

② 中华人民共和国教育部制定.普通高中语文课程标准（实验）[M].北京：人民教育出版社，2003，8.

合、较为复杂的非连续性文本，能领会文本的意思，得出有意义的结论。

在阅读中了解叙述、描写、说明、议论、抒情等表达方式。①

能阅读论述类、实用类、文学类等多种文本，根据不同文本的阅读目的，针对不同的阅读材料，灵活运用精读、略读、浏览、速读等阅读方法，提高阅读效率。②

从语文课程标准的表述中，我们获取课标对中学生读解实用文本能力的要求有：

提取观点，区分观点与材料之间的关系；

把握观点，获取主要信息；

领会科技作品中所体现的科学精神和科学思想方法；

了解表达方式；

灵活运用阅读方法，阅读不同的材料。

张志公先生在他的《怎样锻炼思路——谈文章的结构》中说："文章的构成有三方面：一是思想内容，一是组织结构，一是遣词造句。这三个方面不能互相代替，然而密切相关，文章就是这三个方面的统一体。"③ 根据文章学的理论，结合语文课程标准对中学生阅读实用文体的要求，教师解读实用文本，应从理解文本意义，把握文章主旨，梳理文章的行文思路，品味作者不同风格的语言表达特点三方面入手。

1. 理解文本意义，把握文章主旨

从文章内容与形式的关系来看，文章的内容是主要的，但是必须依靠结构语言来表达。从写实文本自身的特点来看，因其"写实"，所以不似文学文本那样追求含蓄蕴藉，而是抒真情，写实感，材料真实，意旨鲜明。基于上述两点，读解写实文本，可以从文本的形式探寻。

（1）研读标题，推断文意。文章的标题，往往与文章的主旨有着千丝万缕的联系，蕴含着许多重要的信息。读解文章就必须先研读文章的标题，通过分析、推断文题，弄清文体与文本主旨的关系，从而为正确理解文意奠定基础。

---

① 中华人民共和国教育部制定.义务教育语文课程标准（2011 版）[M].北京：北京师范大学出版社,2012,15.

② 中华人民共和国教育部制定.普通高中语文课程标准（实验）[M].北京：人民教育出版社,2003,8.

③ 张志公.怎样锻炼思路——谈文章的结构[A].张志公.语文教学论集[C].福州：福建教育出版社,1981.

例如臧克家的《闻一多先生的说和做》（人教版七年级下册），从"说"和"做"关系的角度入手，记叙闻一多先生的主要事迹，表现他的崇高品格和精神。题目表明了文章记叙的主要事件。再如居里夫人《我的信念》（苏教版七年级上册），展示科学家热爱科学、淡泊名利的崇高精神。题目中的"信念"的内涵，就是文章要表现的主旨。又如茅以升《中国石拱桥》（人教版八年级上册）的题目的中心词"石拱桥"是作者要说明的对象，"中国"则限制了说明对象的地域。毛泽东的《人民解放军百万大军横渡长江》（人教版八年级上册）由于是新闻稿，采用了新闻稿常用的方式，题目就是新闻的主旨。

（2）关注首尾，提取与文章主旨相关的信息。开门见山，卒章显志，是总结我国历代文人作文规律得出的结论，具有普适性。为此，在读解文章时，要十分重视文章的首段和结尾段，从其中提出与文章主旨相关的重要信息。例如《看云识天气》（人教版七年级上册）开头一段说："云就像是天气的'招牌'：天上挂什么云，就将出现什么样的天气"，作者在开头一段点出本文说明的主要内容：云与天气的的关系。再如《事物的正确答案不止一个》（苏教版七年级上册）的结尾写到："任何人都拥有创造力，首先要坚信这一点。关键是要经常保持好奇心，不断积累知识；不满足于一个答案，而去探求新思路，去运用所获得的知识；一旦产生小的灵感，相信它的价值，并锲而不舍地把它发展下去。如果能够做到这些，你一定会成为一个富有创造性的人。"作者罗迦·费·因格以非常理性的话语，总结了寻求第二个答案的意义，点明了写作这篇文章的目的。还有一些文章是以首尾呼应的方式点明文章主旨的。如《闻一多先生的说和做》，文章开头就引用闻先生的名言："'人家是说了再做，我是做了再说'"，"'人家说了也不一定做，我是做了也不一定说'"。结尾是作者高度凝练的两句话："他，是口的巨人。他，是行的高标。"首尾照应，强化了主旨。

（3）抓住中心句，理解文意。文章学研究表明：文章的段落中，往往有表现这一段主旨的句子，这些表现段落主旨的句子，汇集在一起就体现了文章的主旨，我们把这样的句子称为中心句。中心句可以是一段的开头句，可以是一段的结尾句，还可以是一段的中间句。读解写实性文章时，抓住中心句并准确理解之，有利于正确把握文章的意义。例如叶圣陶先生的《苏州园林》。文章的第4段起句写"苏州园林里都有假山和池沼"，第5段起句是"苏州园林栽种和修剪树木也着眼于画意"。这两句都是段首句是中心句的例子。而第二段共5句话，第2句"务必使游览者无论站在哪个点上，眼前总是一幅完美的图画"。这句话既是这一段的中心句，也是全文要说明的苏州园林的特点，即文章的主旨所在。这是中心句在段中的例子。再如《我的信念》结尾一段最后一句"这种科学的魅力，就是使我能够终生在实验室里埋头工作的主要原因"，就是对该段的总结，是中心句。

2. 梳理作者的行文思路

什么是文章的思路呢？张志公认为："作者的思路是他对客观事物怎样观察、理解、认识的反映。思路不是凭空产生的，而是以客观事物为基础的。客观事物反映在作者头脑里，经过观察、理解、认识的过程，形成了他对这种事物的印象、看法、态度或感情。把这些印象、看法、态度或感情理出个头绪来，就是所谓思路。"① 从这段话可以看出，作者行文的思路是作者写作过程中的思维的路径。一方面，这种思维路径反映着作者对事物的看法、态度或感情，因此，通过研究作者的思路，能够理解作者所要表达的对事物的看法、态度或感情，即文章的主旨。另一方面，这种思维路径反映在文章中便是文章的结构。为此，探寻、梳理作者的思路，要从文章的结构入手。

一般说来，作者的行文思路有纵向、横向、逆向、双向等几种。

所谓纵向思维，就是作者构思全文时，是沿着事物自然发展的顺序来写。如写人的文章按照时间顺序来写，记事的文章按照事件的起因、经过、结果来写，游记按照移步换景的游览顺序来写，说明文则会遵循事物自身的发展规律来写。一般说来，纵向思维的文章，往往会在文中以表时间的名词或者表明事物发展的短语来显示作者的行文思路。例如刘敬智的《始终眷恋着自己的祖国》（苏教版八年级上册）写钱学森留学及归国的经历，文章就是按照时间来写，几乎每一段落中都有表示年份的名词：从 1911 年、1935 年一直写到 1955 年 9 月 17 日。于漪的《往事依依》（苏教版七年级上册）也以"小时候"、"学生时代的乐趣"这样的短语表现她的行文思路。

所谓横向思维就是指作者构思全文时，从若干个方面来阐述、说明主旨。横向结构，有时是并列的，有时是先主后次。这在文章中往往通过一些关键性的语句来显示文思，有时还会以过渡句（段）来结构全文。例如《闻一多先生的说和做》文中有两个段落：

做了再说，做了不说，这仅是闻一多先生的一个方面，——作为学者的方面。

---

① 张志公.怎样锻炼思路——谈文章的结构［A］.语文教学论集［M］.福州:福建教育出版社,1981.

闻一多先生还有另外一个方面，——作为革命家的方面。

我们读文中的这两个段落，就能够清楚地触摸到作者的思路是从"作为学者"和"作为革命家"两个方面来结构全文的；这两个段落从结构上讲是过渡段，起着承上启下的作用。

再如《苏州园林》（人教版八年级上册）。在文章的第二段，作者这样写：

设计者和匠师们因地制宜，自出心裁，修建成功的园林当然与众不同。可是苏州各个园林在不同之中有个共同点，似乎设计者和匠师们一致追求的是：务必使游览者无论站在哪个点上，眼前总是一幅完美的图画。为了达到这个目的，他们讲究亭台轩榭的布局，讲究假山池沼的配合，讲究花草树木的映衬，讲究近景远景的层次。总之，一切都要为构成完美的图画而存在，决不容许有欠美伤美的败笔。他们惟愿游览者得到"如在图画中"的美感，而他们的成绩实现了他们的愿望，游览者来到园里，没有一个不心里想着口头说着"如在图画中"的。

这段共5句话。作者从设计者的角度来讲苏州园林的特点。其中第2句"务必使游览者无论站在哪个点上，眼前总是一幅完美的图画"，是苏州园林的特点，即作者要说明的主旨。第3句，作者则紧承第2句，写设计者"讲究亭台轩榭的布局，讲究假山池沼的配合，讲究花草树木的映衬，讲究近景远景的层次"，为的是进一步说明苏州园林"游览者无论站在哪个点上，眼前总是一幅完美的图画"的特点。再往下读，就会发现文章的第3段写亭台轩榭的布局，第4段写假山池沼的配合，第5段写花草树木的映衬，第6段写讲究近景远景的层次。也就是说，3—6段，分别依序呼应第三句话的内容。

我们把上下文联系起来综合分析，就会悟得：第二段中的第2句、第3句是体现全文思路的关键性句子，统领了全文；把握住第2句、第3句的内容及其结构关系，也就理清了全文的思路。

再如《在马克思墓前的讲话》（人教版，高中语文必修二），是恩格斯作为亲密的战友，在马克思墓前发表的讲话。这篇悼辞采用横向思维结构全文，从革命斗争实践和革命理论两个方面高度评价了马克思。从文章的过渡段和中心句，我们可以清晰地感受到作者缜密的文思。全文共9段。作者遵循悼辞这一文体的结构，首段陈述马克思逝世的时间、地点以及场景；尾段表达对马克思的尊敬、爱戴和悼念。2—8段评价马克思的一生，是文章的主体部分，也是体现其行文逻辑性的主要部分。

第2段，两句话：

这个人的逝世，对于欧美战斗的无产阶级，对于历史科学，都是不可估量的损失。这位巨人逝世以后所形成的空白，不久就会使人感觉到。

作者以"不可估量的损失"和"空白"对马克思的一生作出高度评价，承接上文马克思去世的事实；同时又以两个"对于"的短语，引领下文，3—8段就是从"科学家"和"革命家"两方面追悼马克思的。在结构上是承上启下的过渡段。

3—8段，每段开头的句子：

正像达尔文发现有机界的发展规律一样，马克思发现了人类历史的发展规律。

不仅如此。马克思还发现了现代资本主义生产方式和它所产生的资产阶级社会的特殊的运动规律。

一生中能有这样两个发现，该是很够了。即使只能作出一个这样的发现，也已经是幸福的了。但是……任何一个领域他都不是浅尝辄止。

他作为科学家就是这样。但是这在他身上远不是主要的。

因为马克思首先是一个革命家。

正因为这样，所以马克思是当代最遭忌恨和最受诬蔑的人。

我们研读3—8段的段首句，就会发现它们在文中的作用及其联系：每个段首句或在内容上概括本段的主旨，或在结构上承上启下，或者二者兼具。这些句子就使得段与段之间既环环相扣，又层次分明，显现出极强的逻辑性。

3. 品味语言表达特点

(1) 把握不同文体的语言表达特点。不同的文体其话语系统亦不同，这就使得不同文体在语言表达上各具特点。记叙性文体，写人记事，主要以记叙、描写为主；在语言表达上讲究叙事清晰，生动形象，如前文提到的《往事依依》、《始终眷恋着自己的祖国》。议论文体的表达方式则主要以议论为主，围绕着中心论点讲事实，摆道理，注重语言表达的严密性，如《敬畏自然》（人教版八年级下册），作者在阐述"人的智慧"与"自然智慧"之间的关系时，用了许多判断句来表明自己的观点，"人是自然发展的高级阶段，人的智慧是宇宙智慧的高级形态，其高级之处仅在于他会思维、能够进行理解以及有自我意识。"并运用对比的方法"人的智慧与宇宙的智慧是同一智慧的不同阶段"。句句相因，语言严密，逻辑性强。说明文在语言表达上则讲究分寸，注重用语的准确性与科学性。如《中国石拱桥》，"《水经注》里提到的'旅人桥'，大约建成于公元282年，可能是有记载的最早的石拱桥了。"在这句话里，作者用

"大约"、"可能是有记载的"、"最早的"等词表明旅人桥建成的时间并没有确凿的证据，它在石拱桥的历史上的位置仅是推断而已。"永定河上的卢沟桥，修建于公元 1189 到 1192 年间。桥长 265 米，由 11 个半圆形的石拱组成，每个石拱长度不一，自 16 米到 21．6 米。"这段话中，作者用数据说明桥的修建时间和桥的长度、石拱的长度等，数据精确到小数点后一位数。这表明了说明文语言用词准确、科学的特点。

值得注意的是，每种文体虽然有其独特的语言表述特点，但这并不意味着每种文体只用单一的语言表达方式，往往是多种表达方式的综合运用。记叙文中会有抒情、有议论；议论文中会有叙事；说明文中也会有描述。因此，在读解写实文章时，既要把握文体语言表达的主要特点，又要把握各种表达方式综合运用的产生的效果。

（2）揭示语言规律和独特的表达。我们读解写实文本，在理解文章内容的基础上，还要学习作者是用怎样的语言来表达这样的内容的。为此，读解写实文本时，要揭示语言表达的基本规律，并能够帮助学生理解、运用这样的语言规律来表情达意。遣词、造句、修辞、组段成篇是表情达意的最基本的语言规律。

> 作为学者和诗人的闻一多先生，在 30 年代国立青岛大学两年时间，我对他是有着深刻印象的。那时候，他已经诗兴不作而研究志趣正浓。他正向古代典籍钻探，有如向地壳寻求宝藏。仰之弥高，越高，攀得越起劲；钻之弥坚，越坚，钻得越锲而不舍。他想吃尽、消化尽我们中华民族几千年来的文化史，炯炯目光，一直射到有史以前。他要给我们衰微的民族开一剂救济的文化药方。

这段话，虽然很短，却体现了许多语言规律以及作者表情达意上的独特风格。

首先，研究句式的变化。从语言的交际功能看，散句是语言的自然形态，也是基本形态，人们平时说话、写文章，主要用散句；整句则是一种修辞方式，是一种辅助形态。从语言运用的规律来看，诗歌多用整句，文艺作品中的散文常常整散结合，小说、政论文多用散句。如果需要增强气势，增加文章感染力，那么就会使用整句。

这篇文章虽然是写实性的文章，但是，由于要强调闻一多的在学术研究上的攻坚精神，作者就用句式相同、对仗整齐的整句"仰之弥高，越高，攀得越起劲；钻之弥坚，越坚，钻得越锲而不舍"来描述，音韵和谐，有较强的节奏感。作者把整句与散句交错运用，使语言波澜起伏，行文参差错落，富于变化。

其次，研究词语的选择与修辞的运用。作者选用了"钻探"一词写闻一多研究的艰难，以比喻句"有如向地壳寻求宝藏"来写闻一多研究古籍的意义与作用。又把中华民族几千年来的文化史比作食物，把闻一多对中华民族几千年来的文化史的研究比作"吃尽、消化尽"，两个"尽"字，写出了闻一多的研究不是浅尝辄止，而是求深刻、求透彻；选用"炯炯目光"、"射到"两个词语形象地写出闻一多学术眼光和研究的领域，以"文化药方"表现出闻一多研究中国古籍，不仅仅是单纯的作学术研究，而是为国家、为民族担忧，是"要给我们衰微的民族开一剂救济的"文化药方"。

（三）读解文言文本

文言文是古代书面语文本的总称，是世世代代流传下来的中华民族文化经典。语文课程标准对文言文的学习有这样的要求：

诵读古代诗词，阅读浅易文言文，能借助注释和工具书理解基本内容。注重积累、感悟和运用，提高欣赏品位。①

阅读浅易文言文，能借助注释和工具书，理解词句含义，读懂文章内容。了解并梳理常见的文言实词、文言虚词、文言句式的意义或用法，注重举一反三。诵读古代诗词和文言文，背诵一定数量的名篇。

学习中国古代优秀作品，体会其中蕴涵的中华民族精神，为形成一定的传统文化底蕴奠定基础。学习从历史发展的角度理解古代作品的内容价值，从中汲取民族智慧；用现代观念审视作品，评价其积极意义与历史局限。②

梳理语文课程标准对中学生学习文言文的要求，有如下的重要信息：

理解、读懂——词句含义，文章内容

了解——文言实词、虚词、句式的意义或用法

诵读、背诵——经典名篇

体会——文本蕴涵的中华民族精神

审视、评价——文本的积极意义与历史局限

---

① 中华人民共和国教育部制定.义务教育语文课程标准（2011 版）［M］.北京：北京师范大学出版社,2012,16.

② 中华人民共和国教育部制定.普通高中语文课程标准（实验）［M］.北京：人民教育出版社,2003,8.

首先，从学习文言文的目的来看，主要不在于运用文言文去表达，而在于理解其中蕴含的中华民族传统文化的精华，了解中华民族的发展历史，更好地传承和发扬中华民族的优秀传统和文化。其次，从语言的发展流变来看，古代汉语是现代汉语的基础，是"源"；现代汉语是古代汉语的继承和发展，是"流"。二者是同一种语言发展的不同阶段，并不是两种语言。在现代汉语中还保留着大量古代汉语的词汇和一些特殊的句式。学习文言文，有助于汲取古汉语中的精华，丰富语料，提高汉语水平。再次，学习文言文，还会增长历史知识、文学知识和社会生活知识，既能丰富知识、陶冶情操，又能增强了解社会、认识事物的能力。

据此，并关照语文课程标准提出的学习文言文的标准，教师当从理解文意、汲取语言精华、体认中华民族文化三方面解读文言文。

1. 理解文意

朱熹曾经指出："曾见有人说《诗》，问他《关雎》篇，于其训诂名物全未晓，便说'乐而不淫，哀而不伤'。某因说与他道：'公而今说《诗》，只消这八字，更添"思无邪"三字，共成十一字，便是一部《毛诗》了。其他三百篇，皆成渣滓矣！'"① 这段话强调了理解、品味文本语言的重要性。即理解文意也必须要落实在语言文字上，不能脱离了语言文字去简单记忆前人的研究结果。也就是说，今天我们阅读文言文本，必须首先读懂文字，理解文意；之后是了解文章的体式，再次是要把文章放在它所产生的年代去全面理解，不能以现代人的观点片面理解历史作品。

（1）读懂文字。读懂文字，就要从古代汉语角度研究文言文本。具体说来，要正音读、识文字、通义训、明文法、察语气、断句读。②

正音读，就是要读准字音。众所周知，现代汉语是由古代汉语发展而来的，因此，大部分汉字的读音是相同的。所以，在读音上，需要关注的是以下几类字的读音。一类是多音字。这类字的读音，往往是不同的读音表示不同的词性（如"衣"，读 yī 是名词，读 yì 是动词）；不同的读音表示不同的词义（如乐读 yuè 是音乐之意，读 lè 是快乐之意，）。一类是不常见的字。如"郢都"中的"郢"字读 yǐng，"车辇"中的"辇"字读 niǎn，"桓"读 huán 不读

---

① 《朱子语类》卷一《读书法》下［A］. 见《朱子全集》（第十四册）［C］. 上海：上海古籍出版社. 2003，349.

② 人民教育出版社中语室.《文言读本》上下册. 第1版. 北京：人民教育出版社，1985.

"héng 恒"等。对这类型的字，要常查字典，不可臆断，或以形近字的读音来读之。一类是通假字。如《前赤壁赋》"浩浩乎如冯虚御风"，其中的"冯"字，通"凭"，因为"冯"字在上古音中读"凭"。此外，有些字合为双音词时字音也发生了变化，如《岳阳楼记》"浩浩汤汤，横无际涯"一句中的"汤汤"为"水势浩大"之意，读作 shāngshāng，再如，中国古代突厥、回纥、蒙古等族对其君主的称呼"可汗"，读 kèhán，等等。

（2）识文字。是指认识汉字，掌握一定的汉语知识。这是研读文本的基础。汉字属于表意文字，字形和字义之间有着密切联系，辨识字形就要正确地分析字形的结构。东汉许慎在《说文解字》中对古文字构成规则归纳概括为"六书"，既象形、指事、会意、形声、转注、假借六种。象形、指事、会意、形声是造字法，转注、假借指的是后来衍生发展的文字的使用方式。在"六书"中以形声字所占比例最大。形声字由表示意义的意符和表示读音的声符组合而成。掌握形声字的意符，可以帮助我们区别词义，加深对词义的理解。民间俚语"秀才不识字，先认半拉字"说的就是这个意思。如钱、颈、茅、闻、衷等。

值得提醒的是，汉字的字体经历了从甲骨文到金文、篆书、隶书、楷书、行书的演变过程。隶书在汉字的结构上产生了重大的改革，改变了篆书及其以前的古文字面貌。这就使得一些象形字没有象形的意味了，会意字和形声字，有很多也不容易分析了。为此，在阅读实践中，仍需要借助工具书或其它资料才能获得汉字的准确读音与意义。

此外，阅读文言文还会遇到古今字、异体字、繁简字。古今字主要是由于上古汉字少，造成"兼职"多，而随着社会的发展，不断产生新字。如古代的"辟"字的意义，逐渐分化、演变出"避"、"僻"、"譬"、"躄"等不同的写法。再如孰——熟，反——返，说——悦，等等。异体字是指两个与两个以上的字意义完全相同，在任何情况下都可替换。如弃——弃，凭——凭。繁简字，如辦——办，達——达等。这些不同的字体在文言文中大量存在，要读懂文言文，就必须对它们有所了解。

（3）通义训。义，就是词义；训，就是解释。在文言文阅读中，常常遇到的词义解释问题主要在于古今词义产生变化的实词和少数常用的文言虚词。主要有三大突出的问题：

第一是一词多义。如"疾"，①病，名词（《论语·泰伯》：曾子有疾）；②痛恨，动词（《孟子·梁惠王上》：君子疾夫舍曰欲之而必为之辞）；③速度快。

形容词（《庄子·天道》：不徐不疾）

　　第二是词类活用。如名词作动词：①假舟楫者，非能水也（《荀子·劝学》）；②左右欲刃相如（《史记·廉颇蔺相如列传》）；使动用法：①项伯杀人，臣活之（《史记·项羽本纪》）；②阙秦以利晋（《左传·烛之武退秦师》）；意动用法：①吾妻之美我者，私我也；（《战国策·邹忌讽齐王纳谏》）；②故人不独亲其亲，不独子其子（《礼记》）；名词用作状语：①朝济而夕设版焉（《左传·烛之武退秦师》）；②潭西南而望，斗折蛇行，明灭可见（《小石潭记》）；为动用法：等死。死国可乎（《史记·陈涉世家》）。

　　第三是古今异义。比如，"去"，可解作"距离"（"相去甚远"），可解作"离开"（去国怀乡）、除掉（除残去秽）等。又如"走"字，在古代汉语中是"跑"的意思，与现代汉语中"步行、走路"的含义差别很大。如果不了解这种古今词义的变化，就难以理解《韩非子·五蠹》"守株待兔"的寓言中"兔走触株，折颈而死"的描述。古代表示现代"走"的意义的字，则是"行"。

　　（4）明文法。了解古代汉语和现代汉语在遣词造句上的差异是理解文言文又一个重要的语言基础。这些差异主要表现为词性的灵活变化、词序和句式变化和省略三方面。

　　词性的灵活变化主要有名词作动词、形容词作动词、不及物动词用如及物动词等。

　　词序变化主要有定语后置：石之铿然有声者，所在皆是也（《游石钟山记》）；疑问代词作宾语前置：肉食者谋之，又何间焉（《左传·曹刿论战》）；否定句中宾语前置：忌不自信（《战国策·邹忌讽齐王纳谏》）；介词结构后置：负者歌于途，行者休于树（《醉翁亭记》）。在文言文句中常常在动宾结构后面又加上介宾结构的补语：刻唐贤今人诗赋于其上（《岳阳楼记》）。

　　此外，教师读解文言文，还需要有关于文言特殊句式的知识，例如倒装句、被动句、判断句和"如……何""奈……何"何……之有？"等习惯句式。

　　古汉语有省略主语、谓语、宾语、定语、介词等现象，需要根据上下文的意义，补足它们的意义，才能正确理解句义、文意。

　　察语气。语气在实质上表示了说话人和写作者的情感与态度，因此明了文言文的语气对于正确理解文意、诵读文本是非常重要的。在文言文本中，常用虚词表达语气。例如否定句就常用表示否定的语气词（不、无、弗、勿、毋、非、莫等）来表达否定的意义，疑问句常用表示疑问的语气词（如谁、孰、何、乎、诸欤、邪、哉等）来表达疑问的意义，叙述句常用表示叙述语气的

"矣"、"焉"等来表达叙述的意义，以"也"等词表示判断语气。此外，还有用于句首或句中的"夫、其、唯"等表示语气的词语，居于词头或词尾的"乎、然、有"等。

断句读。语义尽处为"句"，语义未尽而必须停顿处为"读"。书面上用圈（句号）和点（读号）来标记。古代的文言文本是没有标点符号的，句与句、段与段之间并没有明确的分隔。用标点符号给文言文本断句，就叫做"断句读"。

对于教师而言，由于不从事古代汉语的专门研究，并不需要阅读没有标点的古版书，也就没有必要进行真正意义上的"断句读"。因此，这里所说的"断句读"主要是指在阅读有标点的文言文本时，能够根据文言句式结构、句义正确停顿，正确断句。如"今齐地方千里（《邹忌讽齐王纳谏》）"，句中要有停顿，读作"今/齐地/方/千里"；再如"如此则荆、吴之势强，鼎足之形成矣（《赤壁之战》）"，句中也有停顿，读作"鼎足之形/成矣"。这样的例子不胜枚举。通过例子，可以看出，如果能够正确断句，就表明读懂了文本，也就是说，断句读直接影响着文意的理解，所以在阅读有标点的文言文时，也应该经常锻炼断句的能力，从而不断提高文言读解能力。

总之，阅读文言文必须要具备一定的古汉语知识，这是不争的事实。因此，作为语文教师就必须广泛阅读文言文本，进一步增强文言修养，以胜任文言文教学工作。

2. 汲取语言精华

文言文在表情达意上言简义丰，古代汉语虽然经过几千年的历史演变、发展，但是现代汉语中还保留了大量的古汉语词汇、成语，以及富有故事性和哲理性的名言名句。我们学习文言文就要汲取其中的语言精华，丰富自己的语言积淀，提高语言运用的文化内涵。

以成语为例，有的源于古代神话、寓言故事，如"精卫填海"出自《山海经》、"塞翁失马"出自《淮南子》，此外还有"开天辟地、刻舟求剑、叶公好龙、杞人忧天、守株待兔"等等。有的来源于历史故事，如"闻鸡起舞"出自《晋书·祖逖传》、"完璧归赵"出自《史记·廉颇蔺相如列传》，这样的成语还有指鹿为马、望梅止渴、卧薪尝胆、四面楚歌、暗度陈仓，乐不思蜀等等。有的源于古诗文，如"水落石出"语出欧阳修《醉翁亭记》："野芳发而幽香，佳木秀而繁阴，风霜高洁，水落而石出者，山间之四时也"，"青出于蓝"出自《荀子·劝学》："青，取之于蓝，而青于蓝；冰，水为之，而寒于水。"此外还有"学而不倦、老骥伏枥、枕戈待旦、暗香疏影、未雨绸缪、鞠躬尽瘁、物换星移"等等。

上述成语，由于来源于诗文、故事、传说，所以其含义固定且丰富，往往不是字面意思所能够表达出来的，需要有较强的文言功底才能够准确理解。如果不熟悉成语源出的古代诗文、故事、传说，仅仅理解字面意思是很难与他人交流沟通的。

此外，成语千百年来相沿成习，在形式上也具有自身的特点，保留了古汉语的语法特点。一是保留词类活用的成语，如星罗棋布、衣锦还乡、不远万里、惊天动地等分别是名词做状语、名词作动词、意动用法、使动用法。二是保留文言虚词用法的成语，如等闲视之、攻其不备、人浮于事、言而无信、既来之则安之，等等。三是保留文言句式，如人为刀俎，我为鱼肉，是判断句式；见笑大方是被动句式；时不我待、唯命是从是宾语前置句，等等。

由于这些成语在现代汉语中大量运用，所以，只有在学习文言文本时，熟悉并掌握文言句式的特点，才能够理解其含义。否则，会因为不懂文言语法而错误理解意义，以致造成交流沟通的障碍。

除成语之外，文言文中还流传下来大量的名言警句。这些名言警句从内容上讲，十分丰富，涉及哲学、道德、学习、方法等方方面面，是我国古人智慧的结晶；从形式上讲，有上下句对仗的整句，如得道者多助，失道者寡助（《孟子·公孙丑下》）、已所不欲，勿施于人（《论语·颜渊》）、满招损，谦受益（《尚书·大禹谟》）、勿以恶小而为之，勿以善小而不为（《三国志》）；也有散句的，如三思而后行（《论语》）、多行不义必自毙（《左传》）、学如逆水行舟，不进则退（《增广贤文》），等等。

无论是成语，还是名言警句，都具有典雅的书面语风格，言简意赅，内涵深邃。作为语文教师首先自己要学习并掌握大量的文言语汇，特别是在现代汉语中还大量运用着的语汇；同时还应指导学生在学习文言文时正确理解并汲取文言文中的语言精华，积累并丰富的词语，不断提高语言表达水平。

3. 体认中华民族文化

在中小学语文教科书中所选的文言文，都是经过历史的淘选，保留下来的经典。这些经典的文言文本中，蕴含着天文、历法、哲学、科技、科举、礼俗、节日、起居饮食等古代文化常识，镌刻着前人机敏的智慧、丰富真挚的情感、空灵的志趣、人生渴望与价值追求等。朱自清《经典常谈》的序中这样说："在中等以上的教育里，经典训练应该是一个必要的项目。经典训练的价值不在实用，而在文化。有一位外国教授说过，阅读经典的用处，就在教人见识经典一番。这是很明达的议论。再说做一个有相当教育的国民，至少对于本国的经典，也有接触的义务。"① 因此，可以说，解读文言文本的过程，实际上就是理解和传承民族文化精华的过程。

如读《茅屋为秋风所破歌》"安得广厦千万间，大庇天下寒士俱欢颜，风雨不动安如山！呜呼！何时眼前突兀见此屋，吾庐独破受冻死亦足"，我们能深刻地感受到贫病相加，但却时时关怀着国家的命运和人民的疾苦的杜甫的追求；不久于人世的陆游在《示儿》中写下他的遗嘱："王师北定中原日，家祭无忘告乃翁"，也彰显了他的爱国情怀；范仲淹《岳阳楼记》中抒发出的"先天下之忧而忧，后天下之乐而乐"的高尚情操，"安能摧眉折腰事权贵，使我不得开心颜"是不愿与权臣贵戚同流合污的李白清高傲骨的写照，官场归来的陶渊明，却能够"心远地自偏"地感受"采菊东篱下，悠然见南山"的人生意境。

再如解读《邹忌讽齐王纳谏》、《烛之武退秦师》等文本，既了解当时的政治环境和历史，又为古代的策士们的智慧所折服；王安石在《游褒禅山记》中所抒发的感想：无论治学处事，都首先要有百折不挠的意志，才能无讥无悔，同时还应该有"深思而慎取"的态度。苏轼于《石钟山记》中提出凡事须重"目见耳闻"，不可轻信传说或臆断。归有光的《项脊轩志》、袁枚的《祭妹文》等名篇中的人伦至情，对于今人丰富精神世界、陶冶德行情操都有积极的熏陶作用。

又如从《〈世说新语〉两则》中的《咏雪》，我们看到聪颖的少年和家庭教育的场景，感受到家庭的和睦；从《陈太丘与友期》中则可以了解古代的尊称，重信守约的交往原则。

凡此种种，解读文言文本，进行文言文教学，就要注重探求主旨，引导学生体认、传承文化，同时还要评论得失，去粗取精，了解古代文化的现实意义和价值。

---

① 朱自清.经典常谈[M].上海：上海世纪出版集团.2006，1.

【相关资源链接】

一、了解我国的语文教科书

回望六十年中学语文教材改革的轨迹

人民教育出版社　顾振彪

六十年来，我国中学语文教材建设在改革中曲折地前进。

上世纪五六十年代，有两次中学语文教材改革产生了深远的影响。一次是1956年实行文学、汉语分科。文学课本规定了比较明确的教学目的和任务，建立了比较完整的文学教学体系，选文绝大部分是名家名作，编排形式灵活多变；汉语课本建立了比较完整的汉语教学体系，能使学生接受比较系统的汉语知识，并在反复练习中逐步掌握各种语言规律，提高遣词造句的能力。还有一次是1963年起使用以"工具性"为旗帜的中学语文教材，这套课本突出语文的工具性，着力于学生掌握语文工具；选材面广，课文量多，文质兼美；注重语文基本功的训练，倡导多读多写；以培养读写能力为线索组织教材。

上世纪八九十年代的中学语文教材改革可以说是百花齐放，万紫千红。1986年教育部实行教材多样化政策以后，全国各地编写的各种中学语文教材多达二三十种，经全国中小学教材审定委员会审查通过的就有十几种。其中有些教材改革力度很大。人教版1982年重点中学语文课本，初中部分《阅读》《作文·汉语》分编，规定了比较明确的教学目的和任务，综合体现"加强基础、培养能力、开发智力"的要求，初步建立了阅读教学、作文教学和汉语知识教学的体系，力图使初中生的语文能力达到"过关"或"管用"的目标。高一年级《文言读本》《现代文阅读》及《写作与说话》分编。高二年级《文学读本》《文学作品选读》及《写作与说话》分编。高三年级《文化读本》《文化著作选读》及《写作与说话》分编。力求突破以"文选系统""文体循环""讲读中心"为特点的旧教材体系，构成以"训练系统""能级递进""自学指导"为特点的新教材体系，以全面提高学生以语文能力为主的语文素质。洪宗礼主编的苏教版初中语文教材，建立了"一本书，一串珠，一条线"的"单元合成，整体训练"的新教材体系。每个单元由引读、引写和知识三部分组成，单元与单元前后衔接，形成系统；知识力求优化，选文少而精，作业着眼于语言；注重自学能力的培养，交给学生阅读的"拐棍"和"钥匙"以及自测的

"尺子"。其他多种教材，也各有特色。然而，从 1997 年底爆发的语文教学大讨论，使这些教材受到了严厉的批评乃至攻击。这些教材改革的成败得失，至今还难以说清。

从世纪之交启动的中学语文教材改革，在新的教材编写理念的指引下，教材面貌焕然一新。以学生的发展为本，着眼于学生语文素养的全面提高。从教材编排方式来说，普遍采用"主题—情境"式。过去的中学语文教材或者以内容为本，从学习内容上分类组元；或者以训练为本，注重学科体系的建构，按语文训练的项目和步骤组织教材。新教材的试行，初中八九年了，高中也五六年，赞美之声固然不绝于耳，批评之声也一浪高过一浪。就像过去因纯工具训练的弊端而斥责当时的教材一样，现在因教学中"泛语文化""去语文化"的倾向而声讨"主题—情境"式教材。何去何从，教材改革正处于十字路口。

回望六十年来中学语文教材改革的轨迹，能给我们当前阻力重重、举步维艰的教材改革什么启示呢？首先，改革不能半途而废。上世纪五六十年代的两次教材改革，一次精心准备了四年，一次精心准备了三年，都设计了成套的教学大纲、课本和教学参考书，但是形势一变，一概半途夭折。其次，对教材改革要具体分析，要认真总结经验教训。过去的教材改革，应该说成果辉煌，有许多值得今天的教材继承并发扬光大的东西。第三，改革要进一步解放思想，开阔思路，多向探索。现在是"主题—情境"式教材称雄天下，不过其他编排方式的教材仍有发展的广阔天地。

历史告诉我们：教材改革的道路难免是曲折的，然而教材改革的前景永远是光明的。

——摘自：语文建设［J］. 2009(7、8)，12—14

语文教材的选文及单元组合设计评述

华东师范大学中文系　方智范

语文教材的主体是选文。将若干选文组合成单元，若干单元组合成教材，这是长期以来人们已经习见的现代语文教材的基本结构方式。语文教材确定一种基本的单元编排方式，反映出编者对语文教学的功能价值的某种追求，保证了教材从内容到形式的整体统一性，也是教材个性特点的体现，这对教材编写而言是一个带有根本性的问题。有鉴于此，本文把我国新时期以来的初中语文教材，尤其是新课标教材放在国际背景之下加以考察、梳理，以供读者作进一步的探讨。综观国内外初中语文教材单元的组合和呈现，大体都是以选文阅读为主，然后再与其他语文学习内容相组合。教材阅读选文的单元组合编排，大致有以下几种方式。

一、按选文的文体分类或者按文学史发展线索编排，是比较传统的、应该说至今还有生命力的单元组合和呈现方式。一般来说，这是一种纵向组织系统，是建立在内容的逻辑性基础上的，它关注课程要素的纵向安排，强调顺序性和连续性。编者主要关注的是选文本身，这种方式较为切近语文学科的知识系统。具体分为：1. 按文体类型编排；2. 按文学史发展线索编排。

二、按生活内容或人文主题（话题）编排单元的教材。相对而言，这类教材体现了编者较强的改革意识，着眼于语文学科内容与广阔生活、学生已有经验积累的联系，展示语文学习的方法和过程，致力于学生语文知识和能力的自行建构。这种编排方式较集中地体现了教材的建构主义学习论特征，即"知识是在人们同外界环境的相互作用过程中获得的。知识并不是对现实的准确表征，它只是一种解释、一种假设。知识也不是问题的最终答案，而是需要在具体问题中，针对具体情境，自己进行再创造"。这类教材内容的选择和编排，具体又可分为：1. 按生活内容编排，2. 按人文主题（或话题）编排。

三、还有一类教材，突出语文学科的实践性、应用性，编者更关注对学生学习方法的指导，重视语文学习过程的展开，其单元组合或是形成一个个活动板块，或是以方法策略的指导贯串，在呈现方式方面也有一定的创新意识。如以下几种：1. 按活动板块编排；2. 按语言功能和学习方法编排。

四、上述种种编排方式，虽多以一种因素为主，但编者往往会尽可能地综合和兼顾其他因素，其本意可能是为了避免单一编排方式带来的不足。例如课文的文体常常是各教材的编者容易关心的重要因素。就拿比较流行的以内容主题为主的编排方式来说，日本初中教材就有综合各种因素的考虑。在理论上，日本学者佐藤学鉴于过去日本学校"教的课程"组织得十分细致周密，而"学的课程"却十分薄弱的状况，提出一种以儿童的认知兴趣和发展需要为基础的单元主题的课程组织，即把传统的"目标—成就—评价"模型的单元，转变为把学习作为有意义经验加以组织的"主题—探究—表达"模型的单元。

从上可以看出，我国新时期语文教材在选文—单元的呈现方式方面，既吸取了国外教材编写的经验，也有我们自己在继承传统的基础上的新创造，从而开始真正形成教材多样化的可喜格局。我们期待着语文教材的继续改进和逐步完善。

——摘自：语文建设[J].2008.3:14—16

二、它山之石

语文教科书的应用观

余映潮

在新课程理念的指导下，语文教师必须改变传统的"教教科书"的习惯，把教科书视为自己从事语文教育的一种工具、一种手段；明确地树立起"用教科书去教""让教科书为我所用""不做教科书的诠释者，要做教科书的主人"等等新型的教科书应用观念。

在新型教科书应用观念的指导下，当前语文教学已经出现了许多成功地应用语文教科书的经验，诸如，一篇选文的扩展性联读、单元或选文的重新排列组合、对选文意义的深度开发、非预设性指导等等。这里首先要强调的是应用语文教科书需要遵循的如下原则：

（一）目标明确

使用教科书的目的是为了实现教育目的，是为了落实新课程标准的各项要求，是为了切实提高学生的语文素养，是为了建设开放而有活力的语文课程。因而，在使用教科书的过程中，应从"知识—技能—能力"与"情感—态度—价值观"一体化的高度，充分开掘语文教科书内在因素的培育功能。

（二）基础牢固

使用语文教科书，要突出语文基础知识和言语基本技能，要让学生直接接触大量语文材料，要引导学生学会积累语文知识和语文材料。基础牢固不仅是知识和技能持续增长的保障，也是知识创新和能力发展的必要前提。

（三）综合为用

语文课程是一门实践性很强的课程。语言实践是学生学习知识、历练技能、发展能力、健全人格的场地。语言实践又无一不是相关学科知识的综合，课堂内外、学校内外的综合，学生知、情、意、行的综合。因此，使用语文教科书，要时时不忘在语文实践中引导学生综合应用语文。

（四）高屋建瓴

使用语文教科书，要把它放到它所涉及到的语言学、应用语言学、文章学、写作学、文学、美学等主要学科领域或问题领域中去，要深入了解这些相关学科领域中产生的新的、阶段性的研究成果；要时时关注与教科书内容相关的自然的、社会的和日常生活中的问题；使教科书成为引领学生关心和研究现实世界的实践园地。

（五）批判创新

使用教科书，要反对盲从教科书和教学参考书，要始终保持独立思考的精神，以有利于学生批判精神、创新思维和创新能力的养成。

——摘自：余映潮.语文教师阅读教材的艺术，

语文名师在线 http://my. eywedu. com/

以《社戏》为例谈文学作品的定篇教学

江苏省南通大学文学院　胡俊国

一、关于"定篇"

王荣生教授将语文教材的选文类型分为定篇、例文、样本、用件。定篇的特点是选取经典性的文本，让学生全面、彻底、深刻、清晰地理解作品，培养学生鉴赏美的意识和鉴赏美的能力，其功用不在实用而在文化。阅读经典就是让人见识一番经典，这是对定篇类选文教学最直白的表述，这也正是定篇和其他类型选文的根本区别：其他类型的选文多多少少都在于不同目的的"用"，如例文是用文本来学习语文知识，样本是用文本来学习语文学习的方法，用件则直接学习文本所讲的内容。定篇类文本的教学中，文本本身就是教学目的，强调深刻地理解文本本身的意蕴。一般来说，定篇类文本的教学要经过选取经典文本、对文本的典型美学表现进行鉴赏、通过相关阅读加以强化等几个层次和步骤。

首先是经典文本的选取。

其次是对作品中最典型的美进行鉴赏。语文教师要具有研究意识，而作为研究型的教师，首先思考的是"教什么"，然后才是"怎么教"。一篇经典对鉴赏者的影响是多方面的，如果要对其进行分析，可以有无穷无尽的角度。但这些角度没有必要也没有可能全部开发为课程内容，而只能选择其中的某些角度。那么究竟从何种角度出发就需要慎重考虑。有时我们选择的角度，的确是它的优点，但并不比其他有相同优点的作品的表现更突出更典型，而且这一优点也未必是它的最典型的美学表现。如《社戏》，很多教师将景物描写和人物描写作为教学的重点，虽然未尝不可，但文中的景物描写和人物描写并不比其他作家或鲁迅的其他作品更为出色，且几乎每一篇小说都可以从景物描写和人物描写着手，这样教学势必会造成文章分析千篇一律，其结果不仅是学生失去学习的兴趣，而且经典的"经典性"也在我们平庸的教学中被颠覆。所以在鉴赏教学中，对一篇作品的鉴赏内化，不能随意为之，而是要根据文学、文化等专门研究者对该作品的权威解读，对其最典型的美学表现加以体会。

二、《社戏》作为定篇的教学设计

教学设想：

鲁迅的作品在中国文学史上具有毋庸置疑的经典地位，《社戏》就是其中一篇。但是不同的教材对《社戏》的诠释并不相同。人教版的义务教育课程标准实验教科书，在七年级下册第四单元选编了《社戏》，同时还选编了《安塞腰鼓》《竹影》《观舞记》《口技》，单元导读是："'语文是人类文化的重要组成部分。'这个单元选的是文化艺术方面的文章。通过阅读，我们可以从中看到作家对艺术的体验和感悟，及由此生发的对人生的思考和认识，可以提高自己的文化素养，陶冶情操。"单元最后的综合性学习，确定的主题是"戏曲大舞台"。苏教版的义务教育课程标准实验教科书，在七年级上册第三单元"民俗风情"的主题下选编了《社戏》，同时还有《端午日》《本命年的回想》《中秋咏月诗词三首》《对联六副》。单元导读是："民俗文化是斑斓多彩的人类文化的重要组成部分。本单元所写的民间习俗和传统节日，对人们来说是很平常的，却平中有奇，闪耀着传统文化的熠熠光辉。读读这些课文，结合调查，了解家乡的民俗风情，你就会对民俗文化有更深的感受。"不难看出，这两种教材都淡化甚至否定了传统的从阶级的角度看《社戏》，而选择了文化和民俗的角度。

但从文化或民俗的角度来教《社戏》是否就教对了呢？这也是值得商榷的。虽然从建构主义的阅读理论出发，我们承认每一种理解的"合法性"，但对文学欣赏而言，判断的标准则应该掌握在学术权威手中。"也就是说，作为'定篇'的选文，课程的内容，既不是学生对这一'定篇'的感知，也不是教师对这一'定篇'的理解，按照现在职业的分工状况，也不是教材编撰者（语文教材专家）'个人对这些作品的把握'，而是文化、文学等专门研究者对该作品的权威解说。"那么，权威解说如何？茅盾这样评价鲁迅："在中国新文坛上，鲁迅君常常是创造'新形式'的先锋，《呐喊》里的十多篇小说几乎一篇有一篇的新形式，而这些新形式又莫不给青年以极大的影响，欣然有多数人跟上去试验。"从形式上看，《社戏》采取的是对称结构，《一件小事》采取的是闭锁结构，而《孔乙己》则采用第三视角"小伙计"来叙事。因此从定篇的角度，了解鲁迅《社戏》的形式特点应是一个很重要的教学目标。《社戏》形式上的特点是采取对称对比的手法，如未删节版京城看戏和乡村看戏对比、儿童世界和成人世界对比、情感喜忧起伏对比等。而把《社戏》作为文化或民俗来教则教错了方向。可以说，从文化或民俗角度来看，要了解绍兴的风情，周作人的若干散文更具有典范性，更何况《社戏》谈的根本就不是社戏，作为文化或民俗的"社戏"在文中仅仅是个引子。

教学目标：

1. 了解《社戏》对称对比的写作手法。

2. 体会《社戏》包含的深层意蕴，并能欣赏和借鉴其传达意蕴的方法。

教学重点和难点：

《社戏》形式上对称对比的写作手法是教学重点，其深层意蕴的理解是教学难点。

教学准备：

学生自己先阅读《社戏》，解决基本字词问题。回忆以前学过的鲁迅小说篇目。有条件的同学可以翻阅一下鲁迅的小说集《呐喊》。

教学过程：

（一）导入

大家都有一个美好的童年，今天让我们一起来学习《社戏》，看看鲁迅为我们展现了一幅怎样的童年画卷。

（二）整体感知

1. 课件播放有关社戏的图片，学生结合课前搜集的资料了解社戏。

2. 学生浏览课文后，用自己的话概括文章主要写了什么内容。

3. 讨论：戏好看吗？文章为什么以"社戏"为题目？

教师点拨：戏并不好看，并没有铁头老生像白天那样翻筋斗，只有一个小旦咿咿呀呀地唱；"我"最喜欢看的"一个人蒙了白布，两手在头上捧着一支棒似的蛇头的蛇精，其次是套了黄布衣跳老虎"并没有出来；我最怕的老旦终于出来了，我尤其怕他坐下了唱，但老旦踱来踱去之后还是坐下了。小孩子看戏看的是热闹，但戏并没有想象中那么好看，最后只好扫兴而归。但令人高兴的却是看戏来去途中发生的一些事情，由此可看出《社戏》并不是真写社戏，作为文章题目的社戏仅仅是一个引子，"戏"不在戏中，而在戏外。

（三）研讨探究，体会文章对称对比的写作手法

1. 情感喜忧起伏对比

找出情感起伏的相关语句，仔细揣摩；

仔细品味、诵读、揣摩"不多久，松柏林早在船后了，船行也并不慢"一节。

教师点拨：这一节写船、写人，船也好，人也好，都反映了"我"快乐的心情。

2. 儿童世界和成人世界对比

（1）找出描写小伙伴特点的句子，学生讨论，教师引导，看这些描写写出了平桥村的小伙伴们什么特点。

教师点拨：小伙伴们热情好客（如小伙伴们白天已经看过戏了，但仍然陪我一起去，双喜更是积极踊跃），以儿童的眼光来看我（如放牛时我不敢靠近黄牛水牛，"小朋友们便不再原谅我会读'秩秩斯干'，却全都嘲笑起来了"），小伙伴们天真单纯（如偷豆，阿发说："偷我们的罢，我们的大得多呢。"）由此可见，平桥村的小伙伴们大都自然、率性、明朗。

（2）成人世界以六一公公为代表。引导性的问题：六一公公为什么喜欢"我"？

教师引导：找出关于描写六一公公的语句，不难看出六一公公喜欢我的原因有两个——一是我是从大市镇来的，二是我读过书。而这两点正是"我"想疏离的，且在小伙伴们那里，这也的确不是什么大不了的事，我害怕牛时，他们仍然嘲笑我。

结论：《社戏》通过儿童世界和成人世界的对比，表现了作者了对儿童世界的向往。

（3）分角色朗读月下归航部分，体会表现人物形象的个性化语言。圈出动词，揣摩语言的准确。

3. 京城看戏和乡村看戏对比

（1）提供未删节版《社戏》，学生阅读，讨论全本《社戏》的结构和我们学过的鲁迅的哪篇文章比较相似。

教师点拨：在乡村看戏之前还在京城看过两回戏，两次看戏都如受罪一般，所以没有看完就出来了，而且两次看戏都使"我"感到"在这里不适于生存了"。这两次看戏和乡村看戏形成对比，以京城看戏的苦来托出乡村看戏的乐。从结构上来看，全本采取的是对称对比的结构，之前学过的《从百草园到三味书屋》也采取了这种结构。

（2）讨论京城看戏和乡村看戏分别是什么心情。

学生找出能反映京城看戏和乡村看戏心情的语句，讨论"我"在京城看戏和在乡村看戏分别是什么心情。

教师点拨：两次京城看戏——焦躁、烦乱、不安。乡村看戏——虽然戏并不好看，但整个看戏的过程轻松、舒展、自由。反映了作者逃避城市，向往乡村的生活态度。

（3）配乐舒缓朗读并仔细揣摩："两岸的豆麦和河底的水草……于是赵庄便真在眼前了。"

教师引导：这种诗情画意的景色描写在鲁迅的作品里很少见。揣摩时注意作者是怎样表现"我"快乐而又迫切的心情的。

4. 讨论如何理解文章的最后一句话："真的，一直到现在，我实在再没有吃到那夜似的好豆，——也不再看到那夜似的好戏了。"

教师点拨：通过此句的分析，可以对全文的解读做一个总结。"好戏""好豆"不能只从表面上来理解，全文通过京城看戏和乡村看戏的对比，表现了城市的紧张、不安、压抑、恐惧，乡村的清新、自然、友善、快乐。所以"好戏""好豆"具有某种象征意义：轻松而舒展、自由，沉静而柔和，和谐而充满情趣。这正是鲁迅曾经有过，并且心向往之的。这也是鲁迅心灵世界的一个方面，却往往为人们所忽略。这一面与小说前半部所展示的紧张而压抑，焦躁而粗糙，被扭曲、受伤的，充满了痛苦的灵魂，同属于鲁迅。

（四）拓展延伸

1. 学习《社戏》之后，学生应阅读《呐喊》全集，体会每篇小说在形式上的不同之处，通过这一阅读，学生可以认识鲁迅小说在中国现代小说发展史中的地位。同时，阅读鲁迅描写儿童的作品，体会鲁迅对儿童和成人的不同态度。

2. 指导学生阅读一些在小说形式上有所突破的当代作家的作品，如王安忆、史铁生、韩少功的一些作品，进一步体会文学作品中形式和内容之间的关系。

参考文献：

[1]王荣生《语文科课程论基础》，上海教育出版社 2003 年版，第 315～369 页。

[2][3]南帆《文学理论新读本》，浙江文艺出版社 2002 年版，第 113 页、114 页。

[4]郭绍虞、王文生《中国历代文论选》第一卷，上海古籍出版社 1979 年版，第 300 页。

[5]倪文锦、欧阳汝颖《语文教育展望》，华东师范大学出版社 2002 年版，第 223～224 页。

[6]茅盾《读〈呐喊〉》，1923 年 10 月 8 日《时事新报》副刊《学灯》。

[7]胡俊国《六一公公到底是一个怎样的形象?》，《语文建设》2007 年第 2 期。

[8]王静波《水气氤氲，江南水乡风景的魂——浅谈〈社戏〉的写景教学》，《语文建设》2008 年第 9 期。

[9]钱理群《走进当代的鲁迅》，北京大学出版社 2000 年版，第 168 页。

——摘自:语文建设[J].2011.6:14—16.

例文在语文教学中的运用及思考

浙江省富阳市城镇职业高级中学　谢红旺

一堂好的语文课，是一次生命的盛宴。生命共舞，舞出课堂的精彩，才能让语文课上的生命更鲜活，绽放更为绚丽的生命精彩。

一、问题的提出

当前语文教学存在两个问题：一是教学内容的不确定，二是教学过程和方法的盲目性。这两个问题其实是一个问题的两个方面，有了确定的内容，教学过程和方法自然也可以顺理成章。

事实上，正是因为教学内容的不确定，语文教学是一件"痛"并"快乐"的事。"痛"在内容不确定，语文教师可能无从下手，无法做到面面俱到；"快乐"在于内容的丰富性，可以充分发挥语文教师的创新能力。但也给教师出了一个难题，"这样的文章最适宜的教学内容是什么？"这是语文教师开展语文教学活动首先要考虑的问题。教学内容的不确定，接踵而至的问题是"用什么教"。教学方式的盲目性依然存在，教师习惯了用一种方法教书，也就容易习惯用一种方法教不同的文章。我们需要一个途径来解决这些问题，本文尝试运用"例文"的功能来组织教学，来对课堂内容进行组织重构，在具体实践中探索其对课堂建设的积极意义，创设有效课堂，让课堂生命更鲜活。

二、例文的实质

简单说，例文就是解释语文知识的具体例子。例文的材料要能够"足以例证知识"，是为某一个知识点服务的。例文相当于理科教学中的直观教具，它给知识的学习添补经验性的感知。但是，例文并不是教与学的真正目的，目的是通过例文，学生可以更好的掌握和理解知识。例文本身不是语文课程的必然构成，它属于"用什么教"特定内容的教材内容。将本来含有无限可能性的诗文限制在一个特定的侧面、特定的点上，并以这个侧面或特定的点来作为例子，这就是例文的实质。

三、例文的内容确定

教什么——因文而异。教师教学要因材施教，也要因文施教。教师需要对文本的特殊属性做出正确判断，如果混淆了文本属性，对所有文本一视同仁，就会影响解读效果。因此，教学之前，首先有一个文本甄别的问题，要培养学生的文体意识，使他们懂得不同的文本要遵从不同的解读规律，采用不同的阅读与教学策略，从而获得真正的解读自由。在语文教学中，盲目吸收和盲目

"多元"，都是错误的。例文选文教学，关键在于确定例文的"例"。要从例文中找出"共同的法则""共通的样式"，并根据文章特点、课堂生长需要、学生年龄及学习心理选择并确定"例"的内容。例文选文教学方法上的基本原则是在大致掌握文章内容后，把更多的时间放在所确定"例"的内容的教学上。拓展应以所确定的"例"的内容为核心，不能以文章内容为核心。例文类选文教学，教师的备课重点应放在找到教材中最恰当的读写教学点上，让学生得到相应的阅读知识的学习与训练。

四、例文在语文教学实践中的运用

怎么教——顺势而为。王荣生老师在谈到语文"有效教学"时曾说过，语文的有效教学有两个基本特征：一是"教学内容的聚焦确定"，二是"学生活动的充分展开"。要从"学生实际需要什么"出发，因文而异，顺势而为，创设有效课堂，让课堂生命更鲜活。把课堂内容聚焦于一点，用例文教学来寻求突破。学生通过一篇例文的学习，学会一类文的阅读方法，这是例文的聚焦点。同时，学生的主体性和教师的主导性在课堂中构成学习共同体，既不是教师的"一言堂"传统教学，也不是纯粹为活动而活动，不是以活动来进行表演课堂。而是真正体现学生在课堂中思考、迁移、实践、运用的过程。

1. 单篇例文，取其一隅，读写结合

单篇例文的选文教学设计是以单篇文章最突出的阅读知识点为出发点，并整合其他资源形成的以阅读知识为核心的教学设计。其教学设计命名形式为"课文·知识"教学设计，如《〈祝福〉·肖像描写》教学设计、《〈边城〉·环境描写》教学设计等。这样的命名有两层含义：一篇课文可以引申出不同的知识点传授，如《祝福》可以引申出语言、行动、心理描写、环境描写等知识点的拓展教学。同一知识点可以从不同的课文引申，《祝福》与《孔乙己》的比较阅读，可以取肖像描写这一知识点来展开写作教学。

2. 整合单元内容的"例文"，进行阅读方法教学重新整合单元所属的课文，建立以阅读知识为核心的单元教学，突破了篇与篇之间的局限性，把单元作为一个整体，通过比较阅读来寻求某一个点的突破，异中求同。比如"说明文单元"教学，基于对说明文难易程度的估计，为更好地达到教学目标，在进行说明文具体篇章的教学之前，可以先根据文章特点，基于学生需要而设计出符合学生学情的目标，然后重新整合单元的教学内容，依据需要而选择教学点。如《中秋月》《南州六月荔枝丹》等课文适合作为"例子"来让学生消化说明文的结构树状图。学习的基本模式可概括为说明文知识介绍—例文解读—

能力迁移—拓展延伸。比如写人散文的阅读教学，基于散文的特性，由物及人，教师教会学生阅读散文的基本方法，抓住物的特性，联系人的内心情感，可以为进入散文阅读打开一扇窗。如《合欢树》《父亲的手提箱》适合作为例子来进行教学，让学生学会借物思人散文的阅读方法。例：科学小品文怎么教——以《中秋月》为例。

（1）内容聚焦于"阅读方法"：

初读文本，学习科学小品文的阅读方法，以《中秋月》为例文进行阅读教学；整合本单元《南州六月荔枝丹》，进行阅读实践训练，提升学生科学小品文的阅读能力。

（2）教学流程体现学生的主体性：

方法引领——科学小品文的阅读方法；能力迁移——画树状图；能力拓展——运用方法解读《南州六月荔枝丹》；实践训练——解题（课堂一练）。拓展：学生用方法画《南州六月荔枝丹》树状图。在实践中提升学生的阅读能力，实现能力迁移，通过学习"一文"的阅读技巧，实现"一篇文章"到"一类文"的阅读技巧的提升，让学生扎实地掌握科学小品文的阅读方法。

3. 运用多篇例文进行专题教学

以阅读知识为核心的例文是指不依据教材，而是以阅读知识为核心，以阅读知识习得为根本目的的教学。如：语文专题教学、诗歌意象专题教学、朗诵专题教学等。由于语文知识往往是"不能明确界定的概念"，单用一篇例文不足以达到知识学习的目的，需要用多篇例文来说明语文知识的内涵，从这个角度讲，专题教学就是需要不同变式的例文来说明同一个主题。专题教学，以某一个知识点为核心，教师选取相应的例文，学生在选择和整合多个例文的同时，打破了千篇一律的格局。例：

专题名称：天堂里的偶像——那些因过敏、脆弱、孤独自杀的艺术家

教学目标：

开阔视野，提升学生的认知、理解能力；能让学生初步了解文学评论、电影评论的写法。

教学流程：

第一步——认识这些艺术家的研讨之一：准备一套"自杀艺术家知多少"的问卷；分小组以喜欢的对象不一样命名组名，如三毛组、张爱玲组、海子组、老舍组、张国荣组等。

第二步——其代表作品的研讨：介绍文学评论的写法（文学评论的概念；

写文学评论的前提工作；写文学评论的具体要求）；阅读相关作者的作品如：海明威的《老人与海》，海子的诗歌《面朝大海》，张爱玲的《金锁记》。观看张国荣的电影《霸王别姬》《阿飞正传》。

第三步——其死亡原因的探究：要求学生收集有关资料；分组选择自己喜欢的对象找视频；写文学评论。

第四步——交流、展示。

五、教学反思：这样教有效果吗——随境而化

语文课堂是生命相融的过程。"她"是学生主体的体现，是学生和教师生命的沟通，是学生、作品、作者生命的交融和体验。这个过程组成了课堂的整体，没有"她"，课堂教学就没有生命的色彩。

1. 关注学生的生命

2. 关注作品的生命

3. 关注课堂的生命

4. 关注教师的生命

参考文献：

[1]潘新和著. 表现与存在[M]. 福州:福建人民出版社,2004.

[2]王光龙主编. 语文教坛新星获奖说课点评[M]. 北京:语文出版社,2012.

——摘自:职业[J]. 2013.9

试谈略读课文"样本"化教学

浙江省天台县实验小学 林俏静

王荣生教授在《语文科课程论基础》中提出了"选文功能"，书中开创性地将语文教材的选文分为四大类型，即定篇、例文、样本和用件，认为有必要确认"选文"的类型及不同类型的功能发挥方式。其中"样本"是同类选文的取样，其教学目的是通过学生的自主阅读，发现问题，解决问题，把握选文，进而养成阅读或写作同类诗文能力的目的。"样本"类选文的教学所关注的既不单是"内容"，也不单是"形式"，而是通过"形式"去把握"内容"的理解过程。这与略读课文的性质和功能相符，因此，在教学活动中，我们可以从样本的视角去看待和处理略读课文，使学生学"法"用"法"，从而提高学生的略读能力和独立阅读能力。

一、预研"样本"，研墨调色竹在胸

"样本"类的选文的教学过程以学生生成为主，教师在读透文本，谙熟选

文文本的背景知识的基础上，要多方了解学生的学习情况，尽可能揣测、预见学生会在阅读过程中出现的问题。

1. 细读"样本"，细致了解阅读基础

将略读课文作"样本"来处理，课程的内容产生于教学中的读写"现场"，然而，这并不等于说，在进入课堂之前，教师对学生与特定文本交往中可能产生的困难和问题毫无头绪。有些困难和问题，教师是可以事先估计的，但教师的估计必须建立在细读文本和深入了解学生当下阅读实际状况的基础上。我们可以运用一些行之有效的事先估计方法，比如采访与反省。运用"采访"，就是教师在课前便深入到学生中去，对他们已经或可能产生的问题和困难事先摸了底，并据此大致设定"议、讲、练"的具体项目。运用"反省"，就是教师在备课时首先考虑的不是自己怎样"讲"文章，在教每一篇略读课文前，先反反复复地读，根据自己在阅读中遇到的难点，估计学生会在这些地方发生的困难，并就此设计几个问题，供学生思考和解决。

2. 梳理"样本"，精心设计教学预案

在"样本"类文选型语文教材中，那些详详细细涉及选文方方面面的教材内容，并不是都要讲、都要学的，从原理上讲，它们只是供教师在教学中依据学生的情况自主地选用。究竟教学多少个方面、哪些方面，除了依据"样本"之外，主要取决于学习者读与写、文学鉴赏的现实状况。这就要求教师在了解多方状况的基础上，简化头绪，精心设计教学预案。

关键的一点，就是教师要关注文本的独特之处。略读课文中那些有代表性的、有突出特点的内容，我们是有责任带着孩子去领略的，有些精妙的句段，也是值得我们去鉴赏学习的。我们在制定教学目标、设计教学程序时要注意把握尺度，综合考虑教学相关的目标和要求，了解学情，遵循学段特点，正确把握编者意图，关注文本特色，从教材中精心挑选略读指导的着力点，精心设计教学问题，精心安排迁移运用，让课堂更加大气而实在。

3. 丰厚"样本"，开发利用课程资源

"样本"是与真实阅读相联系的文选，在"样本"学习中实践已获得的读法和作法，教科书是重要的教学内容，但不是教学内容的全部。现实生活中蕴藏着取之不尽的语文教育资源，适合学生阅读的中外文学名著、其他人文科学读物、科技读物，广播、电视节目，录音带、录像带、光盘等电子音像资料，网络资源，以及鲜活的现实，都可以经过筛选作为教学内容，为学生今后的真实阅读打下坚实基础。略读课文进行"样本"化教学时，教师可以从略读课文教学的特点出发，努力从教材、生活、自然、多媒体、网络等多方面途径引进相关的课程资源，并指导学生搜集资料，形成知识的储备，与教师一起进行教学前的"预设"。

4. 预习"样本"，注重培养阅读能力

"样本"的教学目的是通过学生的自主阅读，发现问题，解决问题，把握选文，进而养成阅读或写作同类诗文能力，预习正是培养这种能力的先锋营。略读课文的预习应体现增量。

二、导学"样本"，工笔写意两相宜

略读课文的教学既要从整体上把握文本，又要找准着力点引导学生细读、研究，形成能力。

1. 直奔"样本"主题，提示引路

"样本"类选文的一大编撰特点是将由教材展示的课程内容，设计为提示式的。略读课文前面的导读提示语正是着力于解决"样本"难题的，并将"思考"定位于学生在读写中可能（或应该）遇到的问题。这段提示语不仅实现了精读课文与略读课文内容上的自然衔接，而且明确提出了本课学习的重点内容及要求，为师生指明了教与学的方向。因此，在学习略读课文之前，可引导学生先关注"导读提示"，对"导读提示"所示的要求进行梳理，进一步明确学习要求和读悟要点，并以此为线索，展开阅读探究活动，以提高教学的针对性和有效性。

2. 树立"样本"意识，自读生成

"样本"的学习是"方法"的历练，"习惯"的养成和"态度"的培植，要求学生靠自己的能力阅读求甚解，立足于生活。在实施过程中应依据学生的读来引发学生的议，从读和议的动态过程中，来确定教师的讲，去设计学生的练。如果没有最初的充分的读，自然也就没有下边的一系列动态生成。而编者安排略读课文教学的最大目的就是让我们培养学生独立阅读的能力，让学生自己把课文读懂，在实践中掌握读书方法。自读阶段就是学生独立阅读的实践机会。实施"样本"化的略读教学，我们老师首先要强化学生的主人翁意识，让学生有足够的时间去自读自悟，以技能训练完成文本解读，将课文内容的理解和语言文字的训练融为一体，在实践中掌握读书方法和学习语文、运用语文的方法。

3. 立足"样本"特点，精简结构

"样本"的课程内容不产生于选文，产生于具体的学生在实际的阅读时与文本的交往过程中，知识和方法是在读写活动中动态产生的，需要学习者在体会中提炼和把握，进而形成读写的能力。而略读课文的教学一般都是四十分钟完成，这个简单的现实，也直接地告诉我们，略读课文"样本"化教学需要教师认真做好"减法"：简约教师行为，突出学生主体地位；简明教学内容，凸现文本教学价值；简化教学环节，提高课堂教学实效。

4. 依托"样本"特色，略中有精

教学"样本"类语文教材，我们教师要把视角转向文本中包含的课程内容，在教学中依据文本的特色和学生的情况精心选择教学内容。因此，我们需要反复斟酌，寻找准确的着力点，从而使力气真正花在刀刃上。虽然说略读教学讲究"简"、"略"，但"略读"不是"泛读"，"样本"化的略读教学也需要有"精"的部分，但究竟怎样选择"精"的部分呢？教师要依托文本特色，找准着力点，大胆取舍，抓住某一方面扎扎实实地进行训练，或注重感悟，或背诵积累，或写作指导，或运用方法自主学习。这样有的放矢，学生必能一课一得。

5. 拓宽"样本"空间，承前继后

"样本"的功能在于提供样品，为学生正在阅读或将要阅读的书籍获得一种可供使用的技能，获得技能的目的是运用。略读课文正是由获得技能转向运用技能的是一座桥梁、一根纽带。从学习内容上来看，略读课文承接了精读课文的学习主题，同时又连接了"语文园地"中口语交际或习作练习的相关内容；从学习方法上来看，略读课文承担着从精读到自读的过渡任务，应逐渐引导学生从课内阅读走向课外自读。因此，略读课文"样本"化教学中，我们要注意适度地承接与延伸，主要是引导学生把从精读课文中学到的语文基本功，用于阅读实践，从而充分发挥略读教学的桥梁纽带作用，逐步培养独立阅读的能力，将习得的方法迁移运用到课外的阅读实践中去。

参考文献：

[1]王荣生．语文科课程论基础[M]．上海：上海教育出版社，2005，9．

[2]叶圣陶，朱自清．略读指导举隅[M]．商务印书馆，1942，3．

[3]赖德胜．语文课程标准[M]．北京：北京师范大学出版社，2001．

[4]钟启泉，崔允漷，张华．基础教育课程改革纲要（试行）解读[M]．上海：华东师范大学出版社，2002，7．

[5]施茂枝．略读课的性质、操作要则和教学范式[J]．语文教学通讯，2009(9)．

[6]王慧珍．因文而异略出精彩[J]．小学教学，2009(9)．

[7]虞大明．关于略读课文教学的理性思考[J]．教学月刊，2010(2)．

——摘自：中国校外教育（上旬）[J]．2012.4

第二章 案例研究篇

本章从近期的语文教学杂志上选择了写实文本、文学文本和文言文本研究案例各一篇。这三篇案例的共同特点是作者立足于文本的文体，紧紧地把握住文本自身的特点，对文本作出深刻地、创新性地解读。研读这些案例能够启发师范生在读解文本时，立足文本，关照文体特点，准确读解文本，并力求读出自己的理解。

案例一

《苏州园林》深度解读①
尤炜　　南洋

关于《苏州园林》一课的教学，余虹先生认为，"重点应放在对文本内容所反映的文化的理解上，而不应该只局限于文体知识的把握"。诚哉斯言。在说明文教学中，不能简单地把文章当成"说明方法""准确性"等文体、写作素材的载体，更不能把文体、写作要素和文化内涵割裂、对立起来。因为如果不能对课文有深入的解读，那么对文体知识和写作特点的把握也很难说是到位的。

一、"准确"在哪里？

大多数人可能会认同以下的判断：《苏州园林》"是一篇准确地把握了客观事物特征的优美的说明文"。那么本文究竟"准确"在哪里呢？

作为说明文核心特点的"准确"，指的是文章内容完全符合实际的情况。本文的"准确"，其实不在于内容符合苏州园林的外在建筑状况，而在于符合"崇尚自然"的审美特点。理由如下：

就审美趣味而言，苏州园林是"务必使游览者无论站在哪个点上，眼前总是一幅完美的图画"。它的"图画"不是"图案画"，而是"讲究自然之趣"的"美术画"，也就是所谓的"文人画"。苏州园林是"讲究自然之趣"的"文人

---

① 选自《中学语文教学》2013,(6):45—46.

园"，这就是它的本质特征。

苏州园林的主人大多是文人，有不少园林是由书画名家设计甚至督造的（如文征明之于拙政园）。中国古代文人，特别宋元以降的文人，大多以儒家忠孝之道成就事业家庭，以道家自然之道标榜品格趣味。绝意仕途，自可寄情天地；宦游归里，不妨澄怀山水。故而在园林艺术中将自然之趣看得很重。计成这样描述园林的最高境界："轩楹高爽，窗户虚邻；纳千顷之汪洋，收四时之浪漫。梧荫匝地，槐荫当庭；插柳延堤，栽梅绕屋。结茅竹里，浚一派之长源；障锦山屏，列千寻之耸翠。虽由人作，宛自天开。"要"宛自天开"，造园时就要想尽办法彰显"自然"，使居者、游者"忘却苏州城市"，只觉得身在山水之间。

就创造审美手段而言，在可以让"自然"唱主角的地方，造园者"抑人巧以从自然"。所以一方面尽量利用自然，如池沼大多引用活水，景物围绕天然水面布置；另一方面则效法自然，风景中很少有严格的对称和齐整，因此作者特别指出：苏州园林的格局不讲究对称，水岸不砌成石坡，花树不追求整齐。

建筑园林的"人工"部分，造园者"隐人巧以显自然"。墙和廊子起到调整园林空间，增加景致深度的"隔景"（以及"借景"）作用。园林的角落则用植物装饰台阶、墙面。前者使观者的视线从小的"人巧"空间进入大的"自然"空间，后者让观者的心境从有限的"人巧"境界进入无限的"自然"境界。门窗的图案和建筑的颜色精细而内敛，巧妙而含蓄，决不去抢自然之美的风头。

黑格尔说，艺术作品"之所以使我们欢喜，不是因为它很自然，而是因为它制作得很自然"。苏州园林崇尚自然，但它的自然并非原始的自然，而是一批"生平多阅历，胸中有邱壑"的人设计建造出的"第二自然"，是"自然"与"人巧"的和谐统一。这就是苏州园林所蕴含的美的辩证法。

造园也称"构园"，叶老在文中要说明的，并不只有外在的"结构""构图"，更有内在的"构思""构想"。教师如果不对文章做深入探析，恐怕很难真正理解文本究竟"准确"在哪里，过人之处在哪里。

二、"作比较"背后的深层意蕴

一篇说明文，为了把事物特征说清楚，或把事理说明白，往往会运用多种说明方法。但一般会有一个贯穿全篇的主导说明方法。所谓主导的说明方法，是指最能体现说明对象的特点，最能实现作者的写作意图的说明方法。比如《看云识天气》，主要说明各种云的形态、色彩、位置等与天气的关系，因此以打比方、分类别的说明方法为主导。而《苏州园林》的主导说明方法，笔者认为是"作比较"。

人们一般认为，本文的写作目的是要说明"苏州园林是我国各地园林的标本"。既然是"标本"，就必定要有比较。因此，作者在文中用了三处"明"的比较：把苏州园林分别与我国的其他建筑形式（宫殿、一般建筑）、别国的园林（整齐的松树、道旁树）和我国其他地方的园林（北方园林）作比较。这三处"明比"，分别扣着"园林""我国""各地"三点，从总体布局（画意）到景物铺设（图案）再到细节安排（色彩），贯穿全文，很好地达成了写作目的，也紧扣住"图画"二字。

不过，以上所论还停留在就文论文层面。事实上，"作比较"的说明之所以能成为本文的主导说明方法，还与苏州园林的审美趣味、作者的写作意图和写作时代密不可分。

细读《苏州园林》，我们会发现文中的"不"特别多，其内容甚至可以用七个"不"概括：整体格局——不讲究对称；假山池沼——不违背自然；树木花草——不刻意修整；花墙廊子——不隔断界死；园林角落——不单调随意；门窗户牖——不庸俗简陋；建筑色彩——不华丽夺目。

文章以"不"来贯穿，实际上就是用苏州园林的"雅趣"与"不"后面的"俗趣"作比较。以门窗为例，苏州园林的门窗图案"尽量工细而决不庸俗，即使简朴而别具匠心"，是为"雅趣"。有些园林建筑的门窗则踵事增华、繁复无比，孤立来看工艺精湛，放入整体中则喧宾夺主。因为"过于勉强取巧的人工虽可令寻常人惊叹观止，却是审美者最鄙薄的"。另一些园林则根本不注重此类细节，门窗粗陋不堪。后两者便属于"俗趣"，叶老在文中虽未"明比"，却不露痕迹地做了"暗比"。因此在文中才有意无意地带出那么多的"不"来。

至于作者的写作意图，第一自然段的"鉴赏"二字，已经将其着眼点表述得非常清楚。作者并不只是要"说明"苏州园林为我国各地园林的典范，更想引导读者鉴赏苏州园林之美。欧阳修说："萧条淡泊，其难画之意，画者得之，览者未必识也。"（《画鉴》）本文的第三至第九自然段，每段都有说明艺术构思或审美感受的句子，其帮助读者"得之""识之"的意图非常明显。

那么，这一写作意图与"作比较"的说明方法有什么关系呢？本文作于1979年，经历了十年浩劫对"美"的扭曲和摧残，苏州园林所代表的文人审美趣味在当时已经让普通人感到相当陌生。伍蠡甫先生曾注意到当时的一个现象：博物馆中的人物画、故实画前人头攒动，而枯木竹石画则少有人关注，原因是"没有什么可看的"。因枯木竹石寄托的古代士大夫特有的情感与"思想意识","和今天的观众是非常隔膜的,当然'知音'难觅"。于是,叶老或明或暗地使用作比较的说明方法,突出七个"不",与流俗的审美形成对比,以在一定程度上表现出这种大多数人并不熟悉的审美趣味,让读者潜移默化地形成有品位的园林审美观。

在说明方法的教学中,我们往往注意引导学生做辨识和简单分析,却忘记了"内容决定形式,动机决定方法"的道理,忽视了对内在的、足以决定使用何种说明方法的内容的探究。这导致说明方法的教学陷入僵化、支离、肤浅的窘境,应引起我们的警惕。

参考文献:

[1]余虹《〈苏州园林〉的美学分析》,《语文教学与研究》2006年第8期。

[2]夏弘福《读〈苏州园林〉》,《北京师范大学学报·社会科学版》1983年第1期。

[3]计成《〈园冶〉注释》第44页,陈植注释,中国建筑工业出版社1981年。

[4]黑格尔《美学》(第一卷)第210页,商务印书馆1979年。

[5]林徽因《论中国建筑之几个特征》,《林徽因建筑文萃》第17页,上海三联书店2006年。

[6]伍蠡甫《名画家论》第4页,东方出版中心1996年。

【案例简评】

《苏州园林》是人教版八年级上册第三单元的一篇课文。这一单元以说明文为主。

作者开门见山地提出对于说明文教学的见解:"如果不能对课文有深入的解读,那么对文体知识和写作特点的把握也很难说是到位的"。结尾又提出说明方法的教学不应只"引导学生做辨析和简单分析",还应重视"对内在的、足以决定使用何种说明方法的内容的探究"。

基于这样的理念,作者对《苏州园林》的解读,选择的角度新颖。

首先,读解准确性。作者认为文本准确地说明了苏州园林的特点:"务必使游览者无论站在哪个点上,眼前总是一幅完美的图画",进而探求"完美图画"的本质是"讲究自然之趣"。从园林的设计、审美手段和建造这几方面说明苏州园林"是一批'生平多阅历,胸中有邱壑'的人设计建造出的'第二自然',是'自然'与'人巧'的和谐统一"。叶圣陶先生正是以其精准的语言说明了苏州园林内在的"构思"、"构想",而不是只说明外在的"结构"与"构图"。

其次,读解说明方法。一般说来,教师对于说明文本中说明方法的读解,停滞在教学生辨识说明方法上。本案例的作者最难能可贵之处在于紧扣文本"细读"其语言，发现文中的"不"特别多，进而研究这些带有"不"字句子的内容，得出"文章以'不'来贯穿，实际上就是用苏州园林的'雅趣'与'不'后面的'俗趣'作比较"的结论。这样的文本解读，将简单而枯燥的说明方法的辨识与文本作者构思、审美等创作意图相联系，增加了语文的深度。

这个案例启示我们：深入细致地研读文本，研究文本内容、作者创作意图与文本浅表知识之间的关系，是避免语文教学僵化、肤浅的基础；紧扣语言研读文本是使语文教学更具语文味的关键。

案例二

一"悲"显诗圣①
——《登高》创意解读
廖朝安

《登高》是诗圣杜甫晚年流落夔州（今重庆市奉节）时所写的一篇饱含万般情意的作品，被誉为"杜集七言律诗第一"乃至"旷代之作"。诗歌写重阳登高祈福一事，借秋的凄凉、萧瑟，吟唱出一曲个人的哀歌、人民的悲歌、国家的殇歌和时代的挽歌。诗歌以一"悲"（万里悲秋常作客）字，涵盖深沉而丰富的内涵：诗人万般劫难的潦倒人生，忧国忧民的赤字情怀，动荡不安的艰难时代；且这一"悲"字还尽显诗圣的沉郁诗风、深邃思想、伟大人格。

一、"悲"时令（秋）的凄冷萧瑟

首联精选了特有时令（深秋）下、特有地点（三峡）中的六种意象——（急）风、（高）天、（啸）猿、（清）渚、（白）沙、（飞）鸟，营造了一种悲凉萧瑟的意境，奠定了全诗"悲"的情感基调。风之凄急怒号，似乎让诗人又想到了那"卷我屋上三重茅"的无奈与悲凉；猿之凄厉哀鸣，一定使诗人重温了当地民谣"猿鸣三声泪沾裳"的愁绝与悲苦；鸟之回旋徘徊，不正是诗人"飘飘何所似，天地一沙鸥"那孤独飘零生活的写照吗？接着诗圣选用了无边"落木"与不尽"长江"两个富有时空感的意象，写出秋的肃穆萧杀、旷远壮阔，传达出韶光易逝，壮志难酬的感怆。诗的境界非常壮阔，对人们的触动不仅仅

---

① 选自《中学语文教学参考》（高中）.2013,(6):39.

限于岁暮的感伤，还让人想到生命的消逝与有限，宇宙的无穷与永恒。

二、"悲"个人命运的万般劫难

人教版选修教材节选了现代著名学者冯至先生《杜甫传》中的几节，取名为《杜甫："万方多难"中成就的"诗圣"》，仅标题就给人无限的凄苦与喟叹。如果要把杜甫"万方多难"的一生用一句诗来概括，那就是"万里悲秋常作客，百年多病独登台"。宋人罗大经解读时说，"十四字之间含有八意"："万里，地之远也；秋，时之凄惨也；作客，羁旅也；常作客，久旅也；百年，齿暮也；多病，衰疾也；台，高迥处也；独登台，无亲朋也"。这"八意"实乃"八悲"：一悲他乡作客，二悲长年漂泊，三悲远离家乡，四悲秋之凄惨，五悲年暮无成，六悲亲朋亡散，七悲孤独登台，八悲疾病缠身。十四字确实是诗人颠沛流离、万般劫难一生的高度概括，更是诗人沉重、博大情怀的集中爆发！

三、"悲"人民生活的水深火热

"窥一斑而见全豹"，透过诗人的悲惨命运，我们不难揣测当时处于社会最底层人民的艰难生活。一是统治者的残酷剥削、压榨，致使"路有冻死骨"；二是"安史之乱"造成的人民流离失所，导致"千村万户生荆棘"；三是藩镇割据造成的新的创伤。面对如此状况，诗人一声长悲：艰难苦恨繁霜鬓！个人困苦、人民悲惨、时运艰难，难道仅仅是诗人一人增添了白发？诗人尚且如此，那么处于水深火热中的老百姓那将是怎样的"艰难"啊！"穷年忧黎元，叹息肠内热"，"民间疾苦，笔底狂澜"，一个忧国忧民的诗人凸现！

四、"悲"国家、时代的衰微多舛

诗圣万方多难的一生，恰好见证了一个盛世唐朝走向衰落的历程。"安史之乱"是杜甫人生的转折点，也是唐朝由盛到衰的转折点。之后诗人漂泊无定，如浮萍；唐朝摇摇欲坠，似累卵。晚年的杜甫登高怀远时，不仅是感叹自己的悲戚多难，更是感喟国家、时代的衰微多舛。因此，诗人的"艰难苦恨繁霜鬓，潦倒新停浊酒杯"中的"苦恨"与"潦倒"，绝不是个人的悲吟，而是整个国家的哀歌、一个时代的挽歌。

【案例简评】

《登高》是高中语文必修 3 册二单元《杜甫诗三首》中的一首诗。该案例的作者着意于对文本主题的全面而深刻地解读，突出的特点在于引入丰富的语文课程资源。首先，在读解文本时并没有局限于就文本读文，而是把文本与杜甫的其它诗歌相联系，以这些诗歌中的诗句来映证自己的观点，如"飘飘何所似，天地一沙鸥（《旅夜书怀》）"，"卷我屋上三重茅（《茅屋为秋风所破歌》）"，"路有冻死骨（《自京赴奉先县咏怀五百字》）"，"千村万户生荆棘（《兵车行》）"。如将这些资源引入语文课堂，定能丰富语文课堂教学内容，勾连起学生已有的知识积累，引发学生的学习兴趣。其次，该案例作者还引入其他研究者对文本和作者（杜甫）的研究，使得教学文本的研究有了深度，且有助于对文本的正确理解。

这个案例启示我们：深入理解文学文本，了解学界对文学经典的评价，研究这些评价与语文教学的关系。在此基础上设计语文教学活动，一定能够培养学生的思维能力以及鉴赏能力。如罗大经"万里悲秋常作客，百年多病独登台"的解读，可就此设计培养学生多角度分析问题的教学活动，以此培养学生思维的广阔性与深刻性。

案例三

《孙权劝学》教学思路及反思①
刘占泉

【教学思路】

《孙权劝学》这篇课文，假若安排在初一或初二年级学习，怎样教才比较合理呢？这是一个值得深入思考的问题。以往的文言教学存在着重大误区：一是起步太晚，严重滞后，耽搁了最佳学习时期；二是初中伊始又行色匆匆，走得太快，强行超前。此外还有诸多问题，比如，起步阶段忽略积累经典语料，把诵读价值偏低的文本硬性规定成"背诵课文"，诸如《口技》《童趣》等等。我注意到，《孙权劝学》这一篇有的课本没有安排背诵。这是对的，因为还有更上口、更经典的先秦文言语料更值得熟读成诵。不过，毕竟《资治通鉴》也还是具有代表性的古代典籍，适合于让初中学生多读一些。

基于这种考虑，前些年我参与支教的时候，对这篇课文给予了较多关注。我调查某地学校一般教师所作的教学设计，大致是：讲两节课，第一课时读上一两遍，然后字字落实、句句翻译；第二课时主要是分析孙权、鲁肃和吕蒙这

---

① 选自《中学语文教学》.2013,(2):51—52.

三个人物的性格特征。课文总共百来字，如何分析人物性格呢？有的老师建议，让学生根据课文内容写一篇吕蒙在军帐中挑灯苦读的短文。——这自然比分析人物性格要略好一点，但还是淡薄了文言学习的特质。

经过反复研究，最后把这一课的教学思路回归于文言阅读的应有专责，回归于经典文本的自学、探究与交流，且放置在一种有联系、有趣味的文言阅读平台之上。第一节课主要学习课文；第二节课主要延伸课文描述的故事，所采用的经典语料均加上注释。

资料1：吕蒙闻曹操欲东兵，说孙权夹濡须水口立坞。诸将皆曰："上岸击贼，洗足入船，何用坞为！"蒙曰："兵有利钝，战无百胜，如有邂逅，敌步骑蹙人，不暇及水，其得入船乎？"权曰："善！"遂作濡须坞。

（选自《资治通鉴》建安十七年）

资料2：春，正月，曹操进军濡须口，号步骑四十万，攻破孙权江西营，获其都督公孙阳。权率众七万御之，相守月馀。操见其舟船器仗军伍整肃，叹曰："生子当如孙仲谋；如刘景升儿子，豚犬耳！"权为笺与操，说："春水方生，公宜速去。"别纸言："足下不死，孤不得安。"操语诸将曰："孙权不欺孤。"乃彻军还。

（选自《资治通鉴》建安十八年）

还采用了若干起调节、联结作用的非经典文字，比如这段小说者言："濡须之战，孙权与曹操相持月余。权尝乘大船来观公军，公军弓弩乱发，箭著船旁，船偏重，权乃令回船，更一面以受箭，箭均船平。"

【教学反思】

从教学实践看，效果还是比较好的。我把当时记录下来的实况和感想，择要摘录在下面，作为教学思路与反思的真实呈现。

这次研究课，我不想扩充课时，还是安排两节课，但要让阅读量至少翻一番，提出了巩固和扩展文言教学"根据地"的实验设想。我们本应该有文言教学这个"根据地"，从小学到中学都能够在相对独立的文言教学体系里，指导学生根据文言特点来有效地学习文言，进而和白话读写教学体系建立相辅相成的良性关系，在相互支持中实现双赢，最终使学生形成完整坚实的语文能力结构，实现语文素养的提升。但是，我们还没有这个"根据地"。不得已而求其次，在"流寇主义"的夹缝中，尝试建立小规模的带有"根据地"性质的文言教学格局——这次以《孙权劝学》为例，尝试着做做这件事。

其要义，第一是"巩固"，删除空泛无效的人物性格分析之类，让前一个

40分钟，每分钟都落实于熟读成诵、疏通文义和大致理解文意上，基本完成原来两课时才能做好的核心要务；第二是"扩展"，从课文内容出发，向临近的适宜的古典文献靠拢，扩大涉猎范围，激发自学与探究的乐趣。

语文教学尤其是文言教学，改起来难度大，非常麻烦，诸多细节问题需要仔细探究。比如，"濡须建坞"的"坞"，到底是什么样的军事防御设施呢？针对"夹濡须水口立坞"这一句，我最先做出的判断比较含糊：取"坞"字本义，即防御工事，特指土堡。这又可以分为两种理解：一是在两岸上筑土堡，抵挡陆路攻击，水中仍然以船迎敌。这似乎更符合"夹"字原义，也与吕蒙的话比较吻合。二是将偃月型的矮堤筑进河水拦锁敌船，这样理解，与《后汉书》注中所引文字意思似乎更为接近："孙权闻操来，夹水立坞，状如偃月。"为此，特地请教史学专家帮助澄清相关的概念："偃月"实际是古代军队作战时几种基本阵形中的一种，中外皆有。唐代李筌《神机制敌太白阴经》对"偃月"这一阵势作了详细阐述："偃月营，形象偃月，背山冈，面陂泽，轮逐山势，弦随面直。地窄山狭之所，下营也。"偃月阵为前后两层，即下、中两营，战时面水背山，依次而立。但下营又分大小两营，一处安排六成兵力，一处安排四成兵力，阴面的弦开三门，分别为"上弦门""偃月门""下弦门"。以常规论，曹操军也是有水师的，如不阻断水道，则北方水师必然顺水而下，步兵也会自陆地同时发起攻击。水道定为东吴所断，北方水师无法顺流而下，要发动水战夺取水寨之后才可进入长江。而曹操似乎并没有倚重水战，估计是自赤壁大战以后，对北方水师并无信心，试图主要发动陆地攻击夺取偃月阵的营寨，但始终未能获胜，月余后无功而返。由此，可以看出"夹濡须水口立坞"的特殊的军事价值。还有一个问题也值得追究，即提出"濡须建坞"的建议，能不能看作是孙权"劝学"、吕蒙"就学"的直接效果。

有的老师提出：发生濡须建坞一事，并不能看作一定就是吕蒙就学后的特有效果，起码不能直接证明，就拓展材料来说，多少显得有点儿牵强。（大意）对此，我们又进行了一次论证，基本上维护了原来的见解。吕蒙献策时体现出来的军事思想，包含着朴素的辩证观点，这样富于哲理的话，恐怕不是当年让鲁肃瞧不起的一介武夫所能说出来的——大约是读了不少兵书战策后，思考问题的方法、表述意见的话语都产生了变化。赤壁之战以后，大概东吴将军里滋生了盲目轻敌的思想苗头，吕蒙则比较清醒地认识到敌我力量对比的悬殊、陆战与水战条件的复杂关系，提出建立陆地城堡，希望能弥补陆战不足的弱点。孙权当然能够意识到吕蒙立坞之策的重大军事价值，遂称"善"也。而一年后，果然应验了，曹操发动陆战，避开东吴水战的锋芒，倘若孙权事先没有修建陆地防御设施，并依托这些设施（坞）演练阵法（偃月阵），怕是要吃大亏了。

从试讲和正式做课的情况看，初一学生大体能够接受，对教学的分量和难度基本适应，效果还是比较好的。建议再进行试验，改为让学生课下选读《三国演义》的有关内容，看看史书和小说对同一个历史事件所作的不同描述，这应该是很有趣的。

【案例简评】

《孙权劝学》是人教版七年级下册第三单元的一篇课文。这一单元前四篇课文都是介绍历史上的杰出人物的，是白话文。只有《孙权劝学》是选自《资治通鉴》的文言文。教材的编写者在文前的导读语中云："本文简练生动，用不多的几句话，就使人感受到人物说话时的口吻、情态和心理，既可见孙权的善于劝学，又表现了吕蒙才略的惊人长进。其中鲁肃与吕蒙的对话富有情趣，尤其值得玩味。"从这段话中，我们可以鲜明地感受到教材的编写者，是想让学习者和教学者从人物描写的角度去学习这篇文言文。

刘占泉在《〈孙权劝学〉教学思路及反思》一文中例举的某地一般教师所作的教学设计也是按照教材编写者的意见将分析孙权、鲁肃和吕蒙这三个人物的性格特征作为了教学的重点。这样的教学设计基于教科书的编写者将《孙权劝学》这一节选片段编入介绍杰出人物的单元，也基于本课的文前导读语。因此，教师特别是还处于职前阶段的师范生，这样读解教学文本是无可厚非的。

这一案例的可贵之处在于，刘占泉老师在反复研究《孙权劝学》的文本以及上述教学设计的基础上，认为"淡薄了文言学习的特质"，决定"把这一课的教学思路回归于文言阅读的应有专责，回归于经典文本的自学、探究与交流，且放置在一种有联系、有趣味的文言阅读平台之上。"为达到这一教学目的，从《资治通鉴》中选择了两段与课文中内容相关的片段，用以扩展学生文言文的阅读量，激发学生探究的兴趣。教学实践也证明教学效果是比较好的。

这一案例启示我们：文言文教学，应该立足于文本的研读，指导学生学习简明而有用的文言，知识根据文言特点来有效地学习文言，进而将文言文中的语言、文化精华与白话文的阅读教学建立相辅相成的关系，实现语文素养的提升。

第三章 实践篇——文本研究

这一章编选了包头师范学院文学院 2009 级和 2010 级两届学生在学习"语文课程教学资源研究"过程中的部分作业。这些作业都是在笔者的指导下完成。分为文学文本研究、写实文本研究和文言文本研究三节呈现。

为培养师范生研究阅读教学文本的能力，在语文课程教学资源研究的课堂教学中，给出了研究教学文本的基本步骤，使初学者有一个抓手，不至于拿到一篇课文不知所措，全然不知章法。

诚然，遵循着的基本步骤一步步地研读教学文本，在一定程度上限制了师范生的创造性思维。对于这个问题，我们认为师范生必须扎扎实实地，字字句句地研究教学文本，才能准确、深刻地理解文本，并在此基础上有好的教学设计。而个性化读解教学文本，新颖创意的教学设计，必须是在有了一定的实践经验的基础上，才有可能实现的。

第一节 文学文本研究的实践案例

文学文本研究案例·诗歌

《雨霖铃》教学文本探究

雨霖铃

柳 永

寒蝉凄切，对长亭晚，骤雨初歇。都门帐饮无绪，留恋处，兰舟催发。执手相看泪眼，竟无语凝噎。念去去千里烟波，暮霭沉沉楚天阔。

多情自古伤离别，更那堪，冷落清秋节！今宵酒醒何处？杨柳岸，晓风残月。此去经年，应是良辰好景虚设。便纵有千种风情，更与何人说？

《雨霖铃》是柳永最负盛名的一首慢词，为宋元时期广为传诵的"宋金十大名曲之一"。它能悠悠千载，流传不衰，至今仍为人们击节赞赏，并且被纳入人教版高中二年级语文课本重点教学篇目，除了思想内容上不一定的积极因素外，最主要是由于词人运用他炉火纯青的艺术技巧，婉约有致，曲尽其妙地表现了恋人背离伤别的情怀，具有感人心脾的艺术魅力。本文笔者以《雨霖铃》为对象进行语文教学教材研究。

一、文本研读

（一）阅读文本

1. 初读文章，解决字词

（1）明确字音

骤（zhòu）雨　凝噎（níngyē）　催发（cuīfā）　暮霭（mùǎi）

（2）掌握词意

寒蝉：蝉的一种，又名寒蜩，入秋始鸣。

长亭：古时驿站上十里一长亭，五里一短亭，是行人休息或送别之处。

都门帐饮：在京城郊外，设置帐幕宴饮送行。

无绪：没有心思，心情不好。

兰舟：木兰木做的船，这是对船的美称。

凝噎：因为悲伤而喉咙梗塞得说不出话来。

清秋节：凄清的季节。

经年：年复一年。

楚天：古时楚国占有鄂、湘、江、浙一带，这里泛指南方的天空。

千种风情：形容说不尽的相思、相爱之情。

更：一作"待"。

2. 再读文本，把握文本感情基调

通过诗歌中的一系列意象：蝉、长亭、雨、兰舟、烟波、暮霭、柳、风、月等的点染，可以感受到在秋风阵阵，蝉鸣凄切的傍晚，潇潇暮雨之后，于长亭告别自己爱人的这样一种充满离情别绪的凄清的环境氛围。

3. 细读文本，感受到爱人之间依依不舍而又万分无奈的离别之情。

（二）明确文体及特征

本文为一首词。词是诗的一种，所以又称"诗余"、"长短句"、"曲子词"、"歌词"等。它兴起于隋唐，盛行于宋，并在宋代发展到高峰。根据词的长短可将词分为：小令，58 字以内；中调，59－90 字；长调，90 字以上。按词的段落多少可以将词分为：单调、双调、三叠、四叠。按词的风格可分为：豪放派、婉约派。

（三）该选文最鲜明的特点

善于运用意象，烘托点染凄清的环境氛围；词、画、情融为一体，浑然天成，情景交融，虚实相生。

二、与编辑者对话

（一）解读单元导语

单元导语如是说："这个单元学习宋词。宋代是词的鼎盛时期，名家辈出，风格各异。这里选的是几位大家的名作、兼顾了豪放与婉约的两种风格。词的句式错落有致，长短悬殊。小令显得轻灵飞动，长调则更便于写景、叙事和抒情的交互融合。词具有很强的节奏感和音乐性，欣赏时要反复吟咏，体会其声律之美；也要在理解作品的内容的同时，运用联想和想像，领悟其中情与景浑然交融的意境。"透过该导语可以明确编者以下几点意图：

1. 了解宋词句式、类别、语言、声律等特点。

2. 对比学习豪放派、婉约派两种词，感受其不同的风格。

3. 反复吟咏，体会宋词的节奏感和音乐美。

4. 运用联想和想像渐入意境，体会情景交融的表现方法。

（二）解读课后习题

本文课后共有两道涉及《雨霖铃》的习题。

第一道题说："《雨霖铃》里描写了哪些离别情景？词的上片和下片所描写的景色有什么不同？整首词具有怎样的意境？"

读题可知编辑者意图为：考察学生对该词内容的整体的的理解掌握情况，是否可以找出词中蕴涵的情景；对比并总结上下两片的区别，感受一系列意象烘托渲染出的凄清的环境氛围。

第二道题说："《雨霖铃》抒写的是离别之苦，古代诗词中表达这种情感的作品很多。不过，同是写离别，情调上却有着很大差异，有'风萧萧兮易水寒，壮士一去不复返'的悲壮之别，有'相见时难别亦难，东风无力百花残'的凄苦之别……从读过的词中再找出一些来，略加分类后抄录下来，并就其中一首写一篇赏析短文。"

从此题可看出编者意图在于：让学生积累诗词，体会诗词中的不同情感，并从表现的情调上给诗词分类；培养学生对诗词的鉴赏能力和写作能力。

（三）该词在教材中的所处位置

该文是高中二年级必修四第二单元编选第二篇文章。在人教版五个必修模块中，这是唯一的宋词单元。本单元选取的是四位著名词人的作品：

柳永的《望海潮》（东南形胜），《雨霖铃》（寒蝉凄切）；苏轼的《念奴娇》（赤壁怀古）《定风波》（莫听穿林打叶声）；辛弃疾的《水龙吟》（登建康赏心亭）、《永遇乐》（京口北固亭怀古）；李清照《醉花阴》（薄雾浓云愁永昼）、《声声慢》（寻寻觅觅）。四人中苏轼和辛弃疾分别是北宋和南宋的豪放派代表，而柳永和李清照是婉约派的代表人物，其中柳永是北宋第一个专力写词的文人，李清照是宋代最杰出的女词人，四人在词坛上都占有一席之地。教材编者可谓用心良苦，编选了四人各富代表性的词来学习，通过比较，使学生了解完全不同的两种词风，进一步体会四位词人不同的创作风格。

三、与学生对话

（一）本课的教学对象是高二年级的学生，对词这种体裁并不算陌生。初中时已有接触，高中必修一又学过毛泽东的《沁园春·长沙》，感受了词的语言美、意境美，但只停留在较浅的层面上，他们的思维能力和审美能力还有待提高，所以教师要引导学生进入特定的审美意境，培养学生的鉴赏能力。

（二）绝大部分学生没有养成课外阅读的好习惯，对于诗词等文学类的阅读就更加少得可怜。

（三）高二年级的学生平时生活积累、人生体验较贫乏。而对于古词这种对语言感悟、对人生体验要求较高的文体来说，学生的阅读品味更是一个难点。

（四）普通高中《语文课程标准》要求：

1. 学生在通过高中必修课程和选修课程的学习应该在积累综合、感受鉴赏、思考领悟、应用拓展、发现创新方面获得发展。

2. 在必修课程方面有以下要求：

（1）整体把握文章内容，理解文本所表达的思想、观点和情感。

（2）运用所学知识，根据语境揣摩语句含义。

（3）学习鉴赏中外文学作品，具有积极的鉴赏态度，注重审美体验，陶冶性情，涵养心灵。

（4）了解诗歌、散文、小说、戏剧、小说等文学体裁的基本特征及主要表现手法。

四、与研究者对话

通过搜索查阅，了解到很多学者对柳永的《雨霖铃》进行了研究和评论，其中的很多观点值得我们参考。

1. 清代冯煦说道："耆卿词曲处能直，密处能疏，状难状之景，达难达之情，而出之以自然，自是北宋巨手。"他的观点高度赞扬了柳永，点出了《雨霖铃》以景写情，以情入景的特点。

2. 刘熙载在《艺概》中提到："《雨霖铃》这首词以冷落秋景为衬托，淋漓渲染了惜别的场景，进而推测别后的铭心刻骨的思念。层层铺叙，情景交融，委婉多致。表现了柳词"细密而妥溜，明白而家常。"又盛赏其点染之妙，云："词有点，有染。柳耆卿《雨霖铃》云：'多情自古伤离别，更那堪冷落清秋节。今宵酒醒何处？杨柳岸晓风残月。'上二句意染之。点染之间，不得有他语相隔，隔则警句亦成死灰矣。"

3. 唐圭璋在《唐宋词简释》中说："'此去经年，应是良辰好景虚设。便纵有千种风情，更与何人说？'可谓余恨无穷，余味无尽。"

4. 贺裳《皱水轩词筌》云："柳屯田，'今宵酒醒何处，杨柳岸晓风残月'自是古今俊句"。

笔者总结了这些研究者的观点，大体上为：《雨霖铃》以秋景渲染离别场景，衬托出难舍难分的情感；句式错落有致，节奏感强，音乐性美；情景交融，虚实结合。

五、初步确定文本教学内容

1. 介绍词的特点和分类，柳永的生平及这首词的写作背景。

2. 分析文中意象：蝉、长亭、雨、兰舟、烟波、暮霭、柳、风、月，结合意象确定文章的沉郁伤感的感情基调和凄冷压抑的意境。

3. 分析文中重点词句，教授情景交融，虚实结合，烘托点染的表现手法，培养学生鉴赏诗词的能力。

4. 引导整体感知全文，了解柳永及其词作的特点和创作风格。让学生感受词中浓浓的别离之情，体会短暂与永恒的辩证关系。

（陈婷婷　2010级2班）

《秋天》教材分析与研究

我所选教材为七年级上册第三单元的第四篇课文《秋天》。《秋天》选自何其芳《预言》中的一首现代诗歌。诗歌，是诗也是歌。作者用优美的语言为我们描绘了一幅多姿多彩的图画。现针对《秋天》这篇教材进行文本研究。

一、研究教学文本

首先，读解文本。《秋天》这首现代诗是诗人把自己的所见、所闻、所感融入在诗句里，组成了三幅复合画面。第一幅画可称之为"农家丰收图"，这里不是专写某个农夫，而是写普通的农家活动。主要写了两个场景，一是山谷伐木，一是篱间背瓜果。诗人把山谷伐木置于篇首，伐木的"丁丁"声悠远的飘来，诉诸听觉；震落了清晨的露珠，诉诸视觉和触觉，真似是一片世外桃源，启迪人追思那邈远的印象。"丁丁"是源于《诗经》中的"伐木丁丁，鸟鸣嘤嘤。出自幽谷，迁于乔木。"背上瓜果更是体现了农民收获的喜悦，我们仿佛看到农民那最淳朴的笑颜。"栖息"本用来描写有生命的物类，现用来概括秋天农家的状况，将虚无的东西形象化了，创造出闲静的氛围。第二幅画面是"霜晨归渔图"，"向江面撒下圆圆的网，收起青鳊鱼似的乌桕叶的影子。芦篷上满载的白霜，轻轻摇着归泊的小桨。秋天游戏在渔船上。""雾""霜"本是凄凉、冷寂的词，但诗人把一系列活动：撒网、收渔、摇桨，以一种平常的感觉描绘出来，让诗蕴含着淡而远，清而静的神韵。"轻轻"一词在这里也用的极妙，仿佛"信手拈来"，使渔夫的活动看起来那样悠闲，仿佛鱼筐里装的不是鱼，而是一种快乐的心情。第三幅画面可以概括为"牧女秋思图"这一小节从野草、蟋蟀和溪水写起，相当于古人所用的起兴手法，先言他事，以引起所咏之词。大自然繁嚣的夏天已偷偷走开，秋天到了，一切都清净了些许。这时候的人们大都反观自身，倾听心灵之声。牧羊女听了整整一个夏天的笛声，忽然听不到了，心灵的某一角落开始萌动起来，心有不舍。诗人选定了"牧羊女的眼里"这一特定角度，虽未明写眼神，但读者自能看见那种清纯、明净，那是初恋少女似恋非恋的特殊眼神。《秋天》这首诗通过描绘不同场景、画面，创造出一种既来自于人世又远离尘嚣的氛围。这一氛围具有宁静、闲适、喜悦、甜美的特点。诗中多次使用拟人、通感的修辞，使诗歌更加生动、形象，如伐木声"飘"出幽谷，"饱食过稻香的镰刀"都给我们一种轻快，明朗的感觉。

其次，研究编辑者话语。《秋天》是第三单元中的第四篇课文，第三单元的主题是感悟自然。编辑者早在前面就选定了三篇关于自然的文章，有朱自清的《春》、老舍《济南的冬天》、李汉荣的《山中访友》；但春夏秋冬四个季节给每个人的感觉也不同，所以又选择了何其芳的《秋天》作为第三单元的组成部分。多姿多彩的大自然不但给予了我们美的景物，而且给了我们美的享受。因此，这个单元的重点就在于品味文章的语言，并探寻周围没有被注意事物，没有被发现的美，培养他们对美的感受力，在整体把握的基础上，揣摩欣赏精彩句段和词语，并注意积累。

"日月经天，江河行地，春风夏雨，秋霜冬雪。多姿多彩的大自然，陶冶了人们爱美的心灵，锻炼了人们发现美的眼力。这个单元为我们展现了色彩斑斓的大自然，这里有美的景物，美的情感，美的语言……品味诗文优美的语言是一种艺术享受。要反复朗读，在整体感知内容大意的基础上，揣摩、欣赏精彩句段和词语，并将它们摘抄下来。"

这是《秋天》的课文导读语。它给了我们一个提示，意在说明这首诗是通过一幅幅画面组成，编辑者意在让学生初步了解这首诗所写内容，使学生带着一份愉快的好奇心去朗读诗歌，从而调动学生的积极性。

本文的课后练习题也是编辑者精心设计而来的：

一　有感情的朗读这首诗，想想写景的次序，再背诵全诗。

二　品味下列加点的词语。

1. 放下饱食过稻香的镰刀　2. 秋天栖息在农家里　3. 秋天游戏在渔船上

三　将下面这首诗与课文比较，说说两位诗人表达的思想感情有什么共同的地方。

《秋景》

［美国］狄金森

晨曦比往日更柔婉，毛果变得褐色可爱；

浆果的面颊多么丰满，玫瑰在郊外盛开。

枫树扎着华丽的丝巾，田野披上艳红的轻纱。

我不愿显得古板，也配戴了一枚胸花。

练习一让学生熟读成诵，好的诗歌就应该反复品味，把经典的东西积累起来成为自己的，在学习语文过程中是值得一背的。练习二是品味语言。练习三则是体会表达感情的共同点。综上，可以看出编辑者的意图是：一是品味诗歌的语言美，体会诗歌意境。二是通过对《秋天》的学习，学会感悟自然。

我赞同编辑者把感悟自然、品味语言作为学习重点的观点，但我以为也应注重方法的学习。这是一首现代诗，学习初步鉴赏诗歌也应是教与学的一个重要部分。

再次，研究学生。这是一篇七年级学生要学习的文章，七年级学生开始进入少年时期，大多是 12—15 岁，身体形态开始发生显著变化，身体机能逐步健全，心里也发生相应的变化。尽管他们已进入少年时期，但看问题的角度仍处在直观和感性阶段，对问题缺乏深入地理性地思考。七年级学生自我意识发展，有了一定的评价能力，开始注意塑造自己的形象，希望得到老师的赞扬，对生活产生美好的愿望，大多开始用写日记来记录生活的美好。在上七年级以前，他们已经学过《骆驼》、《泥工》等现代诗，所以对于学习现代诗有了一定的基础。现在的学生大多生活在城市之中，很少有机会接触乡村生活，都市喧嚣的生活使得他们都十分向往乡村那种宁静、甜美。面对这样一首语言精美，笔调清新、节奏鲜明，意味深长的田园诗歌，就需要教师积极的创设情境，引导他们走进诗歌，走进美。

最后，整合相关课程资源。教师还有一些相关的课程资源可以利用：多媒体、投影仪、图片，以及作者背景的文本资料。何其芳《秋天》这首诗是选自他《预言》中的一首；他不像其他诗人一样用象征手法，使诗歌神秘莫测，也不像他前期那样拘泥于个人狭小天地，而是将视野投向乡野，投向普通人活动的场景，表现出一派明朗纯净的诗风。诗歌中采用直陈其事的手法，因而表面看似简单，实则意味深长。在教授本课时，笔者认为把此篇课文当作例文来讲，尽管学生早在七年级以前就接触过现代诗，但他们在赏析现代诗时，并没有掌握相应的方法。因此，让学生体味诗歌意境的同时，学习怎样鉴赏也尤为重要。

二、教学设想

综上所述，我把《秋天》这首诗的教学目标确定为以下三点：

1. 理清文章主要内容，在理解基础上体会作者所要表达的思想感情

2. 通过反复朗读，对诗中的语言进行分析，并尝试让学生运用和作者一样的修辞。

3. 引导学生体验感悟自然，培养正确的人生观、价值观。

针对以上几点，笔者把个人认为的对《秋天》的教学做简单的设想，其具

体步骤如下：

首先，可以利用配乐朗诵，让学生了解诗歌的节奏，体会作品所表达的情感。学生自由朗读时，应注意容易读错的字音：丁丁、背篓、栖息、归泊。熟读以后，逐节进行分析，归纳总结每小节所描绘的主要内容，以完成教学目标一，在此期间，教学中教师应充当课堂中的组织者、指导员。指导学生正确朗读，归纳总结学生发言，以尊重学生的主体地位为主。

其次，通过把班上分成几个小组，让学生以小组的形式进行合作讨论，对诗歌中不理解的语言或精美的语言提出质疑，然后老师带领大家共同解决。例如：在讨论的过程中，可能出现这样的问题：1. 为什么是"飘"出幽谷？2. "饱食"一词是什么意思，用这个词的用意何在？3. "栖息"一词怎样理解？它给农家带来了什么？4. "收起青鳊鱼似的乌桕叶的影子"这句话是什么意思等问题。我们可以从以下示例所展示的那样做点拨，使学生加深理解。如：为什么"秋天"栖息在农家里？它给农家带来了什么？点拨："栖息"本来用于描写有生命的物类居息的处所，止息的地方。本诗句中是拟人，概括秋天在农人家的状况，写出了秋天农民家里稻谷满仓，瓜果满院的丰收景象，将抽象的东西具体化，营造出闲适、宁静的氛围。"栖息"一词使整节诗充满了一种丰收后的喜悦与满足感。朗读时应指导学生把农家丰收后的喜悦与满足感读出来。最后，让学生展开想象，描绘画面，每个学生选择自己喜欢的一节诗，试着做一幅画，把自己所想象的作品展示给大家，老师结合大家所说，把之前准备的三幅图以多媒体或图纸的形式展示给大家，这时，就可以给同学布置一项作业，以"我有一个'朋友'走过四季"为话题，让学生写一篇作文。

对于课后练习题的处理：一、二题已经在课上解决。针对第三题是一个重点要做的工作，学习本文之后，学生已经掌握了赏析现代诗的基本方法，做第三题时把知识迁移到具体事例中，教师可以在第二课时上详细介绍。

参考文献：

[1]陈晓明. 换种眼光看"秋天"——对何其芳《秋天》的另一种解读[J]. 阅读与鉴赏,2010(3).

[2]孙玉石. 论何其芳三十年代的诗[J]. 文学评论,1997(6).

[3]洪琳娇. "收起青鳊鱼似的乌桕叶的影子"写错了吗？——关于何其芳《秋天》诗中一个句子的赏析[J]. 名作欣赏,1985(3).

[4]周棉. 三幅情趣盎然的画图——何其芳诗作《秋天》(二)赏析[J]. 名作欣赏,1985(3).

[5]游刃. 何其芳:《秋天》[J]. 福建论坛(社科教育版),2004(2).

（赵俊茹　2009 级 1 班）

余光中《乡愁》为例的教材研究

《乡愁》是台湾诗人余光中的诗歌名篇之一，被选入人教版九年级语文下册第一单元第一课《诗两首》。

对余光中《乡愁》的文本研究，我是从三方面着手的：与作者原创文本对话；与编辑者对话；与学生对话。在"对话"过程中，尽可能做到全面、恰当提出问题，全面、正确解读问题。同时参考学者、名师研究资料作补充，力求内容的准确性与完整性。

一、与原创文本对话

（一）整体把握全文

一是理解"乡愁"一词所包含的情感：既有作者个人的思家恋国之情，又有广大海外游子共同的家国之爱和民族之恋。二是理清诗人的思路，全诗以时间为序，以情感为线，层层推进。全诗的结构，四小节句式统一，形式整饬，而且做到了诗体的内容与诗题相照应。

（二）从三方面具体读解

第一，品味语言。《乡愁》一诗的语言很具特色，诗人选取极其简单朴素的词语，来承载他个人的甚至是广大海外游子共同的深沉而真挚爱国情。首先看表示时间的短语，有明显的时间推进——"小时候、长大后、后来和现在"，表达诗人人生经历的变迁——"少年、青年、中年和老年"，以此传达蕴含在字里行间的步步升华的情感。其次看数量词，"一枚、一张、一方、一湾"，数量词形式统一却富于变化，微乎其微却又准确形象。再看叠词，"小小、窄窄、矮矮、浅浅"等叠词的使用不仅增加了诗歌的韵味，而且富于诗意，看似轻描淡写，却是字字关情，巧妙表达诗人无法言说的眷恋。诗中的名词"邮票、船票、坟墓和海峡"，是共同承载着漂泊、分隔和诀别情愫的意象，它们表达的是诗人心中抽象且难以捕捉的却又实实在在的思家恋国之情。方位词"这头、那头、里头、外头"读来轻巧，却自然而然地显示了空间的隔离，每小节反复出现，营造了一种身在咫尺却是天涯的距离感。

上述语言承载了《乡愁》的所有情感，它们富有间接性、形象性和情感性的特点。既展现了一幅幅语言文字的"画面"，又为读者留下了无限联想和想象的空间，同时还彰显着诗人情感活动的脉络。

第二，品味意象和意境。诗中围绕"乡愁"这一意境，刻意选择了四个典型意象——邮票、船票、坟墓和海峡，以纵向的时间顺序叠加组合，表情达意。前三个意象指代个人，具有明显的时代感，以"我"的成长为线。后一个意象，喻指国家，是前三者情感上的升华。

"邮票"继承了古代"信件"的传统内涵，借其传递速度慢，表达对母亲想念之深切；"船票"是作者真实生活经历的象征，1961年诗人留美读书，与妻子跨洋相隔，由此寄托于船票上对妻子的思念之情是不言而喻的；"坟墓"代表了人生至哀的一刻，诗人与母亲因为坟墓有了生与死的距离，因为至哀所以至怀至念，此处情感有了一个升华；"海峡"是横亘在大陆与台湾之间最能代表大陆和台湾隔离的物象，同时也是诗人思想中最执著的主导情感——中国意识的物象，此处，情感有了一个飞跃。四个意象朴素、简单，却有着高度的历史性、时代性、地域性和情感性，正所谓意象异质同构。

诗人在意境的设置上，是以巧妙的比喻和借物抒情的方法实现。"乡愁是……"这一句式所营造的回环往复、一唱三叹的旋律，时时萦绕我们耳边。

第三，赏析抒情。《乡愁》一诗共四节，每一节中都有各自的情感寄托，看似无关却是层层递进。小时候求学在外，诗人以书信诉说对母亲的想念，第一节重在想念母亲；长大后留学在外，诗人将对妻子的思念寄托在每次相见的船票上，第二节重在思念妻子；后来母亲离世，诗人与母亲阴阳相隔，坟墓是承载诗人对亡母的怀念之物，第三节重在怀念亡母；现在，由于种种原因，身居台湾的诗人因着浅浅的海峡对大陆可望而不可及，海峡承载了诗人，以及与诗人一样的所有海外游子对祖国大陆深深的眷恋，第四节重在眷恋祖国。

二、与编辑者对话

在与编辑者对话过程中，通过了解编辑者意图，对文本进行教学化的处理。这个环节我是从单元导读语、课文前导读语和课后练习三方面入手。

首先，读解单元导读语。

> 爱国思乡之情，人所共有。这一组以爱国与思乡为主题的诗歌，蕴涵着诗人深沉而炽烈的情感，感动了无数读者。吟咏并欣赏这些诗歌，可以陶冶情操，净化心灵，加深对祖国和家乡的感情。

> 学习新诗，要关注诗中饱含着诗人思想情感的具体形象。反复朗读课文，体会诗人表达的思想感情，理解诗中的艺术形象，欣赏凝练的诗歌语言。

（人教版九年级语文下册第一单元单元导读）

《乡愁》所在单元，是一组以爱国与思乡为主题的诗歌。不管是当代诗，还是外国诗，都是作者对祖国与家乡深沉而炽烈的情感的体现。吟诵或欣赏这些诗歌时，净化心灵，受到启发。所以诗歌的教学，重在感悟其情感，产生共鸣。对于《乡愁》，不仅要明白层层推进的诗情中最执著的主导情感是中国意识，同时还要知道诗人是如何将他个人的故乡之思升华为游子共同的家国之念的。

其次，读解课文前导读语。

    一首抒恋土深情，一首写思乡愁绪。爱之深，深到要和祖国的土地融为一体；愁之浓，浓到思乡情结无法解开。反复朗读，仔细体味诗人的感情。

（人教版九年级语文下册第一单元第一课课前导读语）

这篇课文是《诗两首》。不说另一首诗，单是《乡愁》一诗而言，编辑者告知的信息是：《乡愁》主写思乡愁绪。所以我们的教学目的即是：在阅读鉴赏诗歌的基础上体味诗人无法解开的思乡情结。为达此目的，在教材研究中，要仔细研读课前提示，教学中必须把握"情感体会"这一重难点，在必要的讲解（前面已具体叙述）下，配乐朗读、教师范读、学生诵读等也是很有必要的教学环节。

再次，研究课后练习。将课后练习融进教学过程中，也是恰当处理教学文本内容的必要环节。

《诗两首》课后有关《乡愁》练习，第一是理解"乡愁"含义（详见上文，此略）。第二是理解随时间的推移，"乡愁"的步步升华。这要明确且把握以下三点：一是，诗中的四小节顺序不可互换，1—3节思"小家"，即母亲、妻子，4节思"大家"，即祖国大陆。二是，诗中1—2节是生离，3节是死别，4节是可望而不可及的分别。诗中四小节各有表时间的词，这些时间词的变化贯穿诗人的一生，因此明确诗人的"乡愁"由来已久，是他一生缠绵不去的情感线，不是某个阶段的瞬时感受。三是，诗中的3节和4节是诗人情感的升华点，二者之间又有着推进的关系，三节中与母亲死别的阴阳相隔，是人生极致的悲痛，而四节中与大陆的分别可望而不可及，是生不如死的痛。第三，结合席慕容的《乡愁》，比较两首同名诗的情感表达。有关学者认为，席慕容的《乡愁》诗意隽永，缠绵悱恻。全诗以白描的手法勾画了"故乡月夜的笛声"（勾起思乡的情怀）、"雾里的挥手别离"（难回故乡的惆怅）、"没有年轮的树"（绵绵无期的思乡）三幅画，又以巧妙的比喻"一只清远的笛""一棵没有年轮的树"抒发心中的乡愁——对故乡永远的思念。

三、与学生对话

研究教材内容时，不仅要把握编者的意图，还要结合九年级学生的认知结构和心理特点，了解他们在阅读文本时的感受、体验、疑问和困惑。只有满足了学生认知和心理的需求，教学才能达到预期目的。

九年级的学生都是出生在本世纪 90 年代末，而余光中先生的《乡愁》创作于本世纪 70 年代初。在这二十多年中，大陆与台湾的关系随着时代的发展不断进步。鉴于时代的不同，政治、经济环境的差异，所以九年级学生眼中大陆与台湾的关系，与诗人亲身经历的那种远离家国的刻骨铭心之感大相径庭，这就造成学习上的困难。为此，我认为要让学生充分理解"乡愁"的情感内涵，必须要介绍相关的国情知识，以帮助学生理解文本。

首先，应简要介绍余光中的生平及诗歌创作背景。1937 年，10 岁的余光中随父母辗转到上海、重庆等地，由于抗战爆发，居无定所。22 岁时，随父母到台湾居住，余光中考取台湾大学外文系，但他对中国传统文化有浓厚的兴趣，在诗歌、散文、评论和翻译方面均有大量著作，其中，诗歌的成就最高，被誉为台湾现代派"十大诗人"之一。1971 年，20 年没有回过大陆的余光中思乡情切，在台北厦门街的旧居写下了被海外游子争相传唱的《乡愁》。

其次，简要介绍解放后台湾与大陆的关系现状。1949 年，国民党败居台湾，美国第七舰队入侵台湾，阻止人民解放军解放台湾；1979 年，全国人大常委提出和平解决台湾问题的方针，邓小平提出"一国两制"构想；1987 年，台湾当局开放台湾民众赴大陆探亲，两岸隔绝状态首次打破；2008 年，两岸实现"大三通"，即通邮、通航、通商。

再次，明确诗中"小小、窄窄、矮矮、浅浅"均为写实词语，尤其是修饰海峡的"浅浅"，台湾海峡大部分水深小于 80 米，平均水深 60 米，并不很深。四个叠词，刻画了地理上近在咫尺的距离：小、窄、矮、浅；但是由于历史的原因，情感上却像阻隔着万水千山，令人无法逾越。相隔越深，思念越切，这些词将诗人的思乡念国之情表现得淋漓尽致。

最后，有明确、清晰的思路作引导。诗人说："纵的是历史感，横的是地域感，纵横相交而成十字路口的现实感。"（余光中《白玉苦瓜·序》）实际教学中，要结合《语文课程标准》对九年级学生知识与技能、过程与方法、情感态度与价值观等方面的要求，具体从如下五点组织教学，做到重点突出，条理清晰、合理。第一，让学生反复朗读诗歌，感受诗的情感基调，从纵的方向掌握诗的结构美。第二，从横的角度品味诗的语言美，表时间短语的变化美，数量词的形式美，叠词的音韵美，名词的意象美，方位词的距离美。第三，体会纵横相交的情感美，想念母亲，思念妻子，怀念母亲，眷念祖国。第四，以"乡愁是……"仿写句子，如"乡愁是一杯香醇的美酒"，"乡愁是一曲古老的歌谣"等。第五，仿照《乡愁》的语言、结构形式自拟题目写一首小诗。

（武俊玲　2009 级 2 班）

文学文本研究案例·散文

《紫藤萝瀑布》教材研究

一、与编辑者对话

（一）研读单元指导语

《紫藤萝瀑布》是教版七年级上册第一单元第四篇课文，是一篇借景抒情，托物言志的散文。由开头"我不由得停住了脚步"到结尾"我不觉加快了脚步"情感逐渐升级，化悲痛为力量，变感性为理性。作者借紫藤萝花的枯萎来表明作者对于生命之美在于能超越各种不幸，并主动汇入生命的河流中积极进取的生命意识。这一单元的指导语是：

> 人生，是一个令人深思的话题，新学年开始了，你的人生翻开了新的一页，追求美好的人生，是我们共同的目标。这个单元的课文写的是作者对于人生的憧憬、体验和思考，阅读这些课文，将引导你体味人生，关爱生命。学习这个单元，要整体把握课文内容，用心领会作者的写作意图，并联系自己的生活体验，想想人生的大问题，还要提高朗读能力，做到读音准确，停顿恰当，能初步读出语气。

从单元指导语来看，编辑者旨在让学生在这一单元学习有关人生的课文内容，领会作者的写作意图；联系生活体验，可以有自己的思考和领悟；准确、有感情的朗读课文。

（二）研读文本指导语

这篇课文的文本指导语是：

> 一树盛开的紫藤萝花吸引'我'驻足观赏，使'我'浮想翩翩，原先

的悲痛和焦虑化为宁静和喜悦。面对紫藤萝花的勃勃生机，'我'感悟到了什么？朗读时，要注意体会作者的思想感情，并品味优美的语句。

文本指导语对课文的学习做出了更具体的要求：（1）把握文章主旨，明确作者感悟到的是什么？（2）体会作者思想感情的微妙变化；（3）品读优美的语句。

（三）研究课后题

这篇课文共有三道课后题。

第一题：朗读课文，试用你的经历或见闻印证"花和人都会遇到各种各样的不幸，但是生命的长河是无止境的"这句话。

设置这道题的意图是要学生联系自己的生活体验对文章的主旨句作自己的理解，从而反映出学生阅读的个性化。

第二题：揣摩下列语句（略），体会写景的妙处。

编者意在让学生品读具体的语句，揣摩课文写景时语言的修辞，并学习这样的写作技巧。

第三题：人们往往赋予一些花木以某种象征意义，试搜集几种说法，或是搜集一些吟咏花木的诗句，与同学交流一下。

这是一种开放式的训练，编者意在让学生掌握象征的手法（如莲花象征纯洁、高尚；牡丹象征高贵），主动搜集和积累材料，为进一步的协作打下基础，并且在同学相互交流的过程中逐渐提高学生的口语交际能力。（诗句如：写梅花的"梅花香自苦寒来"）

综合单元指导语、文本指导语和课后习题来看，编辑者意在让学生学习文章中所体现的生命意识以及课文的优美语言，这也是这篇文章最显著的特点：涵义深刻，富有感召力，多种修辞手法的运用使得其语言极具美感。

二、与文本对话

（一）重点字词

迸溅（向四处溅出或喷射）、终极（最终，最后）、挑逗（逗引，招惹）、仙露琼浆（神仙饮用的汁液。文中形容花蕊中的物质）、伫立（长时间的站立）、凝望（目不转睛地看）、笼罩（像笼子似的罩在上面）、伶仃（又作零丁，孤独，没有依靠）、盘虬卧龙（盘曲的枝条，犹如躺卧的龙）。

（二）文本内容探析

文章写了作者宗璞在"焦虑和悲痛"的煎熬下徘徊于庭院之中，见一树盛开的紫藤萝花不由得停住了脚步，被它勃发的生机，旺盛的活力所震撼，读物释怀，她想起了十多年前的那架紫藤萝，稀落而伶仃，今夕对照，得到了更深一层的领悟：生命的长河是无止境的，所有积极奋发的人齐努力，就能汇聚成滚滚向前的洪流。这一树繁盛的紫藤萝深深地触动了作者的内心，她终于消除了疑惑，化解了苦痛，获得了精神上的宁静和生的喜悦。文章的总体感情基调是积极向上的，极有感染力。

（三）文体及特点

这是一篇咏物抒怀的抒情性散文。咏物抒怀简单来讲就是通过对客观事物的描写来寄托自己的思想感情的写作手法，也称象征，是一种文艺创作的表现手法。这篇文章集写景状物与抒情为一体，以生动而细腻的笔触，采用多种修辞手法从色、形、态多方面描写一树盛开的紫藤萝花，它生机勃发，辉煌灿烂，让人能感受到它的繁茂与顽强的生命力，从而感悟到生命的长河是无止境的，一时的不幸，个人的不幸都不足畏惧；人生也应是豁达的，乐观的，奋发的，进取的。

（四）本单元的其他选文

本单元共五篇课文。《在山的那边》主要讲了生命的力量源自于对理想不懈的追求；《走一步再走一步》主要讲了生命的光辉在于面对困难时的勇往直前；《短文两篇》包括两篇文章《蝉》及《贝壳》，主要讲了生命的意义在于抓紧生命中的分分秒秒，努力向上，积极追求；《紫藤萝瀑布》是第四篇文章，主要是要学生领会人的一生总会经历各种各样的苦难，然而一切痛苦都会随着时间流逝，要乐观积极的面对，坚信生命的力量；最后一篇是《童趣》，是一篇文言文，启发学生发现生活的乐趣。按照课文所反映的生活内容，由浅到深的编排，让学生从总体上把握课文，学习课文出色之处。通过本单元的其他选文的对比阅读，更好的理解有关"生命"的思想。

（五）研究重点

通过初步分析文本和编辑者语，我认为这篇文章重点在于揣摩词语和重点语句的表现力，深化对人生的思考。下面举几个例子进行分析：

1. 从未见过开的这样盛的藤萝，之间一片辉煌的浅紫色，像一条瀑布，从空中垂下，不见其发端，也不见其终极。

这句话作者把藤萝比作了瀑布，用比喻的手法，生动形象的写出了紫藤萝灿烂辉煌的特点。

2. 紫色的大条幅上，泛着点点银光，就像迸溅的水花，仔细看时才知道那是一朵紫花中最浅淡的部分，在和阳光互相挑逗。

这句话运用了比喻和拟人的手法，"迸溅"一词生动形象的写出了花瀑富有动感的特点，而"挑逗"一词则形象的描绘出花朵盛开时的勃勃生机，富有情趣的特点。这样的例子在文中多次出现，如："嚷嚷"、"推"、"挤"等，写出了花朵美好可爱的样子。

3. 这里除了光彩，还有淡淡的芳香，香气似乎也是淡紫色的，梦幻一般轻轻地笼罩着我。

这句话中"香气"是嗅觉；色彩为视觉，"梦幻"则是大脑的幻觉，人的各种感受是可以相通的，修辞上称之为"通感"。这种修辞手法的运用能突破语言的局限，丰富表情达意的审美情趣，也增强了文采。

4. 我只是伫立凝望，觉得这一条紫藤萝瀑布不只在我眼前，也在我心上缓缓流过。流着流着，它带走了这些时一直压在我心上的焦虑和悲痛。那是关于生死迷、手足情的。

这句话也是用了通感的手法，是紫藤萝的生命力传染给作者，从而再传给每一个读者。一个"伫立"，表现出作者长久地思索，长久地感受的状态，这是由花及人的一个渐变的过程，在这个过程中作者的感情发生微妙的变化。要读懂这句话，我们需要联系上下文。从上文我们知道"它"指的是"紫藤萝瀑布"，盛开的紫藤萝"推着挤着"，"活泼热闹"，富有生机，下文写道"我浸在这繁密花朵的光辉中，别的一切暂时都不存在，有的只是精神的宁静和生的喜悦"，"在这紫色的光辉和浅紫色的芳香中，我不觉加快了脚步"。显然，生命力顽强的紫藤萝深深的感染了"我"，催"我"乐观奋进，使"我"感悟到了生命的长河是无止境的，因此它能带走压在"我"心头上关于生死的疑惑，关于兄弟疾病的痛楚。

"生死迷"和"手足情"是重点研读的对象，理解这两个词还需要了解文章的背景：

《紫藤萝瀑布》写于1982年5月，当时作者的小弟身患绝症，药物再难奏效，加上其母去世后，其父又体弱多病，作者非常悲痛。在《哭小弟》中作者写道："那一段焦虑悲痛的日子，我不忍写，也不能写。每一念及使泪下如雨，纸上一片模糊。""我哭小弟，哭他在剧痛中还拿着那本航空资料'想再看看'，哭他的'胃下垂'，'肾游走'；我也哭蒋筑英抱病奔波，客殇成都；我也哭罗建去不肯一个人坐一辆汽车！我还要哭那些没有见诸报章的过早离去的我的同辈人。他们几经雪欺霜冻，好不容易奋斗着张开几片花瓣，尚未盛开，就骤然凋谢。我哭我们这迟开而早谢的一代人！"

作者沉浸在花的光辉中，别的一切都暂不存在只留下精神的宁静和生的喜悦。这一方面是她对生命的意义有了更深刻的理解，另一方面也寄托了她对坚强、达观的弟弟的深情祝福和钦佩之情。（见《哭小弟》："曾有个医生不耐烦的当面对小弟说，治不好了，要他'回陕西去'。小弟说起这话时仍然面带笑容，毫不介意。他始终没有失去信心，他始终没有丧失生的愿望，他还没有累够。"）

她的小弟毕业于清华大学航空系，他填志愿到西南而分配到东北，又调到成都，最后调到陕西那艰苦的黄土高原上继续他的航空事业，并且担任总工程师的职务。其小弟一生艰苦的奋斗也正如这一朵朵小花，走好自己的每一段旅程从而完成社会和国家赋予他的历史使命。他面对死亡威胁毫不在意，正如这小花一样，也正是像他这样的一朵朵小花努力地绽放，社会的美好才会在重创之后得以重现。紫藤萝的光彩正是其小弟光辉形象的再现。

5. 花和人都会遇到各种各样的不幸，但是生命的长河是无止境的。

这句话也是研读的重点。它是全文的主旨句，是作者想要表达的思想感情的终极体现。花儿的不幸暗示着宗璞一家乃至珍格格，国家在文革时遭遇的不幸，既然一树花、一个民族都会经历各种不幸，何况是一个人呢？既然大自然存在着风雨阳光、严寒酷暑，人类又怎能违背这个规律而存在呢？遭遇不幸的时候，不能被厄运压倒，要对生命的长久保持坚定的信念，厄运过后，不能总是让悲痛的心情压在心头，而是应该面对新的生活，振奋精神，以昂扬的斗志投身到伟大的事业中去。

（六）文章写作顺序及结构

文章结构安排巧妙，开头和结尾只有一句，以沉重的脚步开篇又以轻快的脚步结尾，这种写法便是"思维在哪里驻足，文章便从哪里起步，然后兴之所至，收笔成章。"

文章共分为三个部分。先写赏花，其中又先写花瀑，再写花穗，再到花朵，由远及近，由大到小；然后写忆花；最后是悟花，层层深入，意蕴深远。

三、与学生对话

学生是学习的主体，当我们向学生教授知识时，要考虑学生的原有基础及特征。假想我的教学对象是七年级的学生，这一阶段的学生具有半成熟、半幼稚的特点，有一定的抽象思维，但以具体形象作为支柱，思维的独立性和批判性也有所发展，有较强的表现欲。有一定的学习习惯，如能主动预习课文等。上小学时已经学习了比喻和拟人的修辞手法，对其作用也有一定的了解。因此在课堂教学的语句分析环节可以由学生来自主学习或合作学习，充分发挥学生的主体作用。而对于新的知识方法及深度的研读则要教师进行引导和讲解。对于包头地区的学生来讲，大多数没有见过紫藤萝花的，即使是这样，我不会选择在课前给学生看图片，而是要让学生通过文字的阅读能在头脑中产生紫藤萝的画面，之后再展示紫藤萝的具体图片。这样做有利于培养学生的抽象思维能力，不会禁锢学生的想象力，同时也有助于学生体味课文优美细腻的语言，从中汲取营养，学以致用。

四、与研究者对话

关于文章主旨的理解思路，多数人认为：在《紫藤萝瀑布》中，文章提到了十多年前的一大株紫藤萝，后来，拆掉了紫藤花架，改种了某种果树，理由是"花和腐朽化的生活有什么必然的联系"。根据这个线索，联系历史背景，就能理解这篇散文的思想感情了。也就是说直接向学生介绍相关的历史背景，在此基础上引导线索理解。但周静静在《新课程·中学》发表的一篇文章《也谈〈紫藤萝瀑布〉主旨句解读》中认为现在的学生对文革情况知之甚少，也无法将个人与时代的思潮相联系，他们无法真正从内心接受、理解这种解读。她认为："应该引导学生从所处的社会时代背景和个体的生活经历出发理解。引导他们通过自己的经历、见闻来印证'花和人都会遇到各种各样的不幸，但是生命的长河是无止境的'。课堂上学生打开思维，各抒己见，间接丰富多样。"可以举例说明，如5·12汶川地震，汶川人民遭遇不幸，但是在全国人民的关怀和帮助下，现在又建立起来了新汶川，汶川人民的生活还在继续。有了爱，即使遭遇不幸，人类生命的场合也是无止境的，犹如那一树紫藤萝，即使曾经被毁，依旧可以重现勃勃生机。这种对主旨句有关"生命长河"的解读，既可放大到整个人类生命长河的无止境，又可以是局部人，甚至微观至一个人，或某个人的经历等。这种解读非常贴近学生的生活和心灵，让学生不但领会了紫藤萝的象征意义，更真正的理解并且读懂了生命。

在教学中时刻要站在学生的立场去解决问题，不应该只停留在程序化的解读中，而应设计更好的方法，以求让学生达到更好的学习效果，以上的方法很值得借鉴，但也不能忽略写作背景，二者结合，这样才能更准确的把握作者的写作意图。

五、教学内容的初步选择与设定

综上，我以为这篇课文宜作为例文来教学。教学目标应确立为：

1. 理清文章的线索，把握作者的思路；

2. 了解作者的经历和文章的写作背景，从而理解文章的主旨；

3. 品读文章，揣摩重点词语和语句的表现力，体味作者优美精妙的语言；

4. 学生联系自身经历生发新的感悟，深化对人生的思考。

语文课堂教学应该着重引导学生多阅读，多思考，多积累，重视语言文字运用的实践，从而达成在实践中领悟文化内涵和语文应用规律的目标。在讲解《紫藤萝瀑布》时，应着重引导学生分析词句，联系背景材料理解文章的主旨，在分析语句时可以结合课后第二题讲解。

讲解课文时，首先要明确全文的写作顺序和结构，对文章内容做大致把握，理清作者的思路。然后在初读课文后由学生来提出疑问，比如"生死迷"和"手足情"是什么意思？比如一直压在作者心上的焦虑和悲痛是什么？如此便可很顺利的引出背景讲解，进而讲解文章的主旨和中心思想。让学生来提出并评点自己印象深刻的句子，对不充分的点进行补充讲解。最后结合课后第一题，让学生联系自身实际经历来谈谈对生命的感悟，更进一步的理解生命，理解"人生"。课后再让学生将自己的感触用文字记录下来，彼此分享。

以上就是我对《紫藤萝瀑布》的教材研究。

参考文献：

[1]周静静,也谈《紫藤萝瀑布》主旨句解读[J]新课程•中学,2012(11).

[2]张雅东,宗璞散文的艺术魅力与特质[J]理论观察,2010(2).

[3]窦清,用心阅读,飞扬情感[J]科学大众•科学教育,2010(6).

（银予彤　2010 级 1 班）

《背影》文本研究

《背影》是人教版初中语文课本八年级上册第二单元所选的一篇记叙散文，作为朱自清先生的代表作品，文中所体现的父爱深深地感动了几代人，本文从教材研究的角度对该文本做以下研究。

一、解读文本

（一）与文本对话

1. 初读课文，除了文中注释所解释的词语，以下词语在学生阅读中可能会产生障碍：

> 交卸 祸不单行 奔丧 光景 妥帖 踌躇 拣定 警醒 料理

解释这些词语时应注意结合文章的语境。这些词和文中注释的词可以分为两个层次要求学生掌握：第一个层次的词要求学生会读、会写、会用，有"祸不单行、奔丧、踌躇、狼藉、簌簌、惨淡、蹒跚、触目伤怀、琐屑"；第二个层次的词要求学生会读、会写、理解就可以，如"交卸、光景、妥帖、拣定、警醒、料理"等，这些词在现代汉语中运用较少，学生理解意思即可。

2. 再读课文，把握文章脉络。

这是一篇叙事散文，其主要特点是形散而神不散。全文以"背影"为明线，"父爱"为暗线，集中描写了父亲为"我"买橘子这件事，突出了父亲对"我"的爱，表达了作者对父亲的思念以及愧疚之情。

文章从生活小事入手，记叙和描写运用得恰到好处，用质朴的语言表达了真挚的感情。本文是该单元所选的第二篇课文，属于精读篇目。课文中配有一幅父亲攀爬月台的插图，直观地体现了文中的典型"背影"，有助于学生更好地理解作者感情。

笔者认为学生理解这篇文章最大的难点是作者与父亲离别时的流泪。当时作者已二十岁，父亲还那样照顾他，临别时作者落泪了，作为一个二十岁的大男孩，为什么会这么容易落泪呢？学生在这一点上可能会不理解。教师在教学中可以调用相关教学资源来加深学生对这一问题的理解。例如让学生充分了解文章的时代背景，体会那个战乱的年代家人团聚的珍贵。还可以充分介绍文章的写作背景，说明当时作者与父亲的处境、相处的状况等，让学生站在当时作者的角度来理解这份感情。

（二）与编辑者对话

课文所在的单元导读如下：

> "这个单元就以'爱'为主题，几篇课文都在诉说对普通人，尤其是对弱者的关爱。让我们从课文中感悟到'爱'这种博大的感情，从而陶冶自己的情操。熟读这些课文，从中了解叙述、描写等表达方式，揣摩记叙文语言的特点。"

编者概括了这篇文章的主要内容——父爱，在此基础上提出了学生的学习要求。在情感态度与价值观方面，要求学生体会文中所表现的父爱，并联系现实生活，感受父母对自己的爱，学会爱自己的父母，理解他们，懂得感恩。这一单元是阅读教学，要求学生熟读课文，了解叙述与描写这两种表达方式，并能区别它们，体会描写的作用，在比较中揣摩语言的特点。在知识与能力方面，要求学生提高描写能力，恰当地运用语言，领会语言使用时在朴素自然的基础上吸收融进典雅的书面语对提高语言能力的作用。

课文的课前导读语：

"人们大都歌颂母爱，这篇课文却写父爱；歌颂父亲，一般是正面写父亲的高大形象，这篇课文却写父亲的背影，写父亲不美的外表、动作和不漂亮的语言；写爱的文章，往往有淋漓尽致的描写，这篇课文的语言却很朴素。那么，这篇课文感人的力量从何而来？请带着这个问题，认真阅读课文。"

编者通过三组对比，点明文章用朴素的语言，以"背影"为线索，写了真挚的父爱。这样引起学生的阅读兴趣，提出了阅读要求：找出课文中感人的力量表现在哪些地方。这一要求旨在引导学生抓住文章叙事的重点，从中体会作者的感情。

课后习题一共有四道。

第一题：熟读课文，把四次写背影的文字找出来，联系全文细细品味，完成下列问题。1. 复述父亲过铁道买橘子的过程。在这段文字中，作者是怎样描写父亲的背影的？为什么写得这样详细？2. 课文写父亲离去时的背影，是怎样写的？有什么作用？3. 课文结尾写作者读父亲的信，又见父亲的背影，却是在"晶莹的泪光中"见的，这是什么原因？

本题抓住"背影"这个重点，由此切入，引导学生整体把握课文内容，研究课文特色。旨在让学生把握课文内容，抓住文章主题和特点，体会描写手法的作用和叙事题材选择的技巧。

第二题：一些语句，或者能标示事情的起因、经过、结果，或者在写人叙事状物方面富于表现力，或者含意深长，耐人寻味，或者最能表现作者的情意，这样的语句称为关键性语句。试联系上下文，指出下列关键性语句的表达作用。并从课文第六段中找出一些关键性语句，说说它们为什么是关键性语句。1. 我与父亲不相见已二年余了，我最不能忘记的是他的背影。2. 那年冬天，祖母死了，父亲的差使也交卸了，正是祸不单行的日子。

这道题是为了让学生体会关键性语句在语言环境中的意义和作用，写作时学会注意文章的前后照应。

第三题：课文写父亲送儿子上车过程中说的四句话，都很简短，意思也很平常。请找出来，并联系上下文，体会这些话语朴实而简洁的特点，以及所表达的怜爱儿子的深情。

该题旨在引导学生品味朴素的语言特点，体会其中所包含的感情。

第四题：下边两题中，选做一题。1. 有人说，本文失之伤感。"一个20岁的大男孩是不是还要父亲这么照顾，而面临离别，是不是会这么容易流泪，我很怀疑。"你的看法呢？可以与大家讨论一下。2. 课文第五段中，作者一再说自己"聪明过分""太聪明"，为什么这样说？你在自己的长辈面前，也有这种自作聪明的情况吗？说出来与同学们交流一下。

这是对课文内容的进一步挖掘，引导学生领悟作者的言外之意，文内之情。

二、初步确定教学内容

在基础知识方面，使学生掌握生字、生词；了解文学常识，进一步认识作者；把握叙事散文的文体特征。在课文内容的把握上，引导学生理解"背影"与作者表达情感的关系；以父亲的语言描写为例，品味文章的语言；品读描写父亲背影的语言，体会其特点，做片段练习。

三、调用课程资源

这篇文章的主题是父爱，可以调用的教学资源较为丰富，应进一步筛选。

（一）文本资源

作者介绍：朱自清（1898—1948），字佩弦，号秋实，江苏扬州人。现代著名散文家、诗人、学者、民主战士。散文朴素缜密，清隽沉郁，语言洗练，文笔清丽。主要作品有散文集《背影》、《你我》，诗集《雪朝》等。散文名篇有《匆匆》、《荷塘月色》、《桨声灯里的秦淮河》、《背影》等。

写作背景：这篇文章写于1925年，是文章描述的事情发生八年后写的。当时中国社会军阀割据，帝国主义势力明争暗斗，知识分子朝不保夕，广大劳动人民处在水深火热之中。朱自清自述："我写《背影》，就因为文中所引的父亲的来信那句话。当时读了父亲的信，真的泪如泉涌。我父亲待我的许多好处，特别是《背影》里所叙的那一回，想起来跟在眼前一般无二。我这篇文章只是写实。"

其它写父亲的文章，如鲁迅的《父亲的病》、贾平凹的《酒》、刘墉的《爱的礼物》等。

（二）媒介资源

图片（例如朱自清像、文中插图），音频（歌曲《父亲》），视频（关于父爱的公益广告）等。

（三）人力资源

引导学生思考、理解父爱，学会表达爱、爱他人，了解父亲节以及父亲的生日等。

四、确定教学目标

1. 使学生学会感受爱，懂得付出爱、表达爱，爱他人，懂得感恩；

2. 使学生在阅读中区别记叙和描写的表达方式，用比较法品味语言；

3. 使学生提高描写能力，学会叙事时选取具有典型性的事件塑造形象，表现主题；

4. 体会朴素语言的魅力，在写作中表达真情实感。

以上就是对《背影》的文本研究。

（闫瑞鲜 2009级2班）

《春》文本研究

对于文本的研究是语文教师必须具备的能力之一，并且是一个需要用认真和耐心来经营的重要教学环节，是学生、教师、文本之间多方对话的过程。教师在这个过程中充当着多向度对话的集结点角色，不仅需要发掘作者在创作文本过程中倾注的思想和感情，而且要充分了解学生在阅读作品时已经具备的知识、经验，对学生可能出现的情感体验或困顿做出提前预测和假设。只有这样，教师才能够深入把握教科书的选文，才能有效组织生动的课堂教学活动。

文本研究要按照"研究学生—解读文本—研究其他课程资源—与编者对话"的顺序有序、科学进行。朱自清先生的《春》是人教版七年级上册第三单元的一篇写景抒情散文，《语文课程标准》在7—9年级的阅读中要求学生"能够区分写实作品与虚构作品，了解诗歌、散文、小说、戏剧等文学样式。"因此，《春》应该按照文学文本的特点进行解读和研究。

首先，学生是课堂的主体，对文本的研究应该在研究学生的基础上进行，并且对学生的研究应该贯穿于文本研究的始终。教师要充分了解学生的性格特点以及已掌握的知识经验，了解学生的思维，提前预设学生在学习时可能遇到的问题，及时解决问题，这样才能在教学中得心应手，让学生的提问得到满意的答复。

其次，是对文本的解读。新课标下的语文教学，讲求活学活用，不是教科书，而是用教科书教。教科书是讲授知识的载体。教师需要通过对文本进行细致地阅读，找出文本中包含的知识点，刚入手时，针对的主要是文本的生字、词。《春》的教学对象是七年级的学生，有了一定的文字学习能力，只需要老师将重点、难点的字词进行解释即可。一些词如"欣欣然""酝酿""烘托"等词在课文中均有注释，不需要老师占用宝贵的课堂时间去具体解释它们的含义，另一些词如"朗润"，课本上虽然有解释，是"明朗润泽"的意思，但对于七年级的学生来讲，仍然比较抽象，老师就要发挥作用，立足文本，调动学生的已有知识，进一步解释，"形容山的颜色一下子变得鲜亮、明快，气候湿润，有豁然开朗的感觉"。除此之外还要注意易忽视的多音字，如"绵"，读"mián"时，组词"海绵"；当读"miān"时可组词为本课中出现的"软绵绵"。

教师在完成认读和理解课文字词的基础上，接下来要做的是理清文章的写作思路。需要明确的是朱自清先生笔下的春天是南方的春天，与北方的春天有所不同。在这样背景下，对《春》这篇文章的解读就会相对明确一些，《春》是以"盼春—绘春—赞春"为线条展开的。由盼春开始，表现出作者的急切心情，"春的脚步近了"之后，作者从细处着眼，抓住代表春的景物进行描写，春草生机勃勃，春花争奇斗艳，春风温暖和煦，春雨连绵不断以及春天里的人们精神抖擞、信心百倍，最后以三个排比句赞春结尾，直接抒发了对春天的热爱。

学生在学习课文时会遇到一系列的问题，教师需要通过自己的知识储备和查阅参考书等及时解决这些问题。对于《春》，可以提出以下问题：（1）"小草也青得逼你的眼"中"逼"产生怎样的效果？（答案："逼"写出了小草颜色的浓郁引人注意，表现出其蓬勃向上的生命力，虽没有明显的赞美之词，却掩饰不了作者内心对小草的喜爱，表达新颖生动，充满了与春天相一致的自然活力）；（2）引用"吹面不寒杨柳风"的作用是什么呢？（答案：本诗出自南宋志南和尚的《绝句》，杨柳风指春风，从触觉入手写春风的温暖，与下句接应）；（3）在绘春中，按作者"春草—春花—春风—春雨—迎春之人"的思路，第六段应该单独写雨，为什么还要写人，这样写有什么作用？（答案：由雨写到人，更加充实了春景图，使春有了生活的气息，达到动静相应的效果，写人起到了烘托的作用，为迎春做伏笔，也为下一段写人做铺垫，过渡自然）；（4）第六段中出现了"一点点""稀稀疏疏"样式的词是否有一种凄凉的感觉，与全文的感情不符？（答案：句中的"一点点"恰当地写出了春夜雨雾弱而淡的特点，叠词"稀稀疏疏"又十分贴切地表现出雨中房屋散乱静立的姿势。春夜万籁俱寂，惟闻沙沙雨声，只见点点黄昏的灯光，只见稀稀疏疏静默的房屋，这些景物的结合，既真实又显示出一种如梦如幻的美妙境界，令人产生一种安静而和平的优美感觉）；（5）文章最后三段的顺序可不可以调换？（答案：不可以调换，这三段先写"春天像刚落地的娃娃"突出了新的特点，有无穷的生命力；后写"春天像花枝招展的小姑娘"突出春天的美丽多彩，充满活力；再写"春天像健壮的青年"借指希望的力量，突出春的阳刚之气。从"娃娃"到"小姑娘"到"青年"，形象地点明了春天成长的各个阶段的特点，是一个循序渐进的过程。赞美了春天蓬勃的生命力，表现了在春天里奋发向上，创造美好新生活的积极乐观精神，最后一个比喻，也表达了作者追求美好未来的强烈愿望）。

　　研究文本一定要细心，深入挖掘课文，文中的亮点、重点、难点或是需注意的地方都要记下来，充当教学课文的辅助材料，使整个教学充实丰满。《春》语言朴实有特色，值得老师和学生在学习的过程中共同品味。（1）"盼望着，盼望着"，动词叠用，显得有力而急切，为下文春景图的描写做铺垫，表现出对春天的盼望以及对人生、对希望的盼望。（2）"刚睡醒的样子，欣欣然张开了眼"，这是初春万物复苏、生机勃勃的美好朦胧景象，"欣欣然"写出了新春初始，大自然万象物复苏的欣喜情态，它是封闭了一冬的生命萌芽初现，也是"刚睡醒"之后表情的自然流露，与下文的"朗润"、"涨"、"红"前后呼应。（3）"小草偷偷地从土里钻出来"，"偷偷"修饰动词"钻"，说明在不经意间春已经来到了，有一种意外的惊喜（4）"你不让我，我不让你"用拟人的方法描绘各种花争先恐后竞相开放的情景（5）"像火""像霞""像雪"这三个比喻，分别描绘三种花的颜色，三种颜色由深到浅。接着由花的香味联想到果实累累的景象，以虚衬实，表现花儿香甜，引人遐想，同时也使画面内容更加充实丰满。（6）"树上仿佛已经满是桃儿、杏儿、梨儿"运用儿化韵写出了作者对丰收的期盼，拉近了读者与自然的距离，表达亲切温和。（7）"像眼睛"似乎能流波传情，"像星星"繁花星罗棋布，这两个比喻都是大家熟悉的事物，生动地刻画了满地的野花在阳光下争奇斗艳的情景。（8）"像母亲的手抚摸着你"运用触觉的相通让人去感受风的轻柔与温暖。（9）鸟儿"卖弄清脆的喉咙"中"卖弄"的意思是炫耀，在文章中是贬义词褒用，写出春日里鸟儿的无限活力，清脆的歌声飘扬上空，仿佛在迎接春天。（10）"雨是最寻常的，一下就是三两天"写出了江南春雨连绵不断的特点。"可别恼"是一种口语化的表达，显得既亲切又有情趣，接下来用三个连续的比喻句"看，像牛毛，像花针，像细丝，密密地斜织着"不仅描其形，更是传其神，具体写出了春雨特有的轻柔、细密、光亮、绵长以及那份随风而斜的飘逸。(11)"城里乡下，家家户户，老老小小，也赶趟似的，一个个都出来了。舒活舒活筋骨，抖擞抖擞精神，各做各的一份儿事去。"冬天已经去了，春天来纳福迎新，句中用几个叠词，通俗的表达出"春风满万户"的景象，简洁地展现了城里乡下不同年龄的人们在春天来临之际，三五成群，相伴郊游、踏青的活泼场面，及其忙忙碌碌开始劳作的身影，有一种春到人间人勤劳的形象感。(12)"一年之计在于春"，这是文章的文眼和主题，它预示着一种希望和一年中将要做的事，一年的计划，都要在春天好好地打算打算，这里寄寓着作者的一种生活态度，我们要珍惜自然的春天，更要珍惜人生的春天，振奋精神，鼓足干劲，为人生，为理想而不懈奋斗的美好愿望。

具体分析之后就要对文本进行整体把握，明确文体及文体特点。《春》是一篇抒情散文，一般来说，散文是通过对现实生活中某些片段或生活事件的描述，表达作者的观点、感情，并揭示其社会意义，它着重于表现作者对生活的感受，具有选材、构思灵活和较强的抒情性。《春》以诗的笔调描绘了花卉争荣，生机勃勃的春天的图画，赞美、抒写歌唱了春的创造力和带给人们无限的希望，从而激励人们在大好春光里辛勤劳作、奋发向上，是一曲春的赞歌，给人以无限清新的感觉。语言朴实隽永，具有很强的形象性和情感性。

再次，教师要学会资源的整合。研究其他课程资源，找到适合的方法帮助学生理解课文和学习知识。朱自清先生的《春》描写的是南国之春，而我们的教学对象是北方的七年级学生，他们眼里的北国之春与文中所描绘的春天大不相同，这就可能会导致学生对文中所描述的春天充满疑惑，因没有生活体验，故而不能深刻理解课文内容。因此在本课中，教师可以利用《春》的朗读音频、南方春天的图片，帮助学生身临其境，感受课文；也可搜集关于春的古诗词，这样可以调动学生的课堂思维，并且增加他们的文学积累：杜甫《春夜喜雨》中"随风潜入夜，润物细无声"写出了春天细雨无声的特点；朱熹《春日》中"等闲识得东风面，万紫千红总是春"点出了春天到来以后繁花似锦、姹紫嫣红的景象。还有许多诗，如杜甫的《江南春绝句》、《江畔独步寻花》，在这里不一一举例。此外，教师也可以参考较好的教材研究，如齐影《浅说〈春〉的朗读技巧》对朗读的把握有独到之处，比较细致地分析了朗读《春》需要停顿、重读的地方以及需要投入感情的地方，值得借鉴。

最后要做到的是与编辑者话语，了解编辑者意图，这样才能把握住教学活动的主方向。课文是要一篇一篇研究的，但是也不应局限于对"课文"的研究，不能只见树木不见森林，还要注意每篇课文与本单元之间的关系，进行全局考虑。《春》所在单元的诗文都是文情并茂的优美篇章，多数出自名家之手，有《济南的冬天》、《山中访友》、《秋天》，它们意境优美、构思精巧、语言巧妙、情景交融，充满诗情画意。编者在本单元的导读语中这样说："品味诗文优美的语言是一种艺术的享受。要反复朗读，在整体感知内容大意的基础上，揣摩、欣赏精彩句段和词语，并将它们摘抄下来。"在《春》的文前导读语说："这一篇写春的精美散文，不知拨动过多少人的心弦……多朗读几遍，你一定能进入那美妙的境界中。"反复阅读会让大自然的美景在学生心中留下美好的映像，从而激发他们热爱大自然的思想情感，促使他们学会作品精巧的构思，愿意在意境中体会作者的思想感情，品味语言。《春》的课后练习题共有三道，都注重对语言的赏析和审美情趣的培养。

综上，我以为编者重视对本单元课文的朗读，让学生通过富有感情的朗读去欣赏文中语言美，希望学生不仅可以得到语言的滋养，养成好的语感，而且能够培养美的情趣，得到审美能力的提升。因此，教师在研究《春》的时候就要注重这几个方面，注重语言美，提高鉴赏美的能力，更重要的是领悟作者对春的热爱。

有了明确的指导目标，就要确定选文的确定教学内容，编写教案了。预设教学内容要做到有的放矢，能深入挖掘重点。王国维在《人间词话》里说，"一切景语皆情语。"《春》这篇文章最大的特点在于通过各种语言的表达抒发作者爱春情感，可以指导学生通过各种方式来感悟，如背诵、摘录、做卡片、写心得笔记等，在学习课文内容的同时形成一套有效的学习方法，当然这是第二课时作为例文时所涉及的内容。

以上是对《春》文本的初步研究，教师会随着教学经验的不断积累形成更加全面深入的分析。只有细心认真地研究过文本，讲课时才能成竹在胸，使课堂充实有重点，因此每一位教师都应熟练掌握文本研究这一基本功。

（卢蓉　2009级2班）

《山中访友》教学文本研究

《山中访友》是人教版七年级第三单元的一篇文章，李汉荣先生以浪漫的童心，使原本平常的山野，变成了珍奇的胜景，文章以"访"为动机，以"友"为描写中心，运用优美的语言和生动的修辞让山野上的景物活灵活现，赋予山林中的古桥、树林、悬崖以人的生命特征，作者与他们互诉心声，表达对大自然的喜爱之情。根据《义务教育语文课程标准》（2011年版）中的课程理念，结合这一学段学生的知识水平及学习能力的状况，我对《山中访友》这篇文章作了如下研究：

一、与文本对话

《山中访友》是一篇写景散文，作者把山林中的景物想象成"我"可以诉说心声的朋友，古桥是老朋友，它古老而坚韧；树林是知己；山泉是明镜，照出了我的浑浊；溪流邀我吟唱诗歌；白云是天空的好护士，瀑布是纯粹的歌唱家，悬崖是无言的禅者；云雀是纯洁的少年……自然界的事物都是有灵性的，他们与人类心灵互通，表达了作者对大自然的喜爱之情。

作者使用生动、优美的语言写出了自然事物的特点，描绘了一幅人与自然相知相通的和谐画面。本文的特点是语言优美，给人以美的享受，修辞手法形象生动，让我们感受到了万物的生命与活力。也就要求学生掌握文章内容，欣赏优美的语言，了解修辞手法的使用方法，体会作者对大自然的赞美、喜爱之情。所以，本文的教学难点就在于对语言的品味和修辞手法的学习和运用，提高学生理解和运用的能力，并能灵活掌握，运用到写作自然景物和其他事物当中。

读解文本时，还要注意一些字词，因为对于初中生来说，字词教学仍然比较重要。除了课后的"读一读，写一写"之外，文中还有一些字词不能忽视，例如，第四自然段的"冠"，第五自然段的"露"这两个多音字，解读文本时应当予以关注，作为学生语文基础知识的积累。

冠 guān ①帽子的总称 ②物体顶端部分，如：树冠、鸡冠花
　　 guàn ①戴帽子 ②指男子成年，如：弱冠
　　　　　③超出众人，居于首位，如：冠军

露 lòu 口语中常用，如：露马脚
　　 lù 书面语中常用，如：暴露

此外，还有一些成语也需注意，如：

德高望重：品德高尚，声望卓著，一般形容长辈。

津津乐道：形容饶有兴味地谈论。

冠冕堂皇（讲"冠"字时作为拓展）："冠""冕"为古代帝王或官员戴的礼帽，"堂皇"指很有派头的样子。合起来这个词形容表面上庄严体面或正大

严肃的样子，而实际上并非如此。也就是有点表里不一的感觉，是贬义词。

二、与编者对话

编者在这一单元收录了《春》《济南的冬天》《山中访友》《秋天》《古代诗歌五首》五篇课文。"为我们展现了色彩斑斓的大自然，这里有美的景物、美的情感、美的语言"，在我们欣赏的同时，也"要反复朗读，在整体感知内容大意的基础上，揣摩、欣赏精彩句段和词语"，可见，编者共有两个意图：一是欣赏文章，体悟作者的思想情感，激发学生热爱自然的思想；二是研究文本，分析精彩句段，让学生学会描写景物的方法。

《山中访友》的课前导读语共三句话，"带着丰富的想象，走进山中"体会作者动情的话语，感受作者的思想情感。也就是让学生欣赏文本的优美语言，还要"透过语言文字，看看那充满诗意的画面"掌握作者使用这种优美词语的方法与技巧。我也认为这样做是很有必要的，学习一篇文章之前，就是要让学生对文章产生浓厚的兴趣，从而激发丰富的想象，再仔细揣摩作者使用的生动词语，本篇主要是拟人化的动词的使用，这样学生就可以走进作者营造的诗意世界中，也能够更好的赏析文章。

课后题第一题：

1. 作者在山中拜访了哪些朋友？

2. 作者为什么把进山看景说成"山中访友"？

这一题编者的意图在于让学生熟悉课文内容，掌握文章的写作技巧，也就是修辞手法和词语的生动运用。

第二题：假设你是某一景物，与游人互诉心声，写一段文字，写法自由，字数不限。

编者设计这一题的意图在于让学生欣赏文本，学习作者描写自然景物所使用的优美的语言和形象的比喻、拟人的修辞手法，尝试模仿作者的写作方法描写一个片段，为写一篇作文做铺垫。

综合单元导读语，课前导读语和课后题，我们可以知道编者的意图：一是朗读课文，熟悉文章内容；二是欣赏散文，投入作者营造的美好氛围中，激发学生热爱大自然的思想；三是研究文中词语和比喻、拟人等修辞手法，让学生理解并学会在写作的实践中运用这些修辞手法。通过研究编辑者的意图，我们能更好的把握住文章的重点和难点，才能更好地运用教材。当然也要研究教材并结合学生的实际情况进行教学，才能完成教学目标。

三、重点研究内容

通过与文本的对话，与编者的对话初步确定本文应重点学习的内容：一是词语的生动运用；二是比喻、拟人等修辞手法的形象呈现。

首先研究词语的使用。一篇优美的散文，美就美在词语的生动使用上，为了完成这一教学内容，先让学生朗读课文，投入情感体会作者对大自然的深厚情感，接下来让学生找出每一句话中的关键词，多数为动词，先让学生自己理解或小组讨论，这些词语好在哪里，有什么特点，达到了一种什么效果，再由教师具体讲解。比如："就与含着露水和栀子花的好风撞个满怀"，这里的"撞"字，将无形的风化为有形的风，"撞"出了一种惊喜和意想不到，是一种拟人的手法；还有"你躬着腰，俯身吻着水中的人影鱼影月影"，用的"躬""俯""吻"三个动词，既写出了古桥的形状，又表明他的亲切爱抚之情，也是一种拟人手法；再有"每一株树都是我的知己，像我打着青翠的手势。有许多鸟唤我的名字，有许多露珠与我交换眼神。"其中的"打""唤""交换"都是指作者的一种想象，把树枝想象成人在与他打招呼，鸟儿在欢迎他的到来，阳光照射的露珠，晶莹剔透似乎在和他交换眼神。这些动词的生动运用，把原本没有思想的桥、树、露珠写得生动有趣，本来是形容人的动词，这里却用来形容事物，将事物人性化，营造了一种人物合一的和谐氛围，表达了作者对大自然的喜爱之情。

其次是比喻、拟人等修辞手法的生动呈现。完成这一教学内容，同样需要学生熟读课文，从题目"山中访友"就是一个比喻手法的运用，把山林中的景物比作朋友；"山泉姐姐，你捧一面明镜照我"这里把山泉比作一面明镜，形象的指出了泉水清澈的特点；有着同样用法的还有"溪流妹妹，你吟着一首小诗""白云大嫂，月亮的好女儿，天空的好护士""瀑布大哥，雄浑的男高音，纯粹的歌唱家"这几句都是比喻的修辞手法，写出了溪流的潺潺水声，似乎就在耳畔，云朵的洁白，瀑布飞下激起浪花的波涛声，既写出了景物的特点，又给人以美的享受，仿佛我们真的置身其中，可见作者比喻手法使用的生动传神，同时，这几句话放在一起又构成了排比，写出了山中众朋友对我的欢迎，连雷阵雨，作者都把它比作侠客，比作诗人，可见作者对大自然景物的喜爱、赞美之情。

有上述的与文本对话，与编者对话，重点研究内容可以把教学目标确定为：

1. 欣赏文章的语言特色，体会作者对大自然的喜爱之情；

2. 掌握比喻、拟人、排比的修辞手法，激发学生热爱大自然的思想。

因为初中阶段的学习还是以朗读为主，以朗读唤起学习语文的兴趣。为达成上述教学目标，我做了简单的教学预设：

首先是自由朗读，目的是让学生对教材的结构，内容有整体的一个了解，找出不认识的字、词；

其次教师泛读，目标是使学生纠正字音，把握文章轻快的节奏，体会作者的思想情感；

最后，默读，让学生在文中划出自己喜欢的句子，并谈谈喜欢的理由，可以从内容、句式、修辞等角度入手，教师可在适当的时候为学生纠正，引导和补充，在与学生互动交流中逐步将教学重点和教学难点教授出来，还可以适当的运用图片资源作为课后欣赏，既可以愉悦身心，还可以激发学生热爱大自然的热情。

一节高质量的语文课是由学生和教师共同缔造的，教师是一个引导者的角色，需要对教材进行仔细深入的研究，反复阅读文本，多角度思考，要顾及到学生的知识水平与理解能力，课堂上要以学生为主体，"授人以鱼，不如授人以渔"，教师传授的是学习方法，所以，《山中访友》我准备采用的是学生预习提出问题，教师解决问题，教授方法，学生根据学习方法去解决新问题。

参考文献：

[1]钱敬华.《山中访友》教学设计[J].学语文,2009.

[2]于红梅.《山中访友》教学[J].小学教学设计,2009.

[3]李爱梅.不愿说再见——《山中访友》教学中师生生命的对话[J].中学语文,2009.

[4]李镇西.《山中访友》课堂实录[J].中小学教学研究,2006.

[5]胡爱华.《山中访友》创新教学微型教案[J].语文教学与研究,2007.

（辛永珩　伍晓甜　2009级1班）

《济南的冬天》文本研究

《济南的冬天》这篇文章是人教版语文教材七年级上册第三单元的第二篇文章，是老舍先生于1931年初写的一篇优美的写景散文。本单元还有《春》《山中访友》《秋天》《古代诗歌五首》这四篇课文。这个单元的诗文都是文情并茂的优美文章，都出自名家之手。欣赏这些诗文，会让我们走进一片美的天地。本文就从教学文本研究的角度对《济南的冬天》这篇文章进行研读。

　　日月经天，江河行地，春风夏雨，秋霜冬雪。多姿多彩的大自然，陶冶了人们爱美的心灵，锻炼了人们发现美的眼力。这个单元为我们展现了色彩斑斓的大自然，这里有美的景物，美的感情，美的语言……

　　品味诗文优美的语言是一种艺术享受。要反复朗读，在整体感知内容大意的基础上，揣摩、欣赏精彩句段和词语，并将它们摘抄下来。

　　阅读单元指导话语，了解到本单元文章的共同特点，如美的景物，美的感情，美的语言等，同时，还了解到本单元学习的主题——大自然的美景。编辑者认为本单元的学习内容有：1.整体感知文本大意；2.揣摩、欣赏精彩句段和词语。

　　老舍对于济南的山山水水一往情深，在他眼中，冬天的济南一切都是美的，一切都是可爱的，真是一方"宝地"，一个"理想的境界"。反复朗读课文，细细品味，当一幅幅画面浮现在你的脑海里时你将进入那片美的天地。

　　课前导读语用散文化的语句，让我们了解到老舍先生对于济南的冬天是饱含感情的，他在这篇文章中描绘的济南的冬天的景色特别美。编者还谈到反复朗读，细细品味，目的是让学生通过富有感情的美读来体会课文的意境，得到审美情趣的提高。

　　这是一篇优美的写景散文。在写作上有其鲜明的特点。从结构上来看，作者采用总分式的结构来构思，先写济南冬天总的特征，紧接着又具体写济南冬天的景物。从语言上来看，本文语言优美，饱含深情。从修辞方法的运用来看，作者采用了比喻、拟人等手法，给人以美感。从描写方法来看，作者抓住事物的主要特征，进行了仔细描写。另外，老舍先生在写作时寓情于景，情景交融，或直接抒情，或创设情境，流露深情，或虚实结合，展开想象，抒发热爱之情。

　　初读课文，感到以下字词可能会造成学生阅读过程中的障碍，需做研究：镶（xiāng），安逸（ānyì），绿藻（lǜzǎo），澄清（chéngqīng），水墨画（shuǐmòhuà），上述字词需要重点掌握其读音，要特别注意平翘舌和前后鼻音问题；而需要掌握词义的是：响晴（天空晴朗无云），秀气（清秀，这里指美丽而柔弱），贮蓄（存放，储藏），空灵（灵活而不可捉摸）。另外补充一下三个词的解释：响亮（很明亮），设若（假若），慈善（对人关怀，富有同情心，这里指温和，合乎人意）。

　　再读课文，体会到作者的情感，细细品味文章的语言和写作方法。文章生动而真切地描写济南的冬天气候温和，山青水绿，度冬如春，美丽如画的景色，抒发作者的赞美、喜爱之情，以及对祖国山山水水的热爱。因此，在阅读时要注意体会老舍先生对济南山山水水的一片深情。作者具体写了济南的冬天总的特征，阳光照耀下可爱的山，薄雪覆盖下秀气的山，城外淡雅的远山，暖、清、绿，将一幅充满诗情画意的济南冬景图呈现在读者眼前。

在写这些景物时，文章的语言和写作方法是特别值得学习和借鉴的。那么作者这样写有什么好处呢？文章运用了拟人、比喻的手法，语言形象生动，特别优美，将济南的冬天描写得特别有生命力、人情味儿，这里就不再举例了。作者在文章开头还运用了对比的手法，通过与伦敦、北平、热带的气候对比，突出了济南的冬天的总的特点—温晴。作者抓住山、水的特征，进行了细致地描写，让读者深刻地体会到景色的优美。另外，作者采用融情入景的方法，将自己对济南冬天的山山水水的热爱、赞美之情融入济南的山山水水之中。这样，就使文章既生动形象，充满诗情画意，同时又饱含了作者的主观情感。

理清课文的具体内容和写作方法、主题思想后，我们再来看一下这篇课文的课后题。第一题是这样说的：假设要给一个从没到过济南的人讲讲济南美丽的冬天，参照课文，你将分哪几个方面讲？着重讲那些精彩片段？从这道题与课文的关系来看，编者主要是引导学生从总体上把握课文的内容，理清思路，抓住重点，找出自己认为精彩的片段，并训练学生的复述能力。我在这里不给出确定的答案，就简单地说一下解题思路。首先要让学生自己阅读课文，进行整体感知，理清文脉，然后要让学生找出要讲的几个方面和精彩片段，最后是复述，复述时可以先参照课文在心里默念，待熟练之后再口头复述，还需要考虑到，给从没到过济南的人讲济南的冬天，还要有特定的语境。

第二题：课文中多处用了拟人的修辞手法。拟人，就是把物当成人来写，赋予物人的动作行为和思想情感，如"油蛉在这里低唱，蟋蟀在这里弹琴"，"桃树，杏树，梨树，你不让我，我不让你，都开满了花儿赶趟"。仔细揣摩下面几个句子，品味拟人的写法好在哪里。这是一道了解和运用知识，又揣摩语言的题目，编者目的在于引导学生借助题干的知识，品味课文精美的语言，培养学生对语言的感受力和审美鉴赏力。

1. 请闭上眼睛想：一个老城，有山有水，全在天底下晒着阳光，暖和安适地睡着，只等春风来把它们唤醒，这是不是个理想的境界？

睡着，唤醒，都是拟人的写法，将老城人格化，使之带有生命的感觉和意味，表现济南的冬天暖和安适的特点。

2. 山坡上卧着些村庄，小村庄的房顶上卧着些雪。

用"卧"字来写雪、村庄，写它们的状样，情态，仿佛是写活物，活灵活现。

3. 天儿越晴，水藻越绿，就凭这些绿的精神，水也不忍得冻上，况且那些长枝的垂柳还在水里照个影呢！

不忍得冻上，将水人格化，使水富有灵气，而这样写的目的，更是为了写绿，写绿的精神之珍贵、美丽、可爱。

第三题：在小组或班上向大家说说你家乡的冬天是什么样子。再借鉴课文的某些写法，将你家乡冬天最有特点的景物写出来，字数不限。此题用来训练学生的口语表达和书面表达能力。编者提示学生借鉴课文的某些写法，抓住景物特点来写，目的是将阅读所得转化为写作之能，是阅读的迁移与深化。

在上述研究的基础上，根据教科书提出的学习目标、重点和要求，以及这篇课文的鲜明特点，我初步确定以下教学内容：1. 体会作者的情感，即对济南山山水水的热爱、赞美之情（通过反复朗读）。2. 品味作者优美的语言，重点学习作者对拟人、比喻两种修辞手法的运用。3. 了解作者写景的抓住景物特征进行描写的方法，以及融情入景的写法（在教学中重点对第三段和第五段进行分析）。

根据课文的特点、教学目标和教学内容的鲜明特点，可以调用以下教学资源：

1. 文本资源，包括课文（教材）、作者简介、写作背景以及其他类型的写景散文等。

作者简介：老舍，现代著名作家，人民艺术家。原名舒庆春，字舍予，满族人。代表小说有《骆驼祥子》，《四世同堂》，话剧《龙须沟》，《茶馆》。《茶馆》被西方人誉为"东方舞台上的奇迹"。

写作背景：老舍曾任中国文联副主席，中国作协副主席，北京市文联主席等职。1951 年 12 月，北京市人民政府授予他"人民艺术家"的称号。1966 年 8 月 24 日，老舍被林彪、江青反革命集团摧残迫害，不幸逝世，终年 67 岁。先后在齐鲁大学和山东大学任教七年，对山东产生深厚感情。他称山东为"第二故乡"。

其他类似的写景散文，比如说朱自清的《春》。

2. 媒介资源，包括图片、音频、投影仪等设备。比如说可找一些济南的冬天的景色图片，或者与课文内所写景物相对应的图片，还可以找一些其他地方的冬景图来进行对比，如南方的冬天和北方的冬天的图片。音频资源，可以找一些课文朗读放给学生听。如果是上多媒体课的话，可以制作 PPT，使用投影仪播放 PPT 及相关视频。

3. 人力资源，比如说以本班学生为主体，组织学生分小组讨论，充分调动学生的积极性，与学生进行互动。

综合上述研究，《济南的冬天》教学过程确定如下：

一、创设情境导入

通过提问的形式，让同学说一下自己印象中的冬天，由此导入老舍先生的《济南的冬天》。

二、学生默读课文，并思考问题（初步了解）

1. 你觉得这篇文章体现出作者怎样的情感？

2. 你觉得济南的冬天总的特点是什么？作者通过描写哪些方面来表现济南的冬天的特点？

《济南的冬天》是一篇诗意盎然的散文。文章生动真切地描写了济南冬天气候温和，山青水绿，度冬如春，美丽如画的景色，抒发了作者对济南山山水水的一片深情，对济南冬天的赞美之情。阅读时要注意体会。

三、细读课文，深入思考，深入感悟

1. 学生要反复朗读课文，要求用普通话正确、流利、有感情地朗读课文。可以先给学生播放朗读课文的音频。

2. 为什么说济南是宝地？（济南的冬天无风声，无重雾，无毒日，天气"温晴"；济南的冬天是慈善的，有美丽的山景；冬天水不结冰，水绿，水多情；四面环山，像在小摇篮里。）

3. 作者笔下济南的冬天的景物各有什么特点？请给这些冬景图各自起个名字。

（阳光普照下的山—温静小山图；薄雪覆盖下的山—秀气雪山图；城外的山—淡雅远山图；水（绿、澄清、多情）—空灵水景画）

4. 再次体会作者的情感。结合上述问题的思考。出示对应的济南冬景图片与学生一起欣赏。

四、品读课文，学习方法

1. 你知道作者是怎样描写景物的吗？

（抓住景物的特征，细致观察，细致描写，将济南的冬天的景色写得如画一般美；作者在这里将分类描写和有序描写相结合。比如写山时分成好几类：

阳光普照下的山，薄雪覆盖下的山，远山。还有写薄雪覆盖下的山时用有序描写的方法进行描写。）

2. 作者是怎样抒情的？我们来学一学。

本文寓情于景，情景交融，直接抒情与间接抒情相结合。作者对济南山山水水的深厚感情，一方面描写景物时做到了情景交融，另外一方面，有时又直接抒情。阅读时要细心揣摩，体会意境。

3. 品一品，作者的语言为什么这么美？

①从文章中找出这样的句子细细品味，说说好处；

②找一些课外的句子让学生体会比喻和拟人两种修辞手法的运用；

③以"月亮""孩子的眼睛"为题，用这两种修辞手法造句。

五、比较阅读，拓展运用

1. 与学过的朱自清的《春》进行比较，找出共同点和不同点（写法方面）。

2. 假如你是一位导游，你怎样给游客介绍济南的冬天？设计一下导游词。

3. 借鉴课文的某些写法，用笔描绘一幅你家乡的美景图，字数不限，题目自拟。

（云斯琴　2009级2班）

文学文本研究案例·小说

关于《变色龙》教学文本的研究

身为一名教师，要想讲好一篇课文，最基础的是对课文要有深入地研究，要真正从各方面把握课文。无论所教的是写实文本、文言文本，还是文学文本都应该如此。下面是我对人教版九年级下册第二单元中的讽刺小说《变色龙》的研究。

我认为教材研究的最初步骤，就是应该与教科书编辑者对话，从中知道编辑者的意图，这样有利于进行更深一步的研究，而研究的内容、讲述的内容也就不会偏离语文课程的标准。与教科书编辑者对话，应从单元导读、本单元选文的整体情况、文本指导语和课后习题入手。

第一，教材编辑者在单元导读中这样说："文学作品是社会生活的反映。其中人物的悲欢离合、喜怒哀乐和兴衰荣辱，往往折射出时代和社会的世态人情与精神风貌。从中，我们不仅可以获得教益和启示，而且能得到艺术的享受。学习本单元，要在把握情节的基础上，着重欣赏人物形象，把握人物的性格特点，了解刻画人物性格的多种艺术手法。"

第二，《变色龙》所处的单元共四篇小说：第一篇是《孔乙己》，第二篇是《蒲柳人家》，第四篇是《热爱生命》，《变色龙》是第三篇。先了解本单元的其他三篇选文的主要内容，《孔乙己》以现实主义的笔法，以一个不谙世事的酒店小伙计的口吻，不动声色地讲述了"站着喝酒而穿长衫的唯一的人"，关于孔乙己的悲惨故事。《蒲柳人家》继承了中国古典小说和说唱艺术的表现手法，以富有传奇色彩的情节和语言、动作等传统小说的艺术表现手法，生动的刻画出京东运河边几个农民的鲜活形象。《热爱生命》运用大量细腻的心理描写和细节描写，刻画了一个西部硬汉的形象。对于这三篇小说内容的概括，摘抄于人教版教师用书九年级下册。把这三篇选文的主要内容与单元导读相结合，我们从中就可以知道编辑者的意图是要求我们在学习本单元小说的过程中，在把握故事情节的前提下，着重欣赏人物形象，把握人物的性格特点，了解刻画人物性格的多种艺术手法，这是本单元小说的共同特点。通过对其他三篇小说内容的概括，我认为可以明显看出对于《变色龙》的教材研究重点应该是本文运用了哪些艺术手法刻画人物性格，突出《变色龙》是一篇讽刺小说。

第三，文本的指导语说："狗的主人究竟是谁？随着判断的不断变化，警官奥楚蔑洛夫的态度也在不断变化着。这篇讽刺小说在给我们带来笑声的同时也令我们深思，或许我们还能从现实生活中看到这种人的影子。"通过对文本指导语的阅读，我们了解到编辑者的意图是在我们学习这篇小说时，不应该仅仅着重把握警官奥楚蔑洛夫的形象，也要看到隐藏在他背后的社会现实。

第四，对课后习题的处理。本篇小说共有三道习题，第一题"自然界中变色龙随着周围环境的变化而不断变化，是出于生存的本能，而奥楚蔑洛夫几次变色又是为了什么？作者通过他的言行揭示了一种怎样的社会现象"。第一题是从本篇小说的思想意义和产生的根源出发，可以这样作答，奥楚蔑洛夫之所以几次变色，是因为他不敢得罪权贵，哪怕仅仅是权贵家的一条狗。这样的一个小官僚，面对一般群众的时候，他往往会摆出一副官架子，如他一出场，穿着新的军大衣，在众人面前"严厉"的表情，一个拿腔作调、作威作福的小官僚形象毕现。而面对权贵，却是一副奴颜婢膝的样子。这样的人物是当时社会的必然产物。当时沙皇统治的俄国，经济落后，思想保守，实行残酷的专制统治，而作为这样国家机器上的小零件，像奥楚蔑洛夫这样的小官僚，为生存，不得不用丧失人格和尊严来换取生存空间。这样的人物虽然可恨，但作者批判的锋芒其实更多地是指向当时腐朽专制的社会，指向孕育这种奴性人格的土壤。第二题"奥楚蔑洛夫为什么能给人留下深刻的印象，乃至成为某类人物的代名词？体会讽刺小说的这种写法及作用"。第二题是从讽刺小说具有哪些特点出发，可以这样作答，奥楚蔑洛夫之所以能给人留下深刻的印象，并成为某类人物的代名词，是因为这一形象高度的典型性和概括性。作者在描写这类人物的时候，抓住了他们的共性，通过提炼、概括和总结，并用夸张、对比等讽刺小说常用的艺术手法，加以突出，使这类人物往往能给人留下深刻的印象。夸张体现在短短的时间里，随着狗的主人身份的不断变化，奥楚蔑洛夫的态度也发生了五次变化。变化之快，跨度之大，令人瞠目。对比手法体现在奥楚蔑洛夫面对狗主人的身份的变化，不停地改变着自己的态度，时而威风凛凛，时而奴颜婢膝，前后矛盾，对比鲜明。这两种手法的运用，把主人公见风使舵、媚上欺下的本性表现的非常明显。第三题"根据课文内容画漫画或制作电脑动画，也可以编演一出话剧小品"。第三题从学习方法出发，鼓励学生采用多种途径进一步熟悉和加深对课文的理解（这三道题的作答内容是我摘抄于人教版教师用书九年级下册，我同意这些观点）。

通过整体对这三道题进行分析，我的看法是把第二题作为重点讲，这样就与本文的教学目标达成了一致。

我们对编辑者的意图有了初步了解之后，就可以确定该选文的研究角度是例文。既然已经有了大的方向，接下来我们就可以对课文进行详细深入地研究了。

正确理解文本的前提是要认读，理解每一个词语、句子，因此在对课文内容进行研究之前，我们要先对文本进行阅读，把不认识的、不了解的或者学生有可能不懂的字、词、句子找出来，然后一一解读。本篇课文的生字词有筛（shāi）子、盛（chéng）满、魁（kuí）梧、中（zhōng）看、畜（chù）生、狗崽（zǎi）子、恐吓（hè）。还要辨别几个字：栗（lì）与粟（sù）、敞（chǎng）与敝（bì）、斑（bān）与班（bān）、戮（lù）与戳（chuō）。我们还要注意课文下方所给出的注释，这些注释能够帮助学生理解课文。

正确理解文本，应该知人论世。《变色龙》的作者是契诃夫（1860—1904），19世纪俄国伟大的批判现实主义作家。他的代表作有《胖子和瘦子》、《小公务员之死》、《苦恼》、《万卡》、《变色龙》。他的小说篇幅小，但所描述的情节生动，语言简明，结构紧凑，而且所表达的寓意是深刻的并带有幽默讽刺意味。他所描写的人物和事情都是来源于日常生活，他通过幽默可笑的情节描写就可以塑造一个完整的典型形象，以此来反映当时的俄国社会。

我们已经知道《变色龙》是一篇讽刺小说，而且我们所面对的是九年级的学生，在这之前就已经接触过小说这种体裁了。所以在这里，我们只需稍加给学生一些适当的提醒，让学生能够想到小说的特点就可以了。《变色龙》与其他三篇小说的不同之处就是：它是一篇幽默讽刺小说，而且为了更好地体现讽刺的意味，更好地刻画人物形象，所以本篇小说采用了多种艺术手法。

通过对《变色龙》文本的阅读和研究，我们就可以知道本篇讽刺小说最鲜明的特点是通过人物自己的语言来表现人物的性格。所以我在概括本篇小说的人物性格时，就特别注重本文中的语言描写，这样概括出来的人物性格才会更加准确。

首先具体分析一下语言描写对表现人物性格所起的作用。在最开始奥楚蔑洛夫听了赫留金的申诉，不知道狗的主人是谁时，他说小狗是野畜生，疯狗，把它弄死算了，对赫留金的态度非常好，承认肯定赫留金被狗咬了；当有人说好像是将军家的狗时，他说狗是那么小，怎么会咬你？说赫留金的手指头一定是给小钉子弄破的，你们这些鬼东西；当巡警说不是将军家的狗时，他又说狗毛既不好，模样也不中看，是个下贱胚子，说赫留金受了害，绝对不能不管；当巡警又说是将军家的狗时，他又说狗是名贵的狗，狗是娇贵的动物，说赫留金混蛋，怪他自己；当将军家的厨师说不是将军家的狗时，他说狗是野狗，弄死它算了；当厨师说是将军哥哥家的狗时，他说这小狗还不赖，怪伶俐的，一口就咬破了这家伙的手指头，他还说早晚要收拾赫留金。从这些语言中，可以看出奥楚蔑洛夫的态度发生了五次变化，从中也看到了他是一个见风使舵、媚上欺下的人。

其次本文还运用人物的动作、神态，来表现人物的心理活动，凸显人物的性格。在文中奥楚蔑洛夫一会脱大衣，一会穿大衣，这样的动作不止一次，他做这些都是为了掩饰自己的尴尬，为自己将要转变的态度做了铺垫。还有奥楚蔑洛夫严厉地说，咳了一声，拧起了眉头"，这其中的"咳"、"拧"等动作，都可以表现奥楚蔑洛夫在百姓面前装腔作势、官气十足的丑态。在他知道狗是将军哥哥家的，马上他的脸上就有了虚伪的笑容，真是媚态百出。通过对这些动作和神态的描写更好地凸显了人物性格。第四，在刻画人物性格的同时，采用夸张和对比的修辞手法来表现本篇小说的讽刺意味。通过描写奥楚蔑洛夫的五次变化之快，来揭露当时维护专制制度的奴才的丑恶嘴脸，反映当时俄国社会的黑暗。

以上就是我对课文内容的研究。在对课文的研究上还有一方面是少不了的，那就是课程资源。

在研究本篇课文时，我查阅了很多资料，看了很多人对《变色龙》这篇小说的研究。主要有张发安的《变色龙》的主题分析和康林的谈契诃夫的《变色龙》，还有就是人教版《教师教学用书》九年级下册。对于他们的观点我很赞同，在仔细阅读了他们的研究观点之后，我才对本篇小说进行了文本研究，在我的研究中借鉴了他们的研究成果。

（姜艳 2009 级 2 班）

解读契诃夫的《变色龙》

契诃夫的《变色龙》被选入人教版九年级下册第二单元里的文章。

在阅读文本的过程中，我首先注意到的两个问题是本文作者的名字和文中主人公的姓。需要明确的是作者名字的正确读音是"qìhēfū"，不能把"诃"读成"kē"；文中主人公的姓"奥楚蔑洛夫"在俄语中的本意是"疯癫的"，具有浓郁的讽刺意味。同时还确定了《变色龙》是短篇讽刺小说。

小说是一种以相对完整的艺术形象体系，细致、逼真地反映社会人生的文学样式。与其它文学样式相比，小说容量较大，既可以细致深入、多方面的刻画人物思想性格、展开人物命运，又可以完整表现错综复杂的社会与人生的矛盾冲突，同时还可以具体形象地描绘人物生活的环境。它以刻画人物为中心，由人物、情节、环境（自然环境和社会环境）三要素组成。《变色龙》作为一篇优秀的小说，鲜明地体现了小说这一文本的特点。文中讲述了警官奥楚蔑洛夫在木柴厂前处理"狗咬人"案件的故事。在整个故事发展的过程中，奥楚蔑洛夫态度的五次变化，既是情节发展的主要线索，又是戏剧性地揭示人物性格的依据。作为"变色龙"的奥楚蔑洛夫，除了"变"这一特点之外还有不变之处：对平民百姓，他飞扬跋扈，横加欺凌；对贵族老爷，他阿谀奉承，竭力讨好。其实他变来变去始终是为了自己，对自己怎么有利怎么变，这一奴性形象实在卑鄙无耻。通过这一人物形象可以看到 19 世纪八十年代沙皇俄国统治下，人们的生存状况，深刻地批判了当时黑暗、腐朽的社会。

同样是作为小说，它又有自己最鲜明的特点：它是一篇讽刺小说。通过人物对话，让他们自己去表演，客观呈现，不做主观议论，正是这些生动、个性化的语言描写，将一个个性格各异的人物刻画得栩栩如生，在诙谐怒骂中刻画人物形象。这一点可以从同单元的其他文选及编者的话语中找到依据。在本单元中，编者说"学习本单元，要在把握情节的前提下"，可以看出学生在此之前已经学习并把握了小说这一文体。通过查阅相关资料，明确了本单元是在九年级上册的基础上，继续学习中外小说。编者又说"着重欣赏人物形象，把握人物的性格特点，了解刻画人物性格的多种艺术手段。"这说明了本单元重点把握的是典型人物的塑造。本单元的文选追求艺术表现形式的丰富多样：《孔乙己》以现实主义的笔法，以小伙计的口吻叙述故事；《热爱生命》以心理、细节描写刻画人物。与这三篇文章相比，《变色龙》最鲜明的特点便是以人物对话为主要手法突显人物性格，以细节、神态、动作来表现人物的心理活动。此外，作为一篇讽刺小说，它的讽刺艺术表现为夸张和对比。

从整体上看，对于九年级的学生来说，生字词的读写与认知已不作为教学的重点内容，他们已有独立解决这一内容的能力。于是，在这篇选文中，对于他们来说，学习描写人物的艺术手法便成为重点。

综合上述研究，从语言、动作、神态入手，把握典型人物便是这篇文选研究的主要内容，同时还要了解讽刺艺术的体现，这里举例说明。文中"你在这干什么？……谁在嚷？"、"你这混蛋，把手放下来！"、"我早晚要收拾你！"等类似的语言，把主人公欺凌贫民百姓的形象刻画得淋漓尽致。文中"说不定这是条名贵的狗"、"哎呀，天！他是惦记他的兄弟了……这是他老人家的狗？……好一条小狗……"等语言将一个善于甜言蜜语、溜须拍马的走狗形象，刻画得入木三分。文中对于他的"穿大衣"及"整个脸上洋溢着含笑的温情"的描写表现了人物心理活动变化。文中主人公对狗的态度的极速转化，明显运用了夸张。在"不知谁家的狗"和"将军家的狗"的不同态度的对比中刻画人物。综上，一个见风使舵、媚上欺下的典型人物跃然纸上。从而引发学生的思考：我们应做一个怎样的人？

同时，需要指出的是能够成为课程资源的主要包括：文本、插图、作者简介、创作背景、当时产生的社会影响、课后习题、作者图像、话剧演出、学生等。这里特别说明一下课后习题的作用。课后的三道习题有助于引导学生深入分析这篇小说的思想意义和产生根源；引导学生思考讽刺小说的特点；鼓励学生用多种途径，熟悉和深入理解课文。

最后决定，第一课时，把这篇文章作文样本来讲，让学生们用已有的关于小说的知识去分析文章，巩固已有知识。第二课时，把文章作为例文来讲，这是教学重点，教会学生小说中刻画人物形象的艺术手法。

以上，就是我对《变色龙》的研究。在研究过程中，我参考了康林的《谈契诃夫的〈变色龙〉》、张发安的《〈变色龙〉中的主题分析》、张军的《谈谈〈变色龙〉中的细节描写》等文章。我认为我的研究基本到位，但还有很多不足之处，恳请指示。

（边静　2009 级 2 班）

第二节　写实文本研究的实践案例

写实文本研究案例·记叙文

《白鹅》教材分析与研究

我所选的篇目是来自人教版四年级上册的《白鹅》。《白鹅》是作家丰子恺笔下一篇有趣的记叙文。

一、研读文本

《白鹅》这篇散文语言诙谐风趣，采用了"先总体概括，再具体描述"的结构方式和抓特点的写作方法，同时运用了抓住细节进行对比和明贬实褒的写作技巧。《白鹅》用词丰富且准确，通过对白鹅的姿态、步态、吃相和叫声四个方面的具体描写为读者展示了一只高傲的白鹅，字里行间透出作者对白鹅的喜爱和欣赏之情。

关于鹅的姿态，作者一笔带过，只写了"伸长了脖颈，左顾右盼"，在陌生的环境中保持如此自信的姿势，鹅的高傲可见一斑。接下来作者用鹅的"引吭大叫"与狗的"狂吠"对比，表现鹅叫声"大"和"严厉"的特点。描绘声响是极难的事，鹅的叫声也并不悦耳动听，而作者从词语"厉声呵斥、厉声叫嚣、引吭大叫"再到句子"凡有生客进来，鹅必然厉声叫嚣；甚至篱笆之外有人走路，它也要引吭大叫，不亚于狗的狂吠"，一字一句都隐含着丰富的情感，用笔寥寥，却极传神。只有在反复的朗读中，才能品味其中的韵味。另外，作者还用鸭的"步调急速，有局促不安之相"，显出鹅"步调从容""大模大样"的大家风范。鹅的步态这一部分是发掘白鹅有趣可爱的一个点，"大模大样"这个词语把白鹅的傲慢体现得淋漓尽致，同时，作者把鹅比喻成京剧中的"净角"，将京韵注入白鹅的形象中，这是中国独有的特色，其他国家是不具备的。

通过作者准确的用词和比拟，一只憨态可掬、有趣可爱的白鹅便走到了我们面前。最后，作者花了较多的笔墨来描写白鹅的吃相。课文先写鹅需要"水、泥、草"三样东西下饭，进而写白鹅永不改变的吃食顺序："先吃一口冷饭，再喝一口水，然后再到别处去吃一口泥和草"，如此不厌其烦地秒写白鹅的吃相，就是想突出它吃相的可笑，可笑在于一丝不苟的吃法，可笑在三眼一板、不会变通的做法。在这里，作者用"鹅老爷"一词称呼白鹅，通过对狗"躲在篱边窥伺""敏捷地跑过来，努力地吃他的饭""立刻逃往篱边，蹲着静候"等如小偷般的猥琐相的描写，彰显鹅老爷的派头，洋溢出作者对白鹅的无限爱意。

二、研究编辑者话语

《白鹅》所在单元皆是描写动物的课文。编者在单元导语中这样说：

"动物是我们人类的朋友。古今中外，许多作家妙笔生花，为它们写下了一篇篇生动的文章。本组的课文，有的是不同作家写相同的动物，有的是同一作家写不同的动物。我们来认真读一读，具体感受作家笔下栩栩如生的动物形象，还可以试着比较一下课文在表达上的不同特点。"

此单元的安排目的是使学生感受动物的可爱、可敬和大自然的美好，同时，体会作者在描写动物时，由于观察角度不同，心理体验不同，运用的表达方法也不同，欣赏作者不同的语言表达风格，以丰富自己的语言。

编入语文课本中的《白鹅》，在原文的基础上做了极大的删改。原文除了写白鹅的特点之外，还介绍了鹅的贡献及作者所居住的小院环境；教科书的编辑者则针对四年级学生这个群体有目的地进行了删改，只突出介绍白鹅最为显著的一个特点——高傲，如此，方可引导学生学习作者抓特点的写作方法。

另外，《白鹅》的课后练习的安排与组织也是精心设计。课后练习一要求学生读课文并"把喜欢的部分背下来"，编者如此安排旨在培养学生勤于朗读背诵和良好的读书习惯。练习二让学生共同交流，找出"课文中的白鹅有哪些特点，作者是如何具体描写这些特点的"。此练习旨在锻炼学生对课文的整体感知和简单分析的能力，体会作者描写事物时抓特征的方法。练习三要求学生找文中生动有趣的句子，并抄下来，这项练习是为了强化钢笔字的训练以及丰富积累而设。我个人认为，做此项练习时，应让学生交流一下他们之所以喜欢某个句子的原因，这样效果会更佳。

综上所述，可以看出，编辑者的意图有以下两点：

一是引导学生体会动物的有趣可爱，感受作者对生命的关爱和对生活的热爱；二是在阅读中体会作者表情达意的方法以及风趣幽默的语言风格。我个人认为，编者针对四年级学生的特点及四年级语文课程教学目标，考虑了学生写作方法的学习和情感态度价值观的塑造及培养两方面，是较为全面的。

三、分析学生特点

四年级的学生正处于从低年级向高年级过渡的阶段，学习和思想方法开始转变并逐步定型，但仍处在形象思维阶段。同时，四年级学生的书面言语表达水平还处在书面表达的起步阶段，因此，语文教学中强化阅读分析和写作的训练是关键。另外，这个时期是强化良好习惯的关键期。每个孩子都有自己的兴趣爱好，教师需适当引导，可取得良好效果。针对四年级学生特定的心理和年龄特征，教师应全面培养学生听、说、读、写的能力，完善语文教学。

所以，通过以上几个方面的分析，我个人以为，教学本课的重点是引导学生了解课文是怎样写出白鹅高傲的特点的；难点是从那些看似贬义的词语中体会作者对鹅的喜爱之情。同时，学习作者的行文结构和抓特征得写作方法也是必要的。

综上所述，《白鹅》这篇文章的教学目标应确定为以下三点：

一是理清文章内容，抓主题，体会白鹅的高傲和了解课文是如何表现白鹅高傲的特点的；

二是领悟作者的表达方法，学习和借鉴课文采用的结构方式和抓特点的写作方法；

三是体会和感受作者对生命的关爱，对大自然的热爱。

针对本课的教学重点、难点及教学目标，个人以为《白鹅》面对四年级学生，可以采用以下思路和步骤来展开教学：

首先，课堂教学应着重引导学生朗读、默读课文，已达到教学目标一。由于学生大多生活在城市里，见过鹅的寥寥无几，因此教师须准备鹅的图片、鹅的叫声的音频资料以及鹅活动的视频。在学生读通课文、自读自通和观看教学资源的基础上，引导学生交流，结合有关语句概括鹅的特点，同时，引导学生围绕"从课文的哪些方面看出鹅的高傲"这一问题展开讨论，从具体语句中体会作者是如何写出鹅的高傲的。

其次，继续指导学生朗读，并设置让学生寻找鹅的其他特点的讨论环节。引导学生从"养鹅等于养狗，它也能看守门户"体会鹅的忠诚，从鹅叫声的大而严厉体会它的尽职尽责，从鹅的吃相中体会它的镇定冷静等不同于高傲的其他特点。通过此环节的教学，目的是让学生发现作者主写白鹅的高傲这一点，体会抓特点描写事物的方法。另外，通过文中的中心句和承上启下句的讲授，引导学生自己发现每个部分的总起句，来使学生了解课文的结构，以达到教学目标二的完成。

另外，课堂教学过程中，教师要重视学生语言的积累，引导学生把喜欢的部分背下来，并让学生找出写得生动、有趣的句子细细品味、欣赏，并抄下来，达到丰富积累的目的。在这一教学环节中，课后练习的第一部分和第四部分也贯穿其中，能够在课堂上完成。

在学生感受到白鹅的可爱有趣之后，教师相机鼓励他们观察自己喜欢的动物或植物并在课堂上交流。《白鹅》是一篇极富情趣的文章，在作者眼里这白鹅俨然就是一位忠诚而可爱的朋友。学生是否能够通过《白鹅》的学习来感受动物的美好，是需要教师引导的。在这一教学环节中，教师可以把《白鹅》删掉的某些部分（例如鹅生蛋、作者小院的描写）作为教学资源引入课堂中，让城里的孩子能够更加真切地感受到文中浓厚的乡村风情和作者对白鹅的爱不释手，以顺利完成教学目标三对学生情感态度价值观的正确引导和培养。

最后，针对四年级学生爱动手的特点，教师可以布置一项自由作业，让感兴趣的学生尝试画一幅文中写得最精彩的"鹅狗争食"图。这项作业体现教师对学生的兴趣爱好的正确引导，同时，将语言转化为图画是需要学生对课文的熟悉和对白鹅显著特征的挖掘的，这在完成目标二方面起到了一定的辅助作用。

丰子恺先生的散文《白鹅》以活泼、诙谐、准确的语言描绘了一只高傲的白鹅。针对四年级学生这个特定的群体，培养他们的听、说、读、写的能力是关键。同时，由于四年级的学生已经有低年级的写话阶段向写文阶段转化，写作的方法和技巧的学习是重点，因此，《白鹅》作为例文来教学更佳。在告诉学生"写什么"的同时，还要引导他们体会"怎么写"，为学生的写作练习打好基础。

参考文献：

[1]左慧芹.感受生活体验成功[N].中国教育报,2000-8-11.

[2]胡书琴.挖掘教材中创造性因素[J].文学教育,2008(12).

[3]王霆,王永锋.教材删改部分:不可或缺的教学资源[J].教学月刊,2011(8).

[4]顾玲玲.教材无非是例子——《白鹅》第二课时教学设计与反思[J].基础教育研究,2010(4).

　　[5]唐少华.例谈小学中年段词语教学的方法——以人教版四年级上册《白鹅》教学为例[J].基础教育研究,2010(12A).

（董洁　2009级2班）

《地震中的父与子》教学文本研究

一、研究编辑者话语

　　要研究一篇课文，首先要看这篇文章所处的单元主要表达的思想主题是什么，其次，就是要看文本编辑者的话语，了解编辑者的意图，这些对于研究文本有很大的帮助。

　　《地震中的父与子》是人教版小学语文五年级上册第六单元的第一篇课文。文章主要讲述了1944年美国洛杉矶地震中一对了不起的父子：在灾难面前父亲坚信儿子还活着，不顾自己的生命安危在废墟里一小时接一小时地挖，直至挖了38小时终于救出了儿子，而儿子呢，在废墟里坚守着爸爸的承诺——无论发生什么，我永远和你在一起。还鼓励身边的朋友相信自己的父亲不会食言，正是这对父子彼此深厚的真情让废墟里的儿子及其他小朋友生命得以延续，文章以真挚的笔触歌颂了他们的父子情深。

　　通过阅读编辑者的话语，我们了解了编辑者的意图：一是让学生通过反复有感情地朗读课文，深刻地感受父母之爱的伟大，受到文章父子之情的感染，学会爱人，珍惜人间真情，增强做人的责任感。二是引导学生通过对文章中人物外貌、语言、动作和心理描写的具体分析，让学生更好地把握文章主旨思想，提高阅读能力。从《地震中的父与子》的单元导读，我们知道本单元训练的主题是——人间真情，父母之爱。我们已经了解了这是一篇记叙文，而且是记叙抒情文，主要抒发的是这对父子之间深厚的父子之情，因此我们把这篇文章作为定篇来研究，让学生深深地体会人间真情。

二、研读文本

（一）学习字词

　　这是一篇小学五年级的课文，识字教学是很重要的教学任务，所以在研读课文应重点解读字词，首先需要注意的是字音，如："混"它有两个读音，一个读 hún，一个读 hùn，当与"乱"组词时就读 hùn，如课文中的"混乱"；当读 hún 时，同"浑"，浑浊。课文中还有易错的字如："杉"读 shān；"矶"读

jī；"曼"读 màn；"砾"读 lì。除了字音容易出错，还有字形也有容易错的，例如"颤"，这是一个左右结构的字，但有的时候容易写成上下结构，同时这也是一个多音字，它既读 chàn 也读 zhàn，读第一个音时组词是"颤抖"，读第二个音时组词是"颤栗"，这样一个既是多音字，又是易写错的字，在识字教学过程中应作为重点讲解对象。

字词解决完就应该分析课文的主要内容了，而这是一篇抒情文，所以在分析课文内容时应结合课后练习题，让学生反复有感情地朗读课文体会文章所要表达的情感并在文中找出体现父子情深的语句，谈谈自己的体会。

（二）理解文意，体会感情

前面我们已经说了这是一篇记叙抒情文，所以在文章中几乎处处都在表达父子情深，父亲坚守着对儿子的承诺：无论发生什么，我永远和你在一起。为了这一句承诺，父亲不顾他人的阻挠，不顾自己的生命安危，在废墟里一小时接一小时地挖，即使自己已是满脸灰尘，血丝布满双眼，衣服破烂不堪，到处是血，也不放弃营救自己的儿子。而儿子坚信父亲的承诺——无论发生什么，我永远和你在一起。在黑暗的废墟里父亲的承诺是他活下去的勇气和力量。深爱儿子的父亲，信赖父亲的儿子，这种血浓于水的深厚的父子情感人至深。

文章最后说："这对了不起的父与子，无比幸福的紧紧地拥抱在一起。"说这对父子了不起，是因为父亲在伤心欲绝时仍坚信自己的儿子还活着，不顾一切在废墟中一小时接一小时地挖，即使挖到衣服破烂不堪，双眼布满血丝，到处是血，都不放弃，父亲这样的行为让人佩服，很了不起，同时也表达了一个父亲对儿子深沉而宽广，崇高而无私的父爱；说儿子了不起，是因为在长达 38 个小时的漆黑的废墟里，没有水，没有食物，只有恐惧和危险，就是在这样的情况下儿子坚信父亲对自己的承诺，相信父亲一定会救自己出去，他还鼓励他的朋友们要有活下去的勇气，当获得父亲的援救时，他首先不是想到自己而是他的朋友，这种舍己为人的高尚品德在一个只有七岁的孩子身上体现出来，太了不起了。

三、小结

整篇文章是以记叙的方式抒发情感，所以在教学过程中应品读重要语句，理解课文内容，体会文章表达的思想情感，着重分析文章中表达父亲与儿子之间深厚的感情的语句。

（孔祥芳　2009 级 2 班）

写实文本研究案例·说明文

《苏州园林》教学文本研究

《苏州园林》是人教版第八册第三单元的一篇文章。这一阶段学生的特点是掌握了一定数量的知识，对事物有自己的见解和看法。在心理状态方面，他们思维日渐成熟，性格朝着稳定和成熟的方向发展，并且知识面和社会接触面扩大，从而使他们需求增加，性格广泛。在阅读方面，这一阶段的学生能够在通读文章的基础上，基本能够理清思路，理解文章主要内容，并且能够体味和推敲一些重要词句在语言环境中的意义和作用，品味作品中寓于表现力的语言。在欣赏文学作品时，能有自己的情感体验。在写作方面，能够做到文从字顺，有独立完成写作的意识。

一、与文本对话

《苏州园林》这篇文章主要介绍苏州园林的特点。课文从园林建造者的角度来概括苏州园林的特点："务必使游览者无论站在哪个点上，眼前都是一幅完美的图画"。文章说明顺序是先主后次，先从亭台轩榭的布局、假山池沼的配合、花草树木的映衬、近景远景的层次等四个方面，再从每一个角落的构图美、门窗的图案美，建筑的色彩美等三个细微方面来具体说明的。不难发现，这篇文章属于说明文，最主要的特点便是条理清晰，语言准确。通过分析课文，我认为这篇文章的学习难点在于掌握苏州园林的特点，掌握几种常见的说明方法以及学习说明文语言的准确性。

二、与编辑者对话

这一单元的单元指导语是：

> 建筑园林、名胜古迹是人类创造活动的实物记录，具有丰富的文化内涵。本单元所选课文基本都与建筑园林、名胜古迹有关。阅读这些课文，可以使我们接触到许多知识，开阔眼界，激发对祖国文化的自豪感。学习本单元，要注意课文怎么样抓住特征来介绍事物，要理清说明顺序，了解常用的说明方法，体会说明文准确、周密的语言。

从单元指导语来看，编辑者让学生在这一单元学习说明文的相关知识，学会抓住特征介绍事物。

这篇文章课后共有四道练习题。第一道课后练习题是"苏州园林的整体特点是什么？课文是从哪几个方面具体说明这个特点的"，设计意图是使学生初步了解课文，掌握苏州园林的特点，简言之就是初步理清说明顺序。第二道练习题是分析文中的部分词语，意图是让学生理解文中内涵较丰富而作者没有详细解说的词语。第三道题是"说明文中常用一些说明方法，如下定义、举例子、作比较、打比方、分类别、画图表、列数字、引用等，看看本文以及《中国石拱桥》用了哪些说明方法，并结合实例说说其作用"。目的是让学生找出作者使用了哪些说明方法，设计意图是通过分析文中语句，使学生了解说明文常用的说明方法。第四道题是写作训练，设计意图是让学生能够运用从课文中获得的一些欣赏园林方面的知识，提高园林欣赏水平，并初步练习写作说明文。

从单元指导语和课后练习题来看，编辑者让学生通过学习《苏州园林》这篇文章，学会怎么样抓住特征来介绍事物，理清说明顺序，了解常用的说明方法以及体会说明文准确、周密的语言特点。我同意编辑者的观点，且《苏州园林》这篇课文应该当作例文来讲解。

通过研究文本和单元导读语，我认为这篇文章重点掌握的说明方法是作比较和打比方。此外，对说明语言的准确性也应作品评。下面选取几个例子进行分析。

1. 我国的建筑，从古代宫殿到近代的一般住房，绝大部分是对称的，左边怎么样，右边也怎么样。苏州园林可绝不讲究对称。

这一句话采用的说明方法是作比较，通过和古代建筑作比较，突出被说明对象（苏州园林）不讲究对称的特点。

2. 苏州园林和北京园林不同，极少使用彩绘。

这句话运用了作比较的说明方法，是将苏州园林和北京园林作比较，突出被说明对象不讲究色彩美的特点。

3. 拿图画来比方，对称的建筑图案画，不是美术画，而园林是美术画，美术画要求自然之趣，是不讲究对称的。

这句话使用了打比方的说明方法，使说明对象更加生动，增强文章趣味性。

4. 假山的堆叠，可以说是一项艺术而不仅是技术。

这句话体现了说明文语言的准确性特点。"艺术"是强调个人的活动，并且是独特的，同样它能够使人得到独特的审美愉悦；"技术"的意思就是有固定的程序和手法，它非常具有实际效用，一般人可以大量复制。文中说是"艺术"而不仅是"技术"，这体现了说明文语言的准确性。文中还有其他例子，在这里就不一一列举了。

三、初步选择教学内容及教学预设

综上，这篇文章的教学目标应该确立为：

1. 学习抓住特点来说明事物。

2. 掌握几种常见的说明方法以及学习说明文的语言的准确性。

语文课堂教学应该着重引导学生多阅读，多思考，多积累，重视语言文字的运用的实践，从而达成在实践中领悟文化内涵和语文应用规律的目标。在讲解《苏州园林》这篇课文时，应着力引导学生分析课文，从而达成掌握苏州园林特点和了解几种常见的说明方法以及分析体会说明文语言准确性的目标。

在讲解这篇课文时，我会选择多媒体作为教学资源。在学习课文之前，先向同学们展示关于苏州园林的图片或音像资料，同时也会展示一些其他园林的图片资料，将他们进行对比，初步让学生了解苏州园林。接下来进行课文讲解，我初步打算采用朗读法和讨论法。首先朗读课文，接着进行分组讨论，然后进行分析讲解。

关于课文练习题，我认为可以将他们糅合在课堂教学中。例如课后第一题，可以在同学们找出苏州园林特点的时候解决。第二题和第三题都是分析词句，意图是让学生理解内涵较丰富的词语以及了解说明文常用的说明方法。在同学们朗读课文时，可以让他们把关键语句划在书上，分析课文时详细讲解。如果时间允许，找几位同学在课堂说说自己的看法，如果时间不充裕，可以作为课后作业完成。

以上便是我对《苏州园林》的教学文本的研究。

参考文献：

[1]袁聪莲,葛明霞.《苏州园林》教学设计及评价[J].语文教学与研究,2008(6).

[2]曹冬雪.《苏州园林》教学设计[J].素质教育,2011(8).

[3]梅震宇.《苏州园林》教学设计[J].现代语文,2006(11).

[4]王亚静.《苏州园林》教学设计[J].新课程(上),2011(9).

（于宏儒 2009 级中文 1 班）

写实文本研究案例·新闻

《人民解放军百万大军横渡长江》教学文本研究

这篇课文是《新闻两则》中的一则，选自人教版八年级上册第一单元的第一篇课文。这一单元的课文都是以描写战争为主题。编者选文时兼顾了正义战争和非正义战争两个方面，让学生们一方面看到正义战争的威力，另一方面看到非正义战争的罪恶。《新闻两则》，报道了人民解放军百万大军横渡长江和在中原地区我军解放了南阳两件大事，从中可以看到人民解放军的英勇善战斗争精神，锐不可当英勇气势，可以看到人民革命战争的节节胜利和反革命战争的节节败退。

这是一篇新闻，是学生第一次认识这一文体，所以首先要了解新闻的文体知识。新闻又称消息。它用事实说话，不能有虚假的内容；及时报道最新发生的具有社会价值的事实，简明扼要。从广义上讲，新闻包括：消息、通讯、报告文学；从狭义上讲，就是指消息。新闻有六个要素：人物、时间、地点、事件发生的原因、经过和结果。新闻的结构有五部分，每一个部分都是必不可少的，第一部分是标题，它是全文的"眼睛"，要求准确、凝练、新颖、醒目。标题有引标、主标、副标三种形式。第二部分是导语，是消息的头一句或第一段话，它扼要地揭示消息的核心内容；第三部分是主体，它是消息的"躯干"，用充足的事实表现主题，是对导语内容的进一步扩展和阐释。要么按事件发生的先后顺序安排，要么按事物的逻辑关系安排。但要避免与导语重复；第四部分和第五部分是背景和结语：背景指的是消息发生的社会环境和自然环境。背景和结语有时可以暗含在主体中，没有明显标志。新闻在表达方式上以记叙为主，可适当的议论。

研究这则新闻非常重要的是要了解它的写作背景，这对于理解这则新闻有着重要意义。1949 年 4 月，由于国民党拒绝签订国内和平协定，人民解放军执行了毛泽东主席和朱德总司令"打过长江去，解放全中国"的命令，举行了规模空前的渡江战役。毛泽东主席以一个前线记者的身份满怀豪情拟写了这则全面报道前线战况的新闻稿。

《人民解放军百万大军横渡长江》是一篇短小、精炼的新闻。这篇文章在语言表达和用词上也有着鲜明的特点。文章报道了人民解放军横渡长江的时间、地点和战况，指出了战事的发展情况，分析了敌败我胜的原因。1、标题：

"人民解放军百万大军横渡长江"，简练、准确，概括了这则新闻的内容的精华，反映了渡江战况，宣告了解放战争已经取得决定性胜利，国民党反动政府已经面临彻底崩溃。其中"百万"二字显示了我军阵容强大，"横渡"二字则表现了我军攻势磅礴，锐不可当。2、导语：导语部分是前两句。第一句紧扣标题，写出了新闻的主要内容。第二句则是对第一句的补充说明。"百万大军"表明人数之多，"1000余华里"交代范围之广，"冲破敌阵，横渡长江"描绘出我军所向披靡，英勇善战，锐不可当的气势。导语把全篇最重要、最新的事实概括出来，使读者迅速了解全篇内容。3、主体：这篇新闻的主体是第三句至句末，具体叙述了渡江战斗的战况，可以分为三层：

第一层（第三句）中路军的进军场面，交代渡江时突破的地点、人数。

第二层（4—10句）西路军进军场面并加以详论。

第三层（11句至末）东路军进军场面，渡江时间、突破地点、渡江人数及战况。

这篇新闻报道描写了渡江的战况，文中大量的运用军事术语，正是这些词语的精心运用，使文章读起来不会使人感到生疏和单调，反而觉得很有气势。如表现我军英雄气概和强大气势的"横渡"、"英勇善战"、"锐不可当"、"歼灭"、"击溃"、"控制"、"封锁"、"切断"等，敌人是"纷纷溃退"、"毫无斗志"、"微弱"、"泄气"等，突出了我军士气高傲、所向无敌；揭露了敌人溃败无能的虚弱本质。此外，这篇新闻在一些语言上表现了新闻的及时、准确和真实性。如电头中注明的时间及各路大军渡江的时间等。另外文中几次提到，"至发电时止"，更突出了新闻的及时性。文中提到的"冲破"、"突破"，表现准确，是准确性的表现。这则新闻写百万大军渡江，中路三十万，西路三十五万，东路三十五万，正好百万，体现了新闻报道的真实性。毛泽东亲自撰写的这则新闻，给全军官兵和全国人民以极大的鼓舞。今天读来依然荡气回肠，具有很高的学习价值。

通过了对教材中语言和用词的研究，把这条当时震惊中外的新闻能够依旧真切的展示给同学们，让他们了解这一人类战争史上的空前奇观，人民解放军冒着炮火奋勇前进，冲阵杀敌的英雄气概，告诉同学们中国革命的胜利是经过长期的艰苦斗争战胜了强大的敌人。深刻的了解渡江战役的壮观景象和威武气势。

（滕海悦 2009级2班）

写实文本研究案例·议论文

《在马克思墓前的讲话》教材分析与研究

一、与文本对话

《在马克思墓前的讲话》是人教版高中必修第二册第四单元的课文。

1883 年 3 月 14 日，伟大的无产阶级导师卡尔·马克思在伦敦逝世了，世界无产阶级革命战友无不表示哀痛和惋惜，他的亲密战友恩格斯在马克思的葬礼上发表讲话《在马克思墓前的讲话》，赞颂了马克思一生的伟大功绩，表达了对马克思的尊敬与爱戴，以及对马克思逝世的哀痛和悼念。

（一）阅读文本

1. 字词的学习

嫉（jí）恨　　　诽谤（fěibàng）　　悼（dào）词　　卓（zhuó）有成效

给（jǐ）予　　　诬蔑（wūmiè）　　　衷（zhōng）心　浅尝辄（zhé）止

肤（fū）浅　　　诅咒（zǔzhòu）　　　芜（wú）杂　　豁（huò）然开朗

2. 主要内容

本文主要写了恩格斯作为马克思的亲密战友，在马克思的葬礼上发表讲话，评述好友的历史地位、卓越贡献和斗争精神。

（二）文体及文体特点

1. 文体：悼词

2. 文体特点：

（1）交代死者的姓名、去世时间、地点、原因、享年等情况；

（2）简述死者生平经历；

（3）评述死者的主要功绩和优秀品质，以及对后世的影响；

（4）寄托哀思，表达对死者的哀痛之情，同时对哀悼人提出希望和要求。

需要注意的是，悼词的写作有以上要件，但主体内容在第三部分，即对死者功绩、品质及影响的评述。

（三）选文鲜明的特点

1. 论述的严密性和逻辑性。从文章的层次上我们可以看出，本文主要分三大部分。第一部分是介绍马克思逝世的情况，而后追述他的理论贡献和实践贡献，最后写马克思的影响。每一部分与部分之间，层次与层次之间，都有承上启下或承上或启下的句子，使得全文层次鲜明，逻辑性强。如"这个人的逝世，对于欧美战斗的无产阶级，对于历史科学，都是不可估量的损失。"承接上文马克思逝世——"永远睡着了"，同时引起下文对马克思一生的评价。再如"不仅如此"承接上文马克思关于经济是基础的发现。又如"因为马克思首先是一个革命家"引起下文对马克思从事革命实践的评价。

2. 语言的准确性和简练性。文章中多处语言使用得都非常准确，如"停止思想了"和后面的"敌人"和"私敌"等。因为马克思本来就是一个伟大的思想家，他逝世了就不能继续思考了，故"停止思想"用的十分准确。而"私敌"和"敌人"我们从意义上区分，便可以理解。

3. 感情的深厚性和强烈性。文中写马克思死亡的时间已经精确到时、分，表明了作者郑重的态度和极度悲痛的心情，更可感受到恩格斯对亲密的战友马克思的深厚而强烈的感情。

（四）相关课程资源

恩格斯（1820—1895），科学共产主义的创始人，全世界无产阶级的导师和领袖，马克思的亲密战友。

马克思和恩格斯的友谊始于 1844 年，在巴黎相识。共同起草共产主义者同盟的纲领，国际共产主义运动第一个纲领性文献——《共产党宣言》。

列宁对他们的评价："他们的友谊超过了古人关于人类友谊的一切最动人的传说"，"在马克思死后，恩格斯是整个文明世界中最卓越的学者和现代无产阶级导师。"

一百多年前，马克思的女儿与马克思之间有过这样一段对话；"您喜爱的座右铭是什么？"思考一切。"这是马克思留给我们后人的一个经典回答，一笔巨人的财富，这更是一种独立思考的思维品质。这是作为思想家、科学家、革命家的马克思一贯的性格，是马克思伟大创造精神的起点。

马克思于 1883 年 3 月 14 日在英国伦敦逝世。3 月 17 日，安葬于伦敦城北的海格特公募。本文是恩格斯作为马克思的亲密战友在马克思的葬礼上发表的讲话。恩格斯用英语发表的这篇讲话，代表全世界无产阶级对马克思的逝世表示了深切地哀悼，对于马克思一生为无产阶级事业所作的伟大贡献作了崇高的评价和热情的赞颂。

二、与编辑者对话

本单元三篇文章：《就任北京大学校长之演说》、《我有一个梦想》、《在马克思墓前的讲话》。

单元指导语：

这个单元学习演讲辞。演讲时，是传播知识、发表见解的重要途径，是沟通心灵、争取同盟的有利桥梁，在人们的社会生活中起着积极的作用。而演讲时的文稿，是演讲成功的基础和重要组成部分，它除了具有观点鲜明、逻辑性强的特点外，还要运用多种艺术手法，鼓舞听众的情绪，唤起他们的共鸣。

学习这类文章，要善于抓住文章的主旨，明确作者的主要观点，同时注意理清文章的结构，把握其深刻透彻的说理方法。另外，还要注意体会演讲辞的情感力量和多样化的表现手法，揣摩其中的感情、语气和表达技巧，达到学以致用的目的。

通过单元指导语，我们可以知道编辑者的意图是让我们学习演讲辞，了解演讲辞的内容、形式、语言等特点，学习他内容上的逻辑性，语言上的准确性，感情上的深厚性。现在我们就针对它的语言、感情对文章的重点语句进行研究。

1. 3月14日下午两点三刻，当代最伟大的思想家停止思想了。

从这句话中可以看到恩格斯将马克思逝世的时间精确到时、刻，表明马克思的逝世对于恩格斯来讲，对于整个世界来讲，是那么的非同寻常，在这一刻恩格斯没有在马克思的身旁，终生的挚友就这样静静的走了，恩格斯抱憾终生。这一时刻更是令人万分悲痛和无法忘记的。

而又说马克思"停止思想了"，用得极为准确，因为马克思是一位伟大的思想家，他的逝世意味着他在理论研究方面的探索与思考终结。"最"这个程度副词又突出了马克思无与伦比的地位。

2. 这位巨人逝世后所形成的空白，不久就会使人感觉到。

这句中所使用的"空白"一词，让我们立刻明白马克思在无产阶级革命事业中的地位是没有人可以替代的，而马克思逝世所造成的损失也是无法弥补的，这是对马克思最确切的评价。

3. 他对这一切毫不在意，把它们当作蛛丝一样轻轻抹去，只在万不得已时才给以回敬。

这句话中"像蛛丝一样"，说明马克思对敌人的嫉恨和污蔑都极度蔑视，毫不在意。而"只在万不得已时才给以回敬"，是表明马克思那种对敌人居高临下的态度。

4. "我敢大胆的说:'他可能有过许多敌人,但未必有一个私敌。'"

这句话中我们重点分析"敌人"和"私敌"这两个词。"敌人"是指自然界的公敌,是以大众的利益为中心。而"私敌"则是站在个人利益的立场上,以自我利益为中心建立起来的敌人。表明了马克思光明磊落的优秀品质和他所从事的事业是出于公众的利益,而不是个人的私利。他的无私奉献的精神此刻已让我们深切的感受到。

以上内容便是我对这篇课文的研究。

参考文献:

[1]《现代语文》,2007(9).

[2]《中学语文教学参考》

[3]《听李镇西老师讲课》

[4]《语文学科教育探讨》

[5]《语文教学通讯》,2002(11).

(裴云红　2009 中文 1 班)

第三节　文言文本研究的实践案例

蒲松龄《狼》的教材研究

一、与文本对话

研究文言文,很显然与文本对话是首要且非常关键的一步,我从以下几个方面解读文本:

(一) 语言研究

1. 正音读,识文字

担,①dān 动词,用肩膀挑,承担;②dàn 名词,用具;③dǎn 动词。文中第一段当中的"担中肉尽,止有剩骨",取第②读音,dàn,名词,挑子或扁担中。

缀,zhuì,紧跟。见文"缀行甚远"。

窘,jiǒng,困窘,处境危急。

2. 重点字词掌握

通读文本之后,我认为对于以下字词的重点学习是《狼》这篇文章的关键部分。

①"止"的用法

止，①通假字，通"只"；②停止。文中共出现了五次"止"。其中，通假之意，见于第一段"止有剩骨"，第四自然段"止露尻尾"和第五自然段"止增笑耳"。而表停止之意，见于第二段"一狼得骨止"，"后狼止而前狼又至"。

②"以"的用法

以，①用、拿、把。见文章"屠惧，投以骨"；"以刀劈狼首"。②表目的。而表目的用法见于"以攻其后也"，"盖以诱敌"。

③"之"的用法

"之"的用法在文中出现的次数也是比较多的，也是必须掌握的内容。

"之"，①代词，指代狼②助词，凑足音节无实义。文中用法，以代词的居多，代指"狼"；只有一处是用如助词，见"而二狼之并驱如故"。

④"其"的用法

"其"，也是初涉文言文七年级学生学习的一个重点文言词语。在《狼》这篇课文中，出现了七次。"其"的主要用法是代词。①代指狼；②代指屠户；③代指柴草堆；④麦场。具体如下：

代指"狼"，文中语句有：

（1）"恐前后受其敌"

（2）"其一犬坐于前"

（3）"屠自后断其股"

代指"屠户"，文中语句有：

（1）"意将隧入以攻其后也。"

代指"柴草堆"及"麦场"，文中语句有：

（1）"屠乃奔倚其下"

（2）"一狼洞其中"

（3）"场主积薪其中"

3. 特殊用法

①名词用作副词做状语

犬，"其一犬坐于前"，犬本为名词，狗；句中用作副词，作状语，像狗一样的状态。

②名词用做动词，作谓语

洞，名词，山洞、洞口。文中"一狼洞其中"，洞，用作动词，"打洞"的意思。

③连动用法

"屠乃奔倚其下，驰担持刀"，"奔""倚"的动词连用，以及"驰""持"连用，形象地写出了屠户动作的急迫，狂奔，倚于柴草之下，以及立即卸下担子，拿起刀自卫的行为，透露出屠户内心的恐惧。

综上对于文言文本语言研究，总体上说，正读音，识文字，通义训，明文法，察语气，断句读这几个方面是不可分割的。不难看出，作者对于用字炼字方面也是非常独到的。从这些学习本文重点词语的研究，不难从中也引出作者抒写文章的语言风格。一是多以四字为主，长短相间，错落有致。二是善用白描，简短有力的刻画人物，不废笔墨，入木三分，抓住精髓，传情达意。三是叙事性极强，故事趣味横生。

（二）故事脉络梳理

蒲松龄先生，为我们展现了其语言功力，短短二百字却演绎了人狼大战。虽吝惜笔墨，却一点也没有使文章故事性下降。

开端，第一自然段短短 20 个字交代了故事发生的时间、地点、人物和事件。开启"遇狼"之旅。

发展，第二自然段续写了"遇狼"之后的故事，屠户无肉状态下，投骨头，但狼却没有放弃对他的追逐。又可以看得出屠户"惧狼"。第三自然段是故事进一步发展的过程。故事发生了曲折的变化，屠户渐渐冷静下来，寻找适合恰当地点上演"御狼"一幕。而狼却依旧不甘罢休。

高潮结局，第四自然段呈现的是全文的高潮与结局。狼使用手段达到自身目的，但却最后结局并不甚好，被屠户所杀；而屠户成功自卫，"杀狼"结束故事。

第五自然段是作者的评述部分，认为"禽兽之变能有几何"，"止增笑耳"。表达了人定胜狼的观点。

全文篇幅并不长，叙事却也是曲折往复，一唱三叹。可分为两条线索：

屠户：遇狼——惧狼——御狼——杀狼

狼：紧跟——穷迫——逼人——被杀

从文章的题目不难看出，主要的线索应是突显狼的。可以说，故事脉络的梳理，随之引出的便是文中人物的分析，即人物性格的全面展示也是文章内容的不可或缺的一部分。

（三）理解形象

要想全面而深入地理解文本，就必须理解文本塑造的形象——屠户和狼。"遇狼"之时，屠户是胆怯、害怕的；为自保，屠户投骨至尽，显现出妥协退让；狼"遇人"时，先观察，"缀行甚远"；狼得骨，并未止，直至吃"骨尽"，两只狼依旧"并驱如故"，其凶恶贪婪的面目跃然纸上。穷追。故事转到"御狼"之时，屠户被狼所逼，奔倚、驰持等行为的发出，可以窥见其心里也渐渐平静下来，果断地选择奔往麦场御狼；而狼心有不甘，但面对持刀的屠户，也不敢贸然进攻，二者相持，"眈眈相向"。"杀狼"之时，屠户果敢机智，勇气魄力得以体现，"暴起"劈狼首；一狼假寐，欲骗屠户，一狼"洞其中"欲偷袭，皆为屠户识破，最终死于屠户的刀下。

二、与编辑者对话

1. 单元导语如是说：

　　动物是人类的生存伙伴，有了它，世界才如此丰富多彩、生趣盎然。在今天这个日益拥挤的地球村里，动物与人应该享有同样的生存空间。这个单元的五篇课文都是写动物的佳作。阅读这些文章，不但可以激发关爱动物、善待生命的情感，还可以引发对人与动物关系的深入思考。

　　学习这个单元，要在理解课文内容的基础上，调动已有的知识储备，结合自己的生活体验，大胆地发表自己的见解，做到观点明确，言之有理。

读之，可知编辑者的意图为：激发关爱动物、善待生命的情感，而且也引发人与动物关系的深入思考；理解课文，调动已有知识发表自身见解，且观点明确，言之有理。

2. 文前导语如是说：

　　本文写两只狼与一个屠户之间的一场较量，文笔简练，情节曲折。狡诈的狼想吃掉屠户，却最终双双毙命于屠户的刀下。这个故事所表现出的狼与人的争斗，是意味深长的。

读之，可知编辑者的意图为：①了解课文情节；②体会简练的文笔写法；③领悟意蕴内涵。这三点作为本文学习的基础教学要求，使我明确讲授的基本点与重难点。在学习课文情节的基础上，进一步体味写作方法，从而领悟文本的深刻蕴味。

3. 研究课后练习题

课后共有三题。

第一题有 3 小问，分别是：①文中怎样写狼的狡猾？②屠户的机智表现在哪些地方？③作者对这件事有什么议论？分析可知，此题意在让学生熟悉文本的情节，理解狼和屠户的形象以及作者的观点。

第二题是"解释下列句中加点的词语"，意在让学生掌握本文中的重点词语，积累文言知识。

第三题是"展开想象，把本文改写成一篇白话故事"。此题包含着几个训练点：一是必须读懂文本，写作过程能够巩固文言知识，加深对文本的理解；二是强调"展开想象"，能够培养学生的形象思维，三是读写结合，能够培养学生的写作能力。

对于一题和二题应作为重点对待，可以穿插在文本的学习中进行；三题属综合型题目可作为难点视之。

三、与学生对话

本篇课文是人教版七年级下册第六单元第 30 课。语文课程标准在第四学段（7—9 年级）的"目标与内容"当中提出要求是："诵读古代诗歌，阅读浅易文言文，能借助注释和工具书理解基本内容。注重积累、感悟和运用，提高自己的欣赏品位。"在"评价建议"中提出："评价学生阅读古代诗词和浅易文言文，重点考察学生的记诵积累，考察他们能否凭借注释和工具书理解诗文大意。词法、句法等方面的概念不作为考试内容。"

基于语文课标的要求，对于初一年级的学生，学习过的文言文不多，因此积累偏少，教学过程中要强化学生使用课下注释和工具书，注重文言知识的积累，不讲文言语法术语。

四、与其他研究者对话

在查看资料之后，有两位研究者的成果使我的研究思路受到影响：一是李超《"狼"的教学设计》认为①，本文教学重点应放在文言文虚词和实词的研究上，在文言注释的基础上理解课文，在阅读的过程中，教给学生翻译的方法与技能。可以说，李超的解读，更为条理性清晰，在注重培养学生的技能，积累文言知识方面做的好。他的研究影响了我的研究思路的形成和知识框架的构

---

① 李超."狼"的教学设计[J]. 现代语文·教学研究版,2011,6.

建和深入细致地研究教材。二是李庆陆在《蒲松龄的"狼"的分析报告》①里，阐明了自己的观点，对于"狼"形象，不再是一些研究者那样对狼的凶残、贪婪一味贬斥，对屠户的果敢机智一味的赞扬。而是更理性的一分为二的分析人物形象，达到客观合理给予评价。这样的思维方式，也充实了我的整体把握能力。

综上所述，在与其他研究者对话之后，更全面的补充了我的教材研究方面。但对于李超的文言词的深入讲解，我依旧不是很认同，作为七年级的学生，实词、虚词并没有构建起全方位的知识模块，不应过深挖掘。应如语文课标的要求一样，一步步积累文言文知识水平，到达高年级再做全面构架。

值得补阙的内容是对于李庆陆先生《蒲松龄的"狼"的分析报告》的探究。从另一个侧面述说狼。可以在教学内容方面加一点"狼文化探究"。同时这也是在文言文文本研究中"文化研究"的一部分。不论是古时的图腾崇拜，还是狼的寓意。对于"狼文化探究"这一命题可作为学习文本之后的拓展探究。拓展学生的知识面，帮助他们建立对古文化的探究意识，了解世界各国不同的文化，从而全面地看待问题是有促进作用。狼是合作、团结、聪明、机警的，同时也是组织最严密的群体。关于这一点借鉴到现代社会的行为准则也是有益的。但对于本文来讲，狼虽机敏，但其目的是邪恶的、不纯的，根本上予以批判。

通过上述的研究，我把这篇文章的教学内容大致确定为：

1. 朗读全文，读准句读；

2. 掌握重点字词的读音、意义、用法，积累文言词汇；

3. 把握故事结构，理解文中的形象，领悟课文意蕴内涵。

以上即我对《狼》一文的教材研究。

参考文献：

[1]余映潮.《狼》的教学方案[J].语文教学与研究,2000,1.

[2]李镇西.品评《狼》的教学[J].语文教学通讯,2005,2.

[3]李超.《狼》教学设计[J].现代语文(教学研究版),2011,6.

[4]李庆陆.蒲松龄的"狼"的分析报."语文天生重要"——靖安李庆陆名师工作室,2012-12-7.

（余晓红　2010级中文1班）

---

① "语文天生重要"———靖安李庆陆名师工作室,2012－12－7.

《木兰诗》教学文本研究

《木兰诗》是人教版七年级下册第二单元的一篇课文。本单元中其他四篇是白话文：《黄河颂》、《最后一课》、《艰难的国运与雄健的国民》、《土地的誓言》。本单元的主题是爱国主义。

一、与编辑者对话

（一）阅读单元和文前导语，概括编者意图

1. 单元导语：

在我们心中，"祖国"不是一个普通的名词。它意味着大地、江河、语言、文化、民族、同胞等等。爱祖国就是爱这些与我们息息相关的事物。这个单元的课文，都是表现爱国主题的文学作品。一样的感情，不一样的表达，都富有动人心弦的力量。

学习这个单元要反复朗读，整体感知课文的思想内容，培养崇高的爱国主义情操，并揣摩精彩段落和关键句，学习语言运用技巧。

2. 文前导语：

这首诗写的是一位女子代父从军的故事，充满传奇色彩。千百年来，这一巾帼英雄的形象家喻户晓，深受人们喜爱。全诗明朗刚健、质朴生动，具有浓郁的民歌情味。

3. 我的研究结果：

（1）我不同意把《木兰诗》作为表现爱国主题的文学作品。尽管追本溯源，《木兰诗》的背景是北魏反击柔然并获胜，得以保卫了北魏。但那是历史，历史并不等于文学。木兰建立的功勋应当肯定，客观上是爱国行为；但从主观意愿上来看，木兰从军是被迫的，迫于"阿爷无大儿，木兰无长兄"的情况而走上了战场，从军并不是她的本来意愿。所以，把《木兰诗》归结为爱国题材有些脱离作品实际。并且，《木兰诗》的精髓实际并不在这里。我认为作品旨在塑造木兰这样一个女扮男装，替父从军的英雄儿女的形象，凸显她美好的品质，并不在于说她爱国。

（2）文前导语概括了本文的故事内容，并指出了本文的风格特点，学习时要注意体会文章的"传奇色彩"和"民歌情味"。其中，"传奇色彩"是从木兰的故事体现的，"民歌情味"是从语言上体现的。

（二）与课后练习题对话

课后共四道练习题，具体如下：

第一题：复述这首诗的故事情节，背诵全诗。

第二题：翻译下列句子，注意上下句的意思是互相交错、补充的。

第三题：注意下列句子中加点的部分，看看这些句子各有什么句式特点，从诗中再找出一些类似的句子。

第四题：讨论：一千多年来，木兰的形象一直深受人们喜爱，原因是什么。

研读课后练习题，可知编辑者设计第一题意在使学生通过复述、背诵等方式，熟悉课文。复述时要把握住人、时、地、事这几个要素，还要有条理，详略得当。第二题、第三题意在使学生学习、掌握、积累互文、顶针、复沓等文言句式。第四题为开放式题目，可激活学生的思维，培养学生的想象、联想等形象思维能力和语言表达能力。整体上讲，课后练习题考察学生对文章整体内容的感知和语言运用的技巧，这也是本单元的学习要点，与单元导语相呼应。

二、与文本对话

（一）朗读全诗，要读准下列字音：

1. 字音校正

机杼 zhù　　军帖 tiě　　可汗 kèhán　　燕山 yān

朔气 shuò　　金柝 tuò　　策勋 xūn　　十二转 zhuǎn

2. 多音字：

帖 { tiē　帖然（意为顺从的样子）
　　 tiě　请帖
　　 tiè　碑帖

转 { zhuǎn　旋转
　　 zhuàn　转动
　　 zhuǎi　转文

燕 { yān　燕山
　　 yàn　小燕子

著 { zhù　著作
　　 zhuó　著我旧时裳

3. 重点字词解释

何所思：想什么。　　　　　十二：表示数量多，不是确数。

但闻黄河流水：只　　　　　郭：外城。

旦辞爷娘去：早晨告别　　　所欲：想要什么

（二）再读《木兰诗》，理解内容

诗歌通过对木兰替父从军、沙场征战和荣归故里的叙述，塑造了木兰这一爱家爱国、不慕名利、深明大义的巾帼英雄的形象，集中体现了中华儿女勤劳、善良、机智、勇敢、刚毅、淳朴的优秀品质。本诗的感情基调是明朗（明快）刚健，积极奋发的。

（三）三读《木兰诗》，认识形式

《木兰诗》是一首五言叙事诗，也是乐府诗。诗中大量使用了对偶、互文、顶针等修辞手法，具有民歌风味。

1. 五言诗的特点

（1）全篇由五字句构成。（2）比四言诗可以容纳更多的词汇，扩大诗歌的容量，更灵活细致地抒情（3）音节上奇偶相配，节奏更鲜明。

2. 乐府诗与《乐府诗集》

在汉代，乐府是音乐机构，乐，是音乐；府，是官府。汉代就已经有了乐府，汉武帝时扩大为大规模的专署。当时乐府的任务，一是组织文人创制朝廷所用的歌诗，二是采集民间歌谣。因为汉乐府采集并保存了部分民歌，这部分民歌成就较高，影响较大，所以后人就将乐府中所唱的诗称为汉乐府诗，简称汉乐府。宋人郭茂倩把汉至唐五代乐章和歌谣编成《乐府诗集》，所收作品以汉魏至隋唐的乐府诗为主，全书共 100 卷。把乐府分为郊庙歌辞、燕射歌辞、鼓吹曲辞、横吹曲辞、相和歌辞、清商曲辞、舞曲歌辞、琴曲歌辞、杂曲歌辞、近代曲辞和新乐府辞等 12 大类。

3. 修辞手法的运用

（1）顶针：上文结尾的词语、句子作为下文的开头，前后首尾相连，上递下接，有词的顶针、词组的顶针、句子的顶针。

使用顶针可以使结构严密、气势连贯，流畅自然，可以使全篇成为一个结构紧凑的整体。如"归来见天子，天子坐明堂"。

（2）互文：也称互文见义，指上下文中相关词语互有省略，而意义上则互相补充，从而使文辞简洁精炼。如"将军百战死，壮士十年归"。

（3）对偶：结构相同或基本相同、字数相等、意义上密切相连的两个短语或句子，对称地排列，这种辞格叫对偶，如"朔气传金柝，寒光照铁衣"。

三、与学生对话

阅读《义务教育语文课程标准》，其中与本文相关的课程目标有：

1. 欣赏文学作品，有自己的情感体验，初步领悟作品内涵；对作品中感人的情境和形象，能说出自己的体验；品味作品中富于表现力的语言。

2. 诵读古代诗词，阅读浅易文言文；能借助注释和工具书理解基本内容。注重积累、感悟和运用，提高自己的欣赏品位。"在"评价建议"中提出："评价学生阅读古代诗词和浅易文言文，重点考察学生的记诵积累，考察他们能否凭借注释和工具书理解诗文大意。词法、句法等方面的概念不作为考试内容。"

《木兰诗》是初一的课文。初一学生刚刚升入中学，在小学期间学习的主要是记叙性的文章，除古诗外，很少接触文学作品，因而对文学形象的感受也少。在小学文言文学的也少，因而，对于初一的学生学习《木兰诗》首要的是能读懂课文，积累相关的文言知识，通过诵读感受木兰这一形象。

四、与研究者对话

为了更准确地读解文本，我查阅了不少资料，并借鉴了以下资料：

1. 陈国芳：《木兰诗》的传奇色彩及其教学应对

这篇文章主要是从三方面来写的：一是开发教材中包含的思想内容要素，有效地对学生进行政治思想和价值观的教育。二是扩展学生的阅读面，开阔学生的视野。让学生搜集女扮男装的故事，如《梁祝》、《女驸马》，体会其中的内涵。三是发展学生的动手能力，编写《木兰的故事》。

我觉得其中的第二点非常新颖就把它引用到我的教学设计中，作为课后作业。

2. 时云：《木兰诗》表现手法探析

作者认为《木兰诗》的艺术成就在于恰当地运用了多种民歌传统的表现手法。比如设问、比喻、排比、对偶、复叠、顶针等修辞手法，有力地塑造了人物形象，烘托了主题思想。

我赞同这一观点，在我的教学文本研究中也把修辞手法的研究作为一个重点。

3. 范守纲：巧作"仿拟"，别生情趣——中学生诗作《拟〈木兰诗〉》赏玩

作者认为，拟诗充分发挥了"仿拟"幽默、讽刺的表达功能，表现了作者面对学业重压疲于应付而又无可奈何的精神叛逆。

我认为，仿拟这种形式很好的体现了学生的创新意识、良好的文言文功底和活学活用的能力。但是，它对学生的语文功底和文言文素养有很高的要求，不是每一个学生都能仿拟得来的。在教学中我们可以让学生在这方面自由发挥，不作硬性要求。

4. 吕继红：论《木兰诗》对汉乐府叙事艺术的继承和发展

这篇文章主要是从三方面来论述《木兰诗》对汉乐府叙事艺术的继承和发展的：一是叙事更加体现纵向性和流动性；二是叙事和抒情水乳交融；三是叙事更富有传奇性。和《陌上桑》、《陇西行》、《孤儿行》、《东门行》等其他汉代叙事作品相比，后者大多是截取了某一生活场景或片断来揭示矛盾冲突，反映民生疾苦，由此显示出叙事主体的政治性和功利性，这种叙事缺乏《木兰诗》的空灵和波澜。相比之下，《木兰诗》注重情节的起伏，故事的进程，有很长的时间和空间的跨度，因而《木兰诗》叙事的流动性、纵向性和传奇性是其他诗作所不能比拟的。

5. 王汝弼：乐府散论

在这本书中提到：《古今乐录》曰："木兰不知名。"浙江西道观察使兼监察御史韦元甫续附入。《明一统志》以为姓朱，可能意在讨好当时的皇族；《清一统志》以为姓魏，可能寻源于"木兰从军"的故事发生在后魏；徐渭《四声猿》以为姓花，可能是由"木兰"作为一种植物的科属联想而得。

我认为，关于木兰姓名的考证能够激发学生学习的好奇心和欲望，因而，在我的教学设计中也加入了对木兰姓名的简单探究。

五、初步确定教学内容

综上所述，我以为一是利用注释和工具书读懂课文，积累相关的文言知识；二是通过诵读和欣赏《木兰诗》，掌握其中的修辞手法，体会木兰这一形象的美好品质。

参考文献：

[1]陈国芳.《木兰诗》的传奇色彩及其教学应对[A].新课程（中学）[C].太原：山西出版集团,2011,2,133.

[2]时云.《木兰诗》表现手法探析[J].文学教育（上）.2013,3,83.

[3]范守纲.巧作"仿拟"，别生情趣——中学生诗作《拟〈木兰诗〉》赏玩[A].初中生优秀作文[C].黑龙江教育出版社.2012,21,4—6.

[4]吕继红.论《木兰诗》对汉乐府叙事艺术的继承和发展[J].吉林省教育学院学报,2009(8),38—39.

[5]王汝弼.乐府散论[M].西安：陕西人民出版社,1984,11.

[6]王运熙.乐府诗述论（增补本）[M].上海古籍出版社,1996.

（高慧婷　2010 中文 1 班）

第四章 实践篇二——"用教材教"

这一章分为两部分。第一部分从方法论的角度阐述语文教科书的使用策略。第二部分则编选了包头师范学院文学院 2009 级和 2010 级两届学生在微格实验课程中的教学案例和教育实习中的案例以及对此教学的反思。

微格实验课多半是 10 分钟左右的微型课堂教学。因而微格实验课的教学设计往往不是一篇课文的教学设计，而是针对一个问题或者一个片段的设计。所以，在这些教学设计中很难看出师范生对教材宏观的、整体的研究。这些教学设计还显得很稚嫩，师范生的特点也极为突出。客观上讲，挣脱教科书的羁绊，高屋建瓴地驾驭教材，用教材教，需要较长时日的教学实践与磨练，而非师范院校一两门课程，百十个课时能解决问题的。

我们强调对教学文本自身的研究，强调用教材教，就是想让师范生在头脑中植入这样的理念，促使他们透彻地理解教材，进而使研究教科书，研究教学文本成为习惯，在今后的语文教学实践中真正把教科书作为语文教学的基本资源来研究，作为最重要的教学资源来研究，使语文课成为学生学习和实践祖国语文的课堂，培养学生的语文能力；而非脱离文本随意引入资源，导致泛语文、非语文的课堂出现，弱化语文教学效率。

我们选录的这些教学案例，是师范生在微格实验课程中带给他们强大冲击力的模拟课，为此，师范生往往在教学之后，对自己教学实践进行了反思，并在教学理念上有了新的认识，或在教学行为上有了改变。这从一个侧面，可以看出师范生的语文教学能力形成的过程。

第一节 语文教材使用策略例谈[①]

义务教育语文课程标准指出，阅读教学要"逐步培养学生探究性阅读和创造性阅读的能力，提倡多角度的、有创意的阅读"。高中语文课程标准也强调：

---

① 本文为笔者之作。发表在《语文建设》(2007,10:9—11)上，编入本书时，略有改动。

"阅读文学作品的过程，是发现和建构作品意义的过程"，要"根据自己的学习目标，选读经典名著和其他优秀读物，与文本展开对话"。在新课程改革的引领下，一部分学者提出"用教材教"的观点，强调教材的示范功能。由"教教材"到"用教材教"这种观念上的变革，既是新课程改革理念的具体体现，也是语文教育发展的必然趋势。但是在这个变革过程中我们发现，在教学实践层面上，不少语文教师在使用教材方面存在误区，追求的是"形"的转变，而忽略了"质"的转变，这使教材渐渐远离课堂教学中心，处于边缘状态。有人舍本逐末，抓住教材中的一点，不及其余，盲目拓展，甚至希望通过"反文本"来出彩。为此，我们认为有必要立足于语文教学的实践层面，探讨语文教材的使用策略，帮助教师正确理解新课程的教材观，纠正语文教学中使用教材的偏差，从而更好地实施有效教学。按照研究教材的过程，我们把教材研究策略分为静态策略、动态策略和反思策略。

一、静态策略

所谓静态策略是指教师在教学设计中对教材和各种教学资源的研究策略。其主要特征是教师个人独立研究。

（一）整体研究

所谓整体，本文指一册教科书或一个单元。从大的方面来说，教师应该有整体把握一册教科书的意识和能力，要明了这册教科书蕴涵了哪些规律，有哪些知识技能，在学习过程中可以培养学生什么样的情感态度和价值观念；参照课程标准，通过这册教科书的学习，需要达到什么目标；对照这些目标，需要怎样调整教材。一个单元也如此。教师只有对教材进行整体研究，才能根据学生的实际，灵活地使用教材，从而更好地达成教学目标。范金豹老师两次教《死水》，[①] 使用的策略不同，教学效果也截然不同：

> 第一次教《死水》，我只是按照教材编排的顺序，亦步亦趋地教教材。可以说是"死"的教师，用"死"的教材去教"死"的学生，产生"死"的课堂。

> 第二次教《死水》，在处理教材时，从整体着眼，使教材为我所用。从《再别康桥》中学习诗歌"三美"理论；在《赞美》中学习象征主义创作方法，让它们为学生学习《死水》奠定基础（教科书按照《再别康桥》

---

① 范金豹.《死水》的教学生长过程[J].语文学习,2004(6).

《死水》《赞美》的顺序组成一个单元）。爱国主义是闻一多诗歌的主旋律，我以《死水》为主，以《死水》创作前后体现闻一多不同风格的七首诗歌为宾，形成前呼后拥之势，布成众星拱月之态，用《红烛》《太阳吟》《忆菊》和《七子之歌》这四首诗为《死水》的出场渲染和铺垫；用《发现》点明《死水》的背景；用《静夜》和《一句话》来引证、延伸《死水》的意义，然后用爱国主义这条红线把它们串联起来。

教学过程中，创设适当的教学情境，让学生看闻一多的照片，聆听《七子之歌》的乐曲，等等。课后布置的作业是阅读贾平凹的《丑石》，然后模仿《死水》，把它改写成诗歌。

范金豹老师在第二次教学中教活了《死水》，主要是因为他采用了整体策略，统筹安排教材。首先，研究一个单元的教材，调整了教学次序，目的是让前两首诗歌为《死水》的教学服务。其次，从每一首诗歌的特点出发，整合本单元三首诗歌的教学目标：诗歌创作理论、创作方法和诗歌的主旨以及爱国主义，使每首诗歌从不同方面反映中国现代诗歌的特点。再次，在课后作业上下工夫：从表面上看是技能训练，实际上是课堂教学中人文教育的继续；从表面上看是模仿，实际上也是实现自主、探究和创新的过程。这样，整个单元教学内容清晰，既各有侧重，又相辅相成，形成了现代诗歌教学的相对完整的框架。具体到《死水》这篇课文，既整合于单元之中，又有其特征，独立成为亮点：在鲜明的爱国主义教育中，让学生学到了知识，并将读写等语文技能训练有机融合其中，关注了学生知识、技能、情感三大领域的均衡发展。这不能不归功于教师对教材的整体把握。

（二）开发课程资源

接受反应文论认为：阅读一篇（或一部）作品，必须与其他相关文本互相联系或对照才行；其他文本犹如一层栅栏，能够添加、筛除或过滤信息，使读者的阅读按照一定的方向进行构建，以达到阅读目的和期待。[①] 干国祥在《确定多元之界的四个维度》一文中指出："要获得一个比较满意的'意义'，我们不能仅仅根据作者规定的解释，参考其他阅读者的阅读意见和同此文构成互文关系的其他文本可能帮助我们获得比较理想的意义解释。"[②] 这就告诉我们：在阅读教学中，一方面，仅仅"教"学生"学教材"，或者说"教教材"是不

① 金元浦. 接受反应文论[M]. 济南:山东教育出版社,1998,302—303.
② 干国祥. 确定多元之界的四个维度[J]. 语文教学通讯(初中刊),2005,(8).

够的，必须在"教教材"的基础上充分利用和开发教材以外的课程资源，以达到拓宽学生知识视野，丰富其背景知识，促进其知识与技能的迁移，帮助他们构建新的意义，提高语文素养。另一方面，教师开发了哪些课程资源，进行了怎样的教学预设，在很大程度上决定了课堂教学的广度和深度，决定了能否达到阅读教学的目的。

从上述《死水》的课例中，我们还可以看到教师的课程开发策略是教学成功的另一个重要因素。范老师紧紧扣住爱国主义这一主题，开发和利用教学资源。这些课程资源首先大大丰富了课堂容量，同时又多而不乱，繁而有序；其次为学生提供了资源包，使他们集中感受了闻一多的写作风格，从更深的意境上品味《死水》的主旨。当然，如果教师能够有选择地提供一些与《死水》构成互文关系的其他读者的意见，如朱自清、梁实秋、徐志摩、司马长风等人的观点，就能够帮助学生在更为广阔的背景中去建构《死水》的意义。

（三）挖掘创新点

创新是新课程对教师提出的要求，也是教师专业成长的必然趋势。语文教学的创新，要注重立足文本，要为发展学生的语文素养服务。教师的创新来源于对教材的深入理解和教学积累，来源于扎实的教学功底，来源于教学实践中产生的教学智慧以及对教学实践的反思。教师要创造性地开发教材，根据教学实际情况，丰富、更新、挖掘新的素材，使教材内容在教与学的动态中不断生成。教材只有在动态生成中才能发挥作用，只有在不同体验的交锋和碰撞中才能丰富和提升，实现自己的价值。如《游园不值》之所以千古传诵，是因为"满园春色关不住，一枝红杏出墙来"这一名句。窦老师抓住的却是"怜"，她用大量的教学时间让学生体会"怜"意，让学生感觉到这首诗生命的温度，把握到文字背后诗人绵长的情感，从而印象深刻地走进诗的世界。[①]

二、动态策略

所谓动态策略是指实施教学时，在教与学的动态过程中教师使用教材的各种策略，其主要特征是动态。由于学生是带着一定的知识和经验参与阅读的，因而在与教师、教材以及各种课程资源的对话中，对教材文本的认识，不一定都与教师的相同，有时会产生不同的观念，在碰撞、讨论之后，往往能够生成新的意义。但是，这需要教师采取正确的策略来引导，否则就会导致文本泛

---

① 赖配根.2006:新课标行进的坐标在哪里——以语文教学实践为例[J].人民教育,2006(23).

化，失去语文味，教学低效甚至无效。

（一）定位文本价值

任何一篇作品都有其创作主体性。课标提倡的多角度、有创意的解读，并不等于随意解读。在教学实践中，存在着随意解读、泛化文本，甚至反文本的倾向。一位教师教《孔乙己》，组织学生以"孔乙己告状"为题进行讨论，让学生模拟法庭，写孔乙己告状的过程和结果。课后，执教者认为这是创造性阅读，并为此兴奋不已。① 从这个案例中我们可以看出，教师漠视创作的主体，导致文本泛化。小说只写了孔乙己被打，师生却在课堂上衍生出告状情节，不能不说是违反文本的、非理性的创造。

基于此，我们认为教师首先必须有鉴别、定位教材的能力，也就是说，要分清文本自身的价值和进入教学之后的价值，从而聚焦教学内容，有效防止漫无边际地拓展。在《孔乙己》的案例中，学生提出让孔乙己告状，是对弱者的同情，开始走入文本；教师本应该敏感地意识到孔乙己是不会去告状的，因而引导学生细读文本，探究"孔乙己会不会去告状"，进而深入理解小说的主旨和人物形象。因为教师满眼皆课文，满眼皆活动，缺少广博的知识背景，缺乏审视教材的正确价值观，所以才会跟着学生的思路跑。其次，教师要有发掘教材中蕴涵的文化价值的能力。朱自清曾经指出："在中等以上的教育里，经典训练应该是一个必要的项目，经典的训练不在实用，而在文化。"② 《死水》和《孔乙己》都是我国现代文学的经典作品。《死水》的教学紧紧扣住爱国主义这一主题，丰富了教学内容，通过创设情境，让学生感受、体验作者寄寓诗中的思想情感，受到文化熏陶；而《孔乙己》的教学之所以失败，就在于对教材研究不够深入，对孔乙己生活的时代背景、思想和文化研究不足，导致对人物性格特点把握不准。

（二）回归语文

课堂是千变万化的，尤其是开放的课堂，学生的思维处于高度活跃状态，他们对教材中课文所表达的思想情感有不同的感受，对语言文字同样也有不同的感受。因为学生是通过语言文字来理解思想内容的，也就是说语言文字是语文学习的重要内容，因而教师在教学实践中，要有意识地把学生提出的问题与语文联系起来，重视培养学生理解和运用祖国语言文字的能力，把知识技能与

---

① 陈爱娟. 孔乙己告状[J]. 中学语文教学，2003，(12).
② 朱自清. 经典常谈[M]. 上海：上海世纪出版集团，1985，1.

情感态度价值观有机地融为一体。于漪老师在教学《宇宙里有些什么》时,让学生读书提问:①

生:课文中有这样一句话,"这些恒星系大都有一千万万颗以上的恒星",这里的"万万"是多少?

话音刚落,全班学生都笑了。该生也为自己提出了愚蠢的问题而后悔。

师:这个问题不用回答,大家都知道了。可是,我要问:既然"万万"是"亿",作者为什么不用一个字"亿",反而要用两个字"万万"呢?谁能解释?

生:觉得用"万万"读着顺口,好像比"亿"多。

教师归纳学生的意见,小结汉字重叠的修辞作用。

然后说:"关于叠字的知识我们是怎么学来的?"

众生不约而同地看刚才提出问题的学生,该生如释重负,先前羞愧的表情一扫而光。

上例中,学生提出的问题很简单,而且从表面看似乎与语文无关,是小学数学问题。这对初中生来讲是可笑的。于漪老师根据课堂上学生的反映,没有直接回答问题,而是迅速把握了教材生成的基点和时机,提出了新问题:课文为什么要用这个词,把学生的思维引导到学习运用语言的问题上来,进而组织学生讨论,学习相关的知识与技能,使教材在动态的阅读过程中生成了新的学习内容。同时,也保护了学生思考问题、积极发言的热情。

三、反思策略

语文课程内容的不确定性导致语文教材内容的不确定性。因而,与中学其他课程相比,语文教师必须花费大量的时间研究教材,确定教学内容,开发课程资源;因为只有准确、深入地把握了教材的精神实质,才能合理地确定教学内容,恰当地开发课程资源,才能更好地达成教学目标,而这一切必须依靠高素质的教师。叶澜教授曾指出:一个教师写一辈子教案,不一定会成为名师,如果一个教师写三年教学反思,就有可能成为名师。这就是说,教师如果仅仅满足于获得经验而不对经验进行深入的思考,那么,即使是有多年的教学经验,也不可能有什么改进,除非善于从经验反思中吸取教益。换句话说,教师要有强烈的行动研究意识,要对自我教学行为进行反思,特别是针对教学中使

① 周小山.教师教学究竟靠什么——谈新课程的教学观[M].北京:北京大学出版社,2002(6),56.

用教材的情况进行反思，从使用教材的实际中提出问题，梳理使用教材的成败得失，着手解决问题，完善、更新自己的教学理念。只有这样，教师才能不断获得专业自主和专业发展，才能更好地研究教材，开发课程资源，逐步向专家型教师迈进。如《死水》第二次教学之所以能够成功，与教师反思第一次的教材研究和教学行为是分不开的。

综上，我们认为静态策略是灵活使用教材的基础；动态策略是实现探究性阅读和创造性阅读的关键；反思策略则是不断提高教师素质，促使教材研究的各种策略趋于合理化的保证。只要在使用教材的过程中，运用上述策略认真研究教材，并不断实践、反思，就能够达到灵活使用教材，实现"用教材教"的目的。

第二节 用教材教案例

案例一：

《老王》教案（节选）

教学目标：

1. 以善良体察善良，体会老王和作者的善良；

2. 呼吁学生去关爱不幸者，将爱延续下去。

教学重点：体会老王和作者的善良。

课时：20分钟

课型：精讲课

教具：多媒体

教学过程：

一、导入

今天我们继续来学习杨绛的《老王》。首先我们一起来回顾上节课所学内容。上节课，我们拜访了作者，学习了生字词，并且对课文进行了整体感知。

通过上节课的分析，我们用两个字概括了老王和作者的处境与为人，即"苦"、"善"我们说生活的艰辛并没有使他们丧失善良的本性。二人在生活中互相关心、关爱对方，以善良体察善良，为对方付出了许多，但我们又提到二人付出的程度是不完全对等的。通过初步分析，我们得出一个小结论："我"待老王如朋友，老王待"我"似亲人。今天我们来看文中是用怎样的语言描写老王的。

二、重点语句赏析

（一）品味语言

文中记叙最详细的部分是"老王送鸡蛋、香油"，也就是文中的8－16自然段，我们来赏析这部分内容。

1."老王直僵僵地镶嵌在门框里"＋外貌描写（9）＋"直着脚"＋"滞笨"说明了老王此时身体非常的差（夸张、比喻、外貌）；

2.他只说"我不吃"（语言描写），多么憨厚多么熟悉的一句话，父母常常为把好吃的留给我们，经常这样说。可以看出老王确实把我们当做亲人来对待；

3."赶忙止住我""一手攥着钱"（动作描写），说明老王的诚意，也看出老王的纠结和伤心；

4."我强笑"表明看到老王现在的处境，"我"很感动也很心酸；

5."直担心"也体现出"我"很关心老王，表明"我"的善良。

通过分析，我们又一次看到了作者的善良，但更被老王的举动所感动所震撼。将死之人拖着病躯来看我们，把他认为最珍贵的东西留给了我们，怎么不让人动容。

（二）重点语句品味

怎样理解"那是一个幸运的人对不幸者的愧怍"？

幸运的人：作者（相对幸运）

不幸者：老王（绝对不幸）

愧怍：内疚

不是作者不好，而是老王太好了，当作者回想起与老王相交的岁月时，觉得自己对老王的关爱程度还不够，所以愧怍。作者把这句话放在这里，不仅仅是说自己愧怍，更重要的是呼吁社会更多的人去关爱不幸者。

三、感悟生活

面对社会中（生活中）那么多不幸的人，我们该如果去做呢？

展示图片

特蕾莎修女曾说"我们常常无法做伟大的事，但我们可以用伟大的爱去做些小事。用平等的态度去关爱更多不幸的人，也许只是一个眼神、一个微笑、一个问候就能温暖身处困境的人，何乐而不为呢？把爱与人分享，我相信你们能做到。

四、布置作业

1. 推荐阅读《乞丐》；

2. 写一篇 400 字的感悟。

【教后反思】

语文教学中的情感教育该如何进行

杨绛的《老王》是人教版八年级（上册）第二单元里的文章。这篇文章很让我动容，所以在两次教学过程中，我把情感教育放在了第一位。但结果似乎偏离了我的初衷。

两次教学中，我以"语文即生活"为原则，教学设计共分为两部分，第一部分是对课文的研读：分析人物形象，品味语言；第二部分是感悟生活：展示图片，联系现实，让学生意识到应该把更多的爱给不幸的人。本以为自己精心准备的教学设计很成功。但结果却不尽如人意。第一次教学中，有学生在我讲到感悟生活部分，情感升华处开小差。第二次教学后，老师指出我把语文课上成了政治课，缺少语文本身所具有的魅力。

说实话，这样的结果使我很伤心。精心准备的课不被认可，甚至可以说是完全被否认，很沮丧，当时甚至有种伯乐难遇的感叹。直到我读了李镇西先生的《我教〈致女儿的信〉》及李海林先生对这次教学的点评《生活化与语文化》后，我才开始认识到自己在语文教学中，为了刻意对学生进行情感教育而走进了误区。

我本来以"语文即生活"为原则，但我在《老王》这篇文章的备课和讲课中，把语文和生活硬生生的切成了两部分，先讲课文中的语文知识，然后联系现实生活，最后直接告诉学生，我们作为有爱心的人应该如何做。这就是我观念中的语文即生活，就是我所重视的情感教育，于是，好端端的一节语文课被我上成了"请关注不幸者"的主题班会课，政治、官化色彩严重。本应让学生结合自己的生活经验去感受感悟，结果却成了我对他们的一种思想的灌输。

那么，语文教学中的情感教育该怎么进行？

语文课标中指出：重视学生情感、态度、价值观的教育"是与帮助他们掌握学习方法、提高语文能力的过程融为一体的，不应该当做外在的附加任务。应根据语文学科的特点，注重熏陶感染，潜移默化，把这些内容渗透于日常的教学过程中。"① 当学生的生活体验与课文所讲的内容相似，引起共鸣才更有利于情感、态度、价值观的教育。也就是说，语文中的情感教育建立在语文生活化得基础上。但同时，必须把语文的自身魅力：学生掌握学习方法，提升学生的语文素养，放在首位。在这一过程中进行情感教育，这就要求找到生活化和语文化的契合点、平衡点。

为了追求语文的生活化，我在教《老王》时，走了把学生带入课堂之外的社会中去的路子，也就是李海林说的"歪路"。而李镇西先生则是把生活引入语文中，这样的做法显然要比像我这类人的做法明智的多，对于这样的做法，李海林先生虽然给予了肯定，但也并不完全认同。他坚持"读文本就是生活，读就是一种生活方式。"而李镇西先生在把生活引入语文的过程中，为了提醒自己把课一定要上成语文课，有许多地方显得刻意，突兀。因此，语文教学中的生活化与语文化要求自然而然的结合在一起，强调的是在自然中进行。

情感教育也是如此，并非刻意就能做好。而是在语文知识与方法的教学过程中，因为与生活经验产生共鸣，由学生自然引发的感触，情感教育与知识的掌握是同时进行的。切不可把二者割裂开来，更不可对学生进行灌输式的政治教育。

要做到把握好语文教学中的情感教育，我还有很长的路要走。没有捷径可走，只有在一次次的实践中调整，不断改进，才有可能把情感教育融入语文教学中。当做到把二者融为一体时，或许，我的语文课才能真正成为语文教学，否则，只能继续把语文课上成政治课。这对于我来说是两次讲课中最大的收获。

（边静　2009 中文 2 班）

案例二：

《说"屏"》教案

教学目标

1. 理解课文内容，了解"屏"的有关知识；

2. 整体感知课文，把握说明对象及特征，掌握说明文的基本写法，提高阅读能力；

---

① 中华人民共和国教育部制定.义务教育语文课程标准(2011 年版)[M].北京:北京师范大学出版社,2012.

3. 提高学生的口头表达能力和语言组织能力；

教学方法：

朗读法、讨论法、小组合作学习，旨在发挥学生的主体地位。

教学过程：

一、导入

同学们都知道，在我国古代往往都说女子处于深闺之中，这个深闺一来指庭院错落，二来指房间内摆设多重屏风以此来隔开女子跟外界的联系，而屏风的作用则跟"垂帘听政"中的"帘"有异曲同工之处，主要用于阻隔。随着人们对屏的频繁使用，审美要求也逐渐提高，屏的材质和形状、图案也随之多样化。日久天长，屏不仅有实用价值，它的艺术价值更让人为之赞叹。著名的古建筑园林专家陈从周先生就是一个对"屏"有特殊情感的人。今天我们就来学习他的《说"屏"》，感受一下他眼中的屏是什么样子的。

二、学习重点字词

流萤 yíng　牡 mǔ 丹　锦 jǐn 屏　闺 guī 房　帷 wéi 幕　伧 cāng 俗

三、朗读课文，整体感知

1. 自读课文，思考文中主要写"屏"的哪些知识。

2. 小组讨论学习，回答以下问题：

①本文的说明对象是什么？用文中句回答什么是屏？（屏者，障也。屏风，用作遮挡、阻隔的东西。）

②屏风有什么特点？（似隔非隔。）

③本文的说明顺序是什么？用了哪些说明方法？（逻辑顺序；举例子："流动空间"；分类别；各样的屏；作比较：小时候向往屏——宾馆中的屏勾不起我的意。）

④本文语言有什么特点？请举例说明。（富有诗意、生动。屏是真够吸引人的，"闲倚画屏""抱膝看屏山"，也够得一些闲滋味，未始不能起一点文化休憩的作用。）

3. 本文从哪几个方面"说"屏的？

（明确：作用、分类、设置）。

4. 文中作者对屏的感情是怎样的？（明确：对屏的喜爱之情。）

四、品味语言，拓展延伸

1. 思考本文应用古诗词的作用

（明确：开头："银烛秋光冷画屏，轻罗小扇扑流萤"可以营造诗意氛围、引起读者兴趣；中间："屏者，障也"补充屏风定义，语言生动增添情趣、有韵味，使全文增加了浓浓的诗意，增加了文学性，增加了美感，突出了中国传统文化的美。)

2. 找出文中你喜欢的句子，读几遍，说说为什么喜欢。你还知道哪些描写屏的诗句，与大家分享。(南朝《闺怨篇》"屏风有意障明月，灯火无情照独眠。"李商隐《嫦娥》"云母屏风烛影深，长河渐落晓星沉。")

3. 想象一下屏风在将来还会有怎样的用途？试着自己设计一个屏风，并加以说明介绍。

五、布置作业

1. 读课文，体会作者的思想感情，把握说明对象及特点，提高说明文的阅读能力。

2. 掌握字词及课下注解。

3. 完成课后练习。

附板书设计：

说"屏"

陈从周

作用：分隔、点缀、挡风、缓冲视线

种类：金屏、银屏、锦屏……   巧

设置：大小、造型、色彩……

【教后反思】

意外的惊喜

《说"屏"》是我实习时讲的第三节课，在上课之前总免不了两个步骤——写教案和试讲，同前两节课一样我仍旧按照保守的讲法，从导入到字词，再到整体感知，最后布置作业，这样虽然没有新意，但却能保证万无一失。为了使一节课完整而且能够顺畅的进行，我设计好了每一个环节，到哪里该做什么、该问什么，可以说都有安排。学生们也很配合的循规蹈矩的随着我的思路走，说不好听点真的就像是机器人一样，我输入程序学生们跟着鼠标的点动来运转。这样安全的度过了前三十分钟，到了最后一个环节我让学生们发挥自己的想象力，自己设计一个屏风。这一环节本来是为了填补剩余时间，使课程更为完整和充实，谁知竟引起了学生们的兴趣，还真的有点"无心插柳柳成荫"的意味。听完我的话，学生们有的开始沉思，有的相互交流，有的在写写画画，更有的直接就站起来跟我交流他的想法。几分钟后，同学们踊跃地举手起来表达自己的想法。有的说可以把屏风做成电视隔墙，不用电视的时候就把屏风拉出来作装饰还可以拓宽空间，看电视的时候就把屏风旋转过来作背景；有的说在屏风上作画，可以作成拼接画，中西结合，将水墨画同油画相结合，营造不同的意境；有的说设计一个电子屏，全自动的，可以任意更改形状和图案。同学们说的很起劲，最后一节课的"高潮"也在下课铃声中告一段落，但是同学们仍旧一副意犹未尽的样子，留完作业还一直在交流自己的想法。

课后我开始反思这节课，虽然每次都很认真的去备课、讲课，但只是以完成任务的心态去做，从来没想过如何让学生真正地投入到课堂中去，更没想过通过课堂去培养学生的想象力，去激发学生的创造性思维。这次意外的惊喜让我知道了只要多花一点心思，多站在学生的角度去看问题就能让学生兴趣高涨的投入到课堂中去，在掌握当堂知识的基础上爱上语文课。课堂始终都是要以学生为主体的，我们在平时的备课过程中不论是对教材的研究还是对教学方法的研究其实都离不开"学生"这个主体。如何使教程目标和课程内容完美结合是一节课能否讲好的关键所在，但能否引导学生读解智慧，让他们在课堂中能有所学有所乐才是衡量一节课成功与否的重要标志。按部就班的去整理知识并把它"塞"给学生，这种"填鸭式教学"只会让学生"营养过剩"，合理搭配才能让孩子们健康地成长。

后来选这一课作为我讲课比赛的篇目，正是因为这节课受到了学生们的欢迎，然而我却忽略了讲课比赛所要突出的是讲课者的临场发挥和所选课程的精彩之处。《说"屏"》一课的设计本身是以初中二年级学生为中心的，但是比赛过程中并没有真正的学生来配合，因此很难达到像实习时讲课所呈现出的效果，也最终使整个讲课过程显得内容繁而杂，丝毫突出不了重点和发光点。其实讲课比赛考查的是一个教师的综合素质，它重在展现教师对一节课精华的选取和掌握，所以在日后参赛中一定要考虑比赛现场的情况，如何能使一些特殊"学生"能跟随自己的思路去发掘课文的精彩，还能让自己的课程设计显得有特色又不乏教学价值，这确实是一个需要锻炼的过程。总的来说，不管是参赛还是平时给学生们教课，每位教师都必须做到认真地研究教材、研究学生，只有这样才能让每个学生受到感染，才能让每节课都有惊喜。

案例三：

《娜塔莎》教学设计

教学目标：

　　1. 了解托尔斯泰及其作品，了解《战争与和平》的主旨

　　2. 复习人物描写方法，分析娜塔莎的形象

教学重点（难点）：

　　1. 掌握描写的方法（动作、语言、心理描写）对娜塔莎的刻画作用

　　2. 娜塔莎形象的发展变化

教学过程

　　一、导入

　　大家一定都听过这样的一句话：人不因美丽而可爱，而是由于可爱才美丽。今天，咱们就一起来认识一位因可爱而美丽的女子——娜塔莎。

　　二、作者介绍

　　师：请大家把书翻到 49 页，看看作者是谁？

　　生：列夫托尔斯泰

　　师：哪位同学能来介绍一下你所了解的托尔斯泰？

　　（学生介绍自己所了解的托尔斯泰，教师评价并补充。）

　　师：列夫托尔斯泰全名列夫·尼古拉耶维奇·托尔斯泰，是十九世纪俄国最伟大的现实主义作家，《安娜·卡列宁娜》、《复活》、《战争与和平》三部巨著是托翁创作生涯中三个里程碑式的作品，鲁迅称他为"十九世纪的俄国巨人"。

　　三、认识娜塔莎的这一形象

　　1. 梳理人物关系，了解故事情节（学生默读课文，教师写副板书）

副板书：

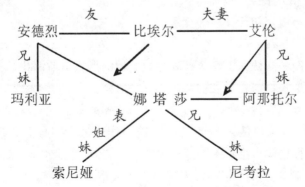

结合上述人物关系图简要介绍《战争与和平》主旨及故事梗概

明确：本篇课文节选自《战争与和平》，这部巨著以战争问题为核心，展示了 19 世纪最初 15 年的俄国历史，描绘了各个阶级的生活，近千个人物，无数场景，涵盖了国家和私人生活的一切可能领域。课文只选取了其中的三个场景。当时的娜塔莎是一个 16 岁的少女，在一次舞会上由于彼埃尔的引荐与安德烈公爵相识，并互生情愫，很快二人便决定结婚，但安德烈的父亲强烈反对，于是他们暂定了婚约，与此同时，安德烈要赴前线打仗被迫与娜塔莎分离。一次，爱伦家举办舞会娜塔莎应邀参加邂逅了长相英俊却十分虚伪的阿那托尔，娜塔莎很快坠入情网，课文的第三部分有体现。于是二人很快决定到国外，这个消息被索尼娅知道了，她告诉娜塔莎阿那托尔是个骗子并且已经结婚。而安德烈知道娜塔莎和阿那托尔的事情后，托彼埃尔将照片全部还给了娜塔莎。可以说受到双重打击的娜塔莎此时伤心欲绝，想要服毒自尽。就在这个时候彼埃尔回国，时常给娜塔莎讲战场上的见闻开导她，二人最终结为夫妻，而安德烈负伤死于战场。

2. 分析人物形象（学生在预习的基础上再次阅读课文找出文中各部分描写人物的方法并分析其当时的心理状态）

板书：

	情境描写	手法			心理状态		
场景一	舞会前的准备	语言	动作	心理	兴奋	激动	焦急
场景二	舞会中的相遇	心理	外貌	对比	期待	惊惶	快乐
场景三	为了爱争吵	语言	外貌		享受	愤怒	决绝

3. 人物性格发展

天真可爱→情窦初开→动摇背叛

四、小结

这节课我们一同认识了娜塔莎并分析了她的形象下节课我们将学习一个新的知识点：圆形人物与扁形人物。

五、作业

1. 抓住某一人物的某一特点完成一篇习作通过人物身上的某一特点表现出人物鲜明的性格即可字数不限。

2. 收集资料，初步了解圆形人物与扁平人物。

【教后反思】

《娜塔莎》教学反思

《娜塔莎》一文收录于普通高中课程标准试验教科书（人教版）外国小说欣赏（选修）教材中，节选自文学巨著《战争与和平》。对于我来说这样的文章讲起来并不得心应手，在准备的时候查阅了参考书目也虚心向老师讨教。由于文章的篇幅较长可讲的内容很多，如何取舍成了问题。一开始我总想把知识点以及课外的拓展内容尽可能多的融入到教案中，例如，对于托尔斯泰的介绍，我总觉得像这样一位文学巨匠应该介绍的详细再详细，他的生平、作品、文学地位以及在文坛上取得的巨大成就等等。可是这样一来，一节语文课就俨然变成了外国文学史课，最终，我不得不将大部分内容舍弃，选择了让学生说出他们所了解的托尔斯泰，我略作补充的方式。

在课文内容的讲授方面，我遇到了同样的问题，《娜塔莎》一文节选自《战争与和平》这部巨著只选取了三个场景，其中场景一与场景二有连续性，而场景三与场景二没有连续性。这样一来中间的内容当然要由教师来补充。但若单纯的补充内容就如同教师在给学生讲故事，就达不到语文课的目的，所以，我认为将《战争与和平》的创作主旨讲出来是很有必要的，而且一部作品的创作主旨与当时作者所处的社会环境是分不开的，可是这样讲下来时间会消耗太多，大约需要10分钟，再除去留给学生读课文的20分钟，仅剩的15分钟无论如何是完不成教学任务的，更不要说保证质量了。后经老师的指导，我将这一部分内容经过筛检、压缩穿插进故事情节当中进行介绍，不仅节约了时间，而且对于学生理解课文内容也大有帮助。

《娜塔莎》这篇课文需要学生主要掌握的内容是人物描写的方法，我想这样的知识点对于高二年级的学生来说并不难，所以我并没有把主要的精力放在课文本身，而是想简单的讲解过课文中的人物描写方法后多做一些拓展和提升的练习，这个想法最大的错误就是忽略了学生的实际需求和固有的知识水平，我所授课的学生最需要的恰恰是最基础的知识，如果没有基础知识做积淀，那么做再多的拓展和提升都是无用功。经过这样的几番取舍，我最终制定了较符合学生的教学方案。

讲课结束后，我认为这样的取舍是合理并且正确的，并且总结了几点心得：第一，一节课不必要包含太多的内容，关键是引导学生跟着你一起思考。

第二，教学方案的设计不能教师自己"想当然"一定要为你的学生"量身定制"。第三，掌握扎实的基础知识是学好课程的基础。

（张洁　2009 级 2 班）

案例四：

《秋天的雨》课堂教学实录

教学目标：

1. 会认"钥、喇"等 8 个生字；会写"枚、仙"等 12 个生字；掌握多音字"扇"，能正确读写"清凉、留意"等词语。

2. 正确、流利、有感情地朗读课文，读出对秋天的喜爱和赞美之情，背诵自己喜欢的部分。

教学重点难点：

读懂课文内容，感受秋天的美好。

第一课时

一、导入

师：同学们，你们喜欢雨吗？（在黑板上写一个"雨"）

（生：有的说喜欢，有的说不喜欢。）

师：为什么呢？请说说各自的理由吧。

生：我喜欢，因为下雨可以灌溉庄稼。

生：我不喜欢。因为下雨的话衣服鞋子都会湿透的。

师：嗯，同学们都说了自己的观点，那么，你们都知道哪些雨呢？

生：夏天的雨、春天的雨、秋天的雨、倾盆大雨、毛毛细雨。

师：这么多？那今天我们就来学习《秋天的雨》。（把课题写在黑板上）同学们，看到课题你想知道什么？

生：我想知道秋天的雨景是什么颜色的？

生：我想知道秋天的雨景里都有什么？

师：同学们说的都真棒。那下面就让我们一同走进秋天的雨去感受一下吧！

二、播放图片，感受美景

师：同学们，下面咱们来看一些图片，先来感受一下秋天的雨景。（PPT播放秋天的雨景）秋天的雨景美吗？

生：美。

师：那么，你们都看到了什么？

生：我看到了红红地苹果和金黄的稻田。

生：我看到了小喜鹊。

生：我看到了黄色的银杏树。我看到了菊花。

师：那你们看到了这么多，想到了什么呢？

生：秋天的雨景非常的漂亮。

师：是啊！秋天的雨是这样的美妙又这样的神奇，那么你们想不想进一步的去感受一下秋雨的美好呢？

生：想。

三、初读课文，了解文意。

1. 自由朗读课文，扫除字词障碍。

师：下面请同学们赶快打开书，自由朗读课文。听清楚要求，一定要把字音读准确，对课文中的生字多读几遍。

（1）自由朗读课文

（2）学习生字

师：好了，同学们都读完了吧？那看一下屏幕上的生字你们会读这些生字吗？

会认的字：柿子、钥匙、喇叭、邮票、梨花、菠萝

会写的字：枚（师：好了，同学们看来预习的不错，这个字比较难，谁认识？生：枚。师：那谁知道它的偏旁部首呢？生：木。师：没错，就是木字旁，谁来给组词？生：一枚枚。师：好，大家注意了啊它是一个量词，那谁能用巧记的办法既快又准确的把它记住呢？生：我用换偏旁部首的方法记住了枚，把木字旁换成反文旁就是牧民的牧了。师：好大家再来读一读）

仙（师：接下来看一下谁认识这个字呢？生：仙。师：嗯，它读仙，那么偏旁部首是什么呢？生：单人旁。师：好，谁组一下词呢？生：仙子，仙女。师：谁能用巧计的办法记住它？生："付"字的右边换成山就是仙女的仙了。）

扇（师：大家看一下这个字读什么？生：扇。师：对，读"扇"一声对吧？那么它还有一个读音谁知道？生：扇。师：恩，它还读第四声扇，那读一声的时候怎么组词？读四声的时候怎么组词呢？生：扇哪扇哪。扇子。师：好大家跟我一起读，"扇"扇哪扇哪"扇"扇子。）

①开火车读

155

好了同学们，下面啊咱们开火车读一读好不好？生：好。我的火车就要开，从哪儿开？生：从这儿开（生读）

②找几位学生领读

③男生女生比赛读

2. 找同学朗读课文，了解课文大意。

师：同学们掌握生字这么棒，那么你们朗读课文怎么样呢？下面就找几位同学读读课文。好！这几位同学读的时候其他同学要认真的听，看看他们有没有读错的地方。还有再想一想在秋雨里你们都看到了什么。（生读）

四、品读第二自然段

师：在秋雨里你们都看到了什么？谁来说说？

生：有黄色的银杏树、红色的枫树、金黄的田野、各种颜色的菊花还有各种各样的水果，还有小动物和植物。

师：咦！同学们，刚才啊，你们有的说看到了小动物，有的同学呀看到了许多的水果，还有的同学看到了植物长着许多漂亮的颜色。那老师问问你们，你们是从哪几句话中读懂银杏树、枫树的叶子长着漂亮的颜色的呀？那么，秋天的雨把美丽的颜色都送给了谁呢？

默读第二自然段，一边读一边把描写颜色的词语画下来。谁来说一说秋天的雨把美丽的颜色分别送给了谁？

生：把黄色给了银杏树，把红色给了枫树，把金黄色给了田野，把橙红色给了果树，把紫红、蛋黄、雪白给了菊花仙子。

师：呀！这么多的颜色多漂亮啊！你们呀小声的读一读第二自然段。一边读一边把自己喜欢的句子画一画，美美地多读几遍。（自由读）好了，同学们！现在啊我们来交流交流，谁想把自己喜欢的句子读给大家听？

生："你看，它把黄色给了银杏树，黄黄的叶子像一把把小扇子，扇哪扇哪，扇走了夏天的炎热。它把红色给了枫树，红红的枫叶像一枚枚邮票，飘哇飘哇，邮来了秋天的凉爽。"

师：嗯，我们一起来看这句话。如果我们想把这句话读美了，要注意什么呢？"扇哪扇哪"，"飘哇飘哇"删了行不行？为什么？

生：不行，删了就没有那种感情了。

师：是啊，"扇哪扇哪"让我们仿佛看到了银杏树像一把小扇子轻轻地、轻轻地就扇走了夏天的炎热。而"飘哇飘哇"又让我们仿佛感受到了红红地枫叶多么像一枚枚邮票轻轻地、柔柔地邮来了秋天的凉爽。谁把这句话美美的再

读一读。（生读）

师：谁还想读一读自己喜欢的其他句子？

生："菊花仙子得到的颜色就更多了，紫红的、蛋黄的、雪白的……美丽的菊花在秋雨里频频点头。"

师：嗯，她把菊花仙子的美丽读出来了，谁再想读一读这段话？（生读）那么，大家看看这"紫红的、淡黄的、雪白的……"这后面是什么号啊？

生：省略号。

师：这说明什么呀？

生：还有很多颜色的菊花。

师：对，还有很多颜色的菊花，那么大家再想一想，除了课文中提到的颜色，还有什么颜色的菊花？

生：粉色的、蓝色的、绿色的……

师：谁愿意再把自己喜欢的其他句子读一读？

生："金黄色是给田野的，看，田野像金色的海洋。橙红色是给果树的，橘子、柿子你挤我碰，争着要人们去摘呢！"

师：是啊，它们你挤我碰，争着要人们去摘呢，多有趣啊。同学们，这么美丽的景色你们想不想去看一看呢？

生：想。

3. 播放图片，让学生更形象地理解五彩缤纷。

师：同学们，你们看多美的景象啊。难怪说秋天的雨有一盒五彩缤纷的颜料。谁愿意把这段话美美的读一读啊？咱们班平时朗读最棒的是谁啊？（找一同学）她读的时候其他同学闭上眼睛去想象一下这秋天的景色。（生读）嗯，你读的真美！好了，同学们，秋天的雨除了有五彩缤纷的颜色，它还有什么其他的特点呢？咱们下节课再学习。

附板书

秋天的雨

黄——银杏树

红——枫树

金黄——田野

橙红色——果树

紫红的、蛋黄的、雪白的——菊花

【教后反思】

《秋天的雨》教学反思

《秋天的雨》这是一篇抒情意味很浓的散文，名为写秋雨，实际在写秋天。作者抓住秋天的特点，从秋天的到来写起，写了秋天缤纷的色彩，秋天丰收的景象，还有深秋各种动物、植物准备过冬的情景。

我重点设计以"读"为主线贯串整个课堂，让学生在读中感悟、读中想象，把抽象的、文学性的语言转化为具体的想象，让一幅幅秋天的图画呈现在孩子们的眼前。读出秋天的美，读出浓浓的语文味。

本篇文章的重点在二、三、四自然段。课文的第二自然段主要写了秋天的颜色。学这个自然段的时候，我让学生们朗读为主，在读的同时，我又通过PPT图片展示了小扇子似的银杏树的叶子，像邮票的枫树的叶子，还有各种颜色的花这让同学们更形象逼真的感受秋天的五彩缤纷。

课文的第三自然段写的是秋天的气味。味道是很抽象的那么怎样才能让同学们感受到秋天的味道呢？我用多媒体播放苹果、橘子、柿子都熟了的图片让同学们想象，如果你就站在这果树下最想干什么？同学大部分都会说想吃，因为它太香太甜了所以会忍不住想吃。这样通过想象的方式让同学们感受到了秋天的味道。

第四自然段写的是秋天各种动物和植物都在准备过冬。分别有喜鹊、松鼠、青蛙、松柏和杨树柳树的叶子，我让同学们扮演这些动物和植物我来演秋天的雨。同学们通过跟秋雨的对话中掌握了这个自然段了。

上完这堂课之后，感觉还有许多的知识点都没有讲到位。比如说，生字部分，怕时间不够过于草率的解决了生字部分了。还有就是，这里讲了许多的修辞手法，但是我没有点到这方面，我觉得这是一个最大的遗憾吧。

第五章　反思篇——教育叙事

学然后知不足，教然后知困。知不足，然后能自反也；知困，然后能自强也。

——《学记》

一个教师写一辈子教案，不一定会成为名师；如果一个教师能写三年反思，就有可能成为名师。

——叶澜.《教育概论》[M].北京:人民教育出版社,1999

教师成长的简要公式：经验＋反思＝成长

没有反思的经验是狭隘的经验，至多只能形成肤浅的知识，如果教师仅仅满足于获得经验而不对经验进行深入的思考，那么他的发展将大受限制。

——美国·波斯纳

只有善于分析自己工作的教师，才能成为得力的有经验的教师。

——苏联·苏霍姆林斯基

众所周知，教学反思是教师专业成长的重要途径，在一线教师的教育教学实践中被广泛应用，但是在师范院校的教师教育的课程教学过程中还鲜有应用者。我们将教学叙事研究引入教师的职前教育中，一方面把师范生作为课程学习与模拟教学的主体，旨在促进师范生语文教学技能的快速形成，培养师范生的研究自我意识与能力。师范生通过讲述自己的教学故事反思自我的教学行为，从而促使他们转变教学观念，变革教学行为，也就是说，讲故事实际上就成为语文教育的一种研究方式。另一方面，研究师范生的教学叙事，能够帮助师范院校的教师准确地把握师范生语文教学技能形成中存在的问题，因为，我们相信师范生真实的教学故事将说明其语文教学技能形成中的一切。从而促使师范院校的教师教育类课程的设置与教学更具有针对性，从而更有效地促进师范院校的职前教育。

本章选录的教育叙事是包头师范学院汉语言文学专业 2009 级、2010 级的师范生对自己模拟教学的反思。他们的教育故事涉及了语文教育的方方面面。

出于本书的主题，我们主要选录了部分关于教学文本研究的教学叙事。

第一节　语文教育叙事研究的误区与对策①

所谓语文教育叙事就是在语文教育研究过程中运用的一种研究方法。这种研究方法注意通过叙述的方法，讲述一个语文教育故事，引发大家通过故事思考故事背后的语文教学规律。自 2001 年语文新课程实施以来，语文教育叙事作为一种简单易行的研究方法逐渐引起语文教育界的关注，并逐渐为教师所用。关于语文教育叙事，研究成果不多，仅有李海林教授在他的《语文教学科研十讲》中提及；专门的研究论文还十分少见。而在实践中，教师们由于对教育叙事缺乏正确的认识，导致了语文教育叙事走了许多弯路，诸如：叙事而无"事"、叙事而无"序"、叙事而无"理"，这就影响了叙事研究的价值。客观认识语文教育叙事的误区，提出解决对策，对引导语文教育叙事研究实践有着积极意义。

一、语文教育叙事研究的误区

语文教育叙事研究的中心词是研究，并不仅仅是叙事。叙事只是一种形式，研究才是一种目的。但是许多研究者不明就里，误解了语文教育叙事研究。具体表现如下。

（一）语文教育叙事叙而无"事"

所谓"事"是指"故事"，是发生在教育教学过程中的真实故事。它的叙述必须关注教育的"事"，显示出一定的情节性和可读性。但是一些语文教师把"故事"当作了教学过程，把叙述故事当作了叙说教学过程的流水帐，这就导致了叙而无"事"。譬如：我把这节课的教学目标定为：第一，掌握人物描写的方法。第二，理解主人公纯洁善良、关爱他人的情感。这节课从"小说的三要素是什么"开始。我提问后，一位学生站起来回答："小说的三要素是：环境、情节、人物。"学生的回答是对的，我要求学生将"三要素"齐读一遍。② 这位老师讲述了语文教学过程，确定目标、提问、齐读。但是这个过程并不含有故事的情节，也不具有故事的启迪价值。

---

① 本文为笔者之作。发表在《语文建设》(2007,9:4—6)上,编入本书时,略有改动.
② 叶少燕. 情感还是方法[N]. 中国教育报,2003—1—21(3).

（二）语文教育叙事叙而无"序"

语文教育叙事讲述的是一个故事，故事一般要有一定的情节，循着开端、发展、高潮、结局的结构顺序，或者只是浓缩了的故事。不论怎样，这个故事先说什么、后说什么，叙事者必须清楚，并且按照这样的"序"表述出来。可是叙事者往往不自觉地打破叙事规则，站出来讲话，充当了故事的讲解员。还以上述老师的叙事为例：这个环节使我想到的是：我们做教师的总是有一些很日常的、很细节的教学方式，这些日常的、细节的教学方式普遍流行于小学的课堂或中学的课堂，但做老师的好像较少考虑其中有些教学方式是否应该随着学生年龄的增长、自我意识的增强、自我教育能力的提高而有所改变。尤其当某种教学方式是具有较强的控制性、强制性时，做教师的是否应该逐步减少这种控制性较强的"保姆"式的教学方式而使学生逐步养成自主学习的习惯呢？[①] 叙事者在介绍了自己导入的教学环节之后就迫不及待地站出来提问题。事情还没有讲完，你就出来揭示故事的意蕴，这就好像观众看电影，电影刚开头，你就站出来告诉大家电影的主旨是什么。这是对教育叙事的误解。语文教育叙事要把"事"讲完整，在叙述故事中表达自己对语文教育的理解或解释，并以故事的形式让读者从中体验语文教育应该做什么，而不直接规定语文教育应该做什么。

（三）语文教育叙事叙而无"理"

语文教育叙事作为一种研究方法，它是研究者通过教育故事的形式给读者以哲理的启迪。这里边包含一个"理"字，即从具体的教育事件及其情节中生长出来的语文教育经验或规律。但是很多叙事，有事无"理"，无法给读者以教学的思考、启迪。下面是一位老师写的一则叙事片段：[②]

> 星期三下午，全校教师济济一堂坐满了三（1）班教室，初出茅庐的我站在讲台上面对 50 多位教师进行"空试教"。这是怎样的"空试教"呀！没有学生，我必须把教学环节的每一句话像面对学生那样讲出来。这真是为难我了。有时刚讲几句，老校长就打断说："停下来！这里不应该那样提问，应该这样问……"

叙事者非常细致地叙述了自己"空试教"的经历，但是读完这段经历，我

---

① 同上。

② 转引自叶刚. 回首名师来时路——特级教师孙双金"教育叙事"解析，http://www. yuwenhome. com2006.11.23.

们不禁要问，这种叙事要给读者以什么样的启发呢？

二、语文教育叙事失当的原因分析

许多语文教师喜欢教育叙事，因为教育叙事打破了语文教育研究的神秘感，使语文教师感到自己的日常工作也是研究的一部分；但是，没有真正认识语文教育叙事研究方法的方法论价值。

（一）不明白语文教育叙事究竟是什么

在与一线的教师接触过程中，我们通过对话了解到，绝大多数老师都知道语文教育叙事就是讲故事，但是究竟为什么要讲故事就很少有人能够讲清楚了。教育叙事始于新叙事学，它是文学叙事的一种。叙事学关注叙事的情节、结构、语言、合理性以及口头叙事与书面叙事。教育叙事兴起于20世纪80年代，最初由加拿大的课程专家康纳利和克莱丁宁等人提出，后有美国的一批课程论专家响应，教育叙事遂成为一种时尚的研究方法。20世纪90年代，国内的学者如丁刚等人介绍教育叙事。教育叙事在新课程改革的实践中迅速发展，成为为广大教师所普遍接受的研究方法。陈向明教授指出："教育叙事就是通过对有意义的教学事件、教师生活和教育教学实践经验的描述分析、发掘或揭示内隐于日常事件、生活和行为背后的意义、思想或理念，这不仅有助于教师改进教学实践，而且能以更鲜活的形式丰富教育科学理论。"[①] 程方生指出："教育叙事就是教师叙说自己在教育活动中个人化的教育问题解决和经验事实，并在反思的基础上转变自己的教学观念和行为。"[②] 语文教育叙事就是要通过叙述教育故事，讲明一种教学经验，传达一种教学理念，或揭示一个教学规律。

（二）不了解语文教育叙事的结构特征

教育叙事是在特定时间内出现的特定教学事件，这个事件具有一定的故事性。既然是故事它就应该有一定的情节，具体地说就应该有故事的场景（环境）、故事中的人物、故事的情节。而故事情节需要有故事的开端、故事的发展、故事的高潮。这些是故事的基本要求。因为我们的叙述者错把故事当作教学过程，故而故事成了记叙的流水账。新叙事学强调故事的悬念设置、结局的多变，那是在进行文学创作。语文教育叙事是一种教学研究方法，这里的故事

---

① 陈向明. 质的研究方法与社会科学研究[M]. 北京：教育科学出版社，2001，1－3.
② 程方生. 质的研究方法与教师的叙事研究[J]. 江西教育科研，2003，(8).

是教学现场发生的真实事件，虽然允许进行某些技术性的选择、调整，但绝不是作者虚构加工的，更不是杜撰的。

（三）不了解语文教育叙事的基本类型

现在许多老师在课程改革的实践中逐步认识到，教师要由一位教书匠向教育研究者转化，其中重要的一点就是参与教育研究。这种研究愿望是好的。但是由于不了解语文教育叙事的类型，就出现了把不同类型的教育叙事混用的情形。从叙事的角度划分，语文教育叙事可以分为自主教育叙事和旁观者教育叙事两大类。自主教育叙事是自己讲述自己的教学故事；旁观者教育叙事是站在第三者的立场上，讲述自己见到的教育故事。但是不论哪种教育叙事，叙事者都是一个可观的呈现者，换言之叙事者只是一个故事的讲述者，不需要站出来对故事说三道四。因为故事的内涵要由读者自己从故事中体悟。

（四）没有真正认识到语文教育叙事是一种教育研究工作

语文教育叙事是一种自然主义研究方法，也称质的研究方法，它强调在自然状态下研究教育。这种研究逼近人们的教育经验和实践本身，有利于真实地反映教育的本质。语文教育叙事的根本目是通过教师讲述自己的教育故事来反思自己的教学思想和教学行为，并通过反思使得教师内隐的个人化的教学理论与教学行为发生变化。也就是说，讲故事实际上就成为语文教师转变教学观念和变革教学行为的一种行动方式。但是许多叙事者只是把它当作讲故事的活动，没有把它当作一种研究活动。这就是对教育研究的错误认识，或者说对语文教育叙述研究的一种误读。

三、语文教育叙事研究的对策

语文教育叙事是一种十分有效的研究方法，如果大家对这种研究方法有清醒的认识，自觉按照教育叙事规律去做，那么语文教育工作者就会步入叙事研究的坦途。

（一）关注教学"冲突"

所谓教学冲突就是在教学过程中，教师与学生在对话过程中形成的思维冲突。戏剧学强调矛盾冲突，没有矛盾冲突就没有戏剧。曹禺的《雷雨》，多种矛盾交错，故能深深地吸引读者。莎士比亚的戏剧能够吸引观众，也是因为他注重设置矛盾冲突。我们在教学中经常会发生这样的事情，教师说服不了学生，学生要和老师讲道理。这时就产生了教学冲突。我们不妨看看于漪老师的

一个教学片断：①

> 一次教《木兰诗》，两节课，学生兴趣盎然，背诵出来。下课铃声响了，我赘言了一句："你们这是强记，强记易忘；只有熟读成诵，才会经久不忘。一位同学扑哧一笑，不以为然。请他站起来发表意见，他说："好是好，不过都是吹牛。"说得那么正经，那么严肃。话音刚落，教室里立刻炸了锅。"何以见得呢？"我问。"你想啊，'同行十二年，不知木兰是女郎'，军队里的人都是傻子啊？别的不说，'关山度若飞'，行军打仗，跋山涉水，总要洗脚，一洗脚就露馅，小脚怎么藏得住？中国古代女子是裹小脚的啊！"其他学生七嘴八舌，也十分赞同。我在一片喧嚷声中随口说了一句："那时妇女还不缠脚。"下课了，学生还是不罢休，追着问："那么，从什么时候开始裹小脚的呢？"我被问懵了，回答不出。我只能老老实实告诉学生："不知道，没研究过，去查找，估计正史上是查不到的，要去查野史，查风俗史。"

在这个教育故事中，教师与学生之间的冲突十分明显，有了冲突也就有了戏剧的效果，也就有了较强的可读性。

（二）关注教学"问题"

所谓问题就是在教学过程中，大家司空见惯的教学现象，但是这些教学现象又具有故事性。叙述者将其呈现出来，以引起语文教师的警醒，这种叙事就具有了研究的价值。如上例中于漪老师的叙事接着写道：②

> 我被学生问住，挂黑板了。自认为当时的态度是正确的，知之为知之，不知为不知，没有强不知以为知，蒙学生。课后查阅了好些书，最后在清代史学家赵翼写的《陔余丛考》中查到了"弓足"，裹小脚的事……查得有根有据，才回答了学生，心里才踏实。

故事讲了被挂黑板以及如何处理的事。这是许多教师在教学中都遇过到的。但这一问题往往又不能够引起教师足够的重视，往往把"挂黑板"，归因于客观，很少从自身找原因。语文教育叙事就是要关注这样的问题，以个体的经验促进读者的对语文教育问题如教师自身的知识积累、文化积淀与语文课的教学效果等问题的反思，增强叙事的研究价值。

（三）关注教学启迪

李海林指出："叙事研究就是讲故事，通过故事本身讲一个教学上的经验

① 于漪．"弓足"的波澜[J]．语文教学通讯（初中刊）．2006，（4）：13.
② 于漪．"弓足"的波澜[J]．语文教学通讯（初中刊）．2006，（4）：13.

和道理。"① 故事的作用在于引发人们对于问题的思考，对教育规律的探索。李镇西曾写过这样一段故事：②

> 几分钟后，我说，很多同学都看了一遍，咱们交流一下。你感受最深的一点，或者某些段落甚至一个句子、一个词，最能打动你的……都可以说说。哪位同学先来说说。……李文思举手了，她说："第十五自然段有这样一句——'上帝在这对男女的眼睛中看到了一种无与伦比的美……'，我是第一次听到用'无与伦比'这个词形容爱情，我对这个词有了感觉，就是爱情居然能够产生这样强大的魅力！"……说实话，在课前我所能想到的最大的教学难点，就是这篇文章很容易上成以"正确认识爱情"为内容的主题班会！我提醒自己：必须上成语文课，尽可能引导学生在认识爱情的同时，又注意课文的文学性或者说写作艺术。因此，在这之前，虽然表面上我和学生在轻松地聊着，但是实际上，我一直在关注着每一个学生的发言，我在等待，等待着学生自由交流和教师主动引领的最佳切入口。现在，李文思的发言让我心里一亮：机会来了！

这个语文教育故事就注重了故事本身的价值，促使不同的读者引起不同思考：可能是语文教师应该敏锐地捕捉学生发言中和本文重点、难点的结合点或邻近点；可能是学生自由发言与教师引导的关系；也可能是情感、态度、价值观要与语文知识技能统一的问题；还可能是语文课不能泛化，要上成"语文课"，等等。

（四）关注典型性

语文教育叙事所叙之事应是语文教学中的典型案例。文艺学中的典型形象一般是用典型化的手法"杂取种种"合成的；语文教育叙事是教学中的真实故事，具有真实性。与文艺学中的典型相同的是要有代表性，即体现教学经验、教学理念或教学规律，要有较强的说服力。仍以李镇西的教育故事为例。这个故事极具典型性，特别是在当前语文泛化趋势日渐严重的情况下，它通过故事叙述了李镇西努力"上成语文课"的教育行为和对语文教育的认识，叙事接近经验，启示人们思考语文教学的有效性等问题。

综上，作为一种研究方法，叙事者要遵循语文教育叙事这一研究方法自身

---

① 李海林：语文教学科研十讲[M]. 杭州：浙江教育出版社，2005，268.
② 李镇西. 我教《致女儿的信》[A]. 教育部师范教育司组编. 李镇西与语文民主教育[C]. 北京师范大学出版社，2006，185—186.

的规则，既要选择具有教学冲突、教学问题的典型故事，还要通过叙述给读者以语文教育意义的理解，从而使语文教育叙事成为转变教师教学理念和教学行为，促进教师专业发展的有效手段之一。

第二节　教育叙事案例

案例一：

在反复实践中成长
——我的模拟教学叙事研究

这个学期我们一共上了八节微格实验课，其中有三节课我讲的都是《白鹅》这篇课文。但这并不是简单地重复，而是在一次次的实践中不断的改进和完善。《白鹅》是人教版四年级语文上册中的一篇课文，我所讲的是课文中的5、6、7自然段：鹅的吃相。

我利用回顾式的导入方法，带领学生回顾前文的内容。作者分别从三个方面来表现这只白鹅的高傲，首先是叫声："音调严肃郑重，似厉声呵斥"，然后是鹅的步态："步调从容，大模大样的，颇像京剧里的净角出场"，最后是鹅的吃相，引出要讲的内容，通过段落的定位，回归课本，学生很快能找到形容鹅的吃相特点的两个词语："三眼一板"、"一丝不苟"。这两个词语本应是这部分的重点词语，然而就是在这里却出现了问题。

第一次讲《白鹅》，也是我第一次进微格，一方面是紧张的情绪影响发挥，另一方面，教材研究的欠缺更是不容忽视。备课时，我把太多的精力放在了整堂课的流程和时间的安排上，忽略了对教材的细致研究。所以讲课时，对于"三眼一板"、"一丝不苟"这两个词语只是进行了简单的释义——"三眼一板"就是比喻言语行动有条理或合规矩，有时也比喻做事死板，不懂得灵活掌握。"一丝不苟"就是形容办事认真，连最细微的地方也毫不马虎。解释之后，学生的反应迟滞，使我突然意识到这样的释义过于概念化，学生并不能够很好地想象白鹅的吃相，更不能够领会作者这样写的意图。于是，课后我仔细查了这两个词的具体释义，在第二次讲课的时候，详细地讲了"三眼一板"中"眼"和"板"，分别是传统戏剧中的弱拍和重拍，利用打节奏的游戏来加深学生对"三眼一板"的感知，随后再讲述"三眼一板"的引申义。学生的反应明显比之前更强烈些。如此看来，词语的讲解似乎是达到了预期的效果。但还是不足以达到理解白鹅吃相特点的这个学习目标。

我又查阅了一些资料，想要找个方法能将"三眼一板"这个词的释义与白鹅的吃相更好的联系起来，与文章的主题联系起来。反复研读课文，我发现"三眼一板"在文中的运用十分的巧妙，既贴合白鹅的食材：饭、水、泥、草这一主三副的搭配，又贴合白鹅吃饭的四个步骤：吃饭——喝水——吃泥——吃草。此外，"三眼一板"的节奏与白鹅的沉稳，大模大样，从容不迫有着相通之处。那么，能否以"三眼一板"为切入点，通过其在表现白鹅吃相上的巧妙作用，以及对于表现白鹅高傲的性情的作用进行分析，来达到教学目标（理解白鹅的吃相特点，体会其对于表现白鹅高傲性情的作用）呢？

于是，在第三次讲《白鹅》的时候，除了继续沿用打节奏的课堂活动外，又增设了一个环节：找学生上黑板画出我们在音乐课中学过的 4/4 拍的节奏指挥图，这是传统戏剧"三眼一板"节奏的通俗化，成功的与"三眼一板"，与白鹅的吃饭步骤一一对应，使鹅的吃相更加直观化，也增添了课程的趣味性。

另外，在教师评价方面我也做了些改进。刚开始讲课时只是简单评价："很好，请坐""还有吗"，在后来的课上，我的评价开始具体化，有针对性。我问学生："你是否喜欢这只白鹅？说说你的理由。"起初对于学生回答的"喜欢"，或是"不喜欢"，只是继续追问；后来改变为预设具体答案的评价。当学生回答说"喜欢"时，我会告诉他"很好，看来作者笔下这只憨态可掬，栩栩如生的白鹅也感染了你。"在学生回答"不喜欢"，并说了不喜欢的理由时，还要告诉他，他的想法值得我们思考，对学生的发言给予及时的肯定和鼓励，或是恰当的引导是很有必要的。

通过三次反复的尝试，不断的思考和改进，我收获了很多。同样的一篇课文，也许在面对真正的小学生时又会出现新的问题，这就需要在实践中积累经验，根据学生的反馈积极的调整和改进方法。回看第一次的讲课视频，感触颇多。其中最为重要的有三点：

一是要想有锐气首先就要有底气。底气从哪里来？"底气"归根到底首先源自于对教材的全方位解读和研究，其次就是对于教学方法的探索和创新。只有立足教材，配合适当的教学方法才能更有效的进行教学。

二是要讲的内容是确定的，但利用怎样的方法才能达到最好的效果，是我们需要努力探索和创新的。

三是反复，并不是一遍一遍单调的重复，而是在每一次尝试后总结经验和教训，然后不断改进，不断进步。只有走好脚下的每一步，才会走的更远，走的更加坚定！

（银予彤　2010级中文1班）

案例二：

是什么"震落了清晨满披着的露珠"

"震落了清晨满披着的露珠，伐木声丁丁地飘出幽谷。放下饱食过稻香的镰刀，用背篓来装竹篱间肥硕的瓜果……"何其芳的《秋天》作为一首清新的秋景诗被选入了人教版语文七年级上册的第三单元。而这篇课文也是前不久，我在微格模拟教学中讲解的课文之一。之所以记忆深刻，是因为它带给了我一个小小的意外。下面先来简单介绍一下课文：

《秋天》这首诗共三小节，作者以独特的视角选取了乡村秋景中三个典型的场景——幽谷·农家、江面·渔人、草野·牧羊女构成了一组绚丽多彩的乡村秋景图。整首诗营造出一种清静悠远、闲适欢快、亲切而又朦胧的秋天氛围。

我作为"老师"，我的同学作为"学生"，在我的引导与带领下，我们一同沉浸在这美美的诗歌中了。鉴赏诗歌也自然是我那节课的主要教学目标了。课上的很顺利，自然流畅的导入、对作者与创作背景的简介、对文中难点字词的强调，包括解读诗歌也很顺利，同学们也非常配合，我暗暗地欣喜。但问题恰恰出现在最顺利的时候，在讲最后一个问题——语序调整造成的表达效果时，这样的顺利局面被打破了。诗中这样的语序颠倒倒置有三处，最为重要的两处——也是整首诗的难点我已经带领"学生"顺利攻克，而这一句"震落了清晨满披着的露珠，伐木声丁丁地飘出幽谷"却意外地出现了问题。那时，我这样问到："'震落了清晨满披着的露珠，伐木声丁丁地飘出幽谷。'这两句诗在结构上有怎样的特点？或者说它的语序上有什么特点？"在给学生留了一定的思考时间后，我带领大家开始了对这句诗的解读。"我们一起想象一下，露珠要震落，是不是需要有一定的外在力量？""是"大家很配合地回答道。"正常情况下是'伐木声'先飘出了幽谷，之后才'震落了露珠'，而诗人却有意颠倒顺序，造成表达上的突兀效果，以引起读者的注意，同时也为了使句式错落有致，读起来更加抑扬顿挫而对语序进行了调整。"在我看来这是一段近乎"完美"的解释，我在暗暗自喜。

"不不，老师，我觉得这应该是风，是风使露珠坠落的，然后伐木声丁丁地飘出幽谷也是因为风"代倩倩说道。"风?"我重复了一句，迅速地回想着刚才自己所说的话。哦，我本是想说"先'伐木'，后'震落了露珠'的。"我的心里打起鼓来。"你不能说声音把它给震落了吧，因为我喊一声，这的一个东西也不会掉呀!"代倩倩补充说。"你喊一声把我都震着了。"高伟说道。于是，课堂出现了一阵哄笑。我还是故装镇定地说:"你觉得是风把露珠震落的是吧?我们一起来看一下这两句诗，诗中有提到风吗?""但是一个'飘'字不是告诉我们有风吗?"她的回答立刻让我意识到错误的所在，我竟然如此的大意，在研读课文上是如此的粗陋。但我不能就此乱了阵脚，于是缓缓地说道:"没错，我们的确能感到了风的存在。但是你认为声音不能使东西震落吗?我很响亮地拍了一下桌子，会不会使一张很薄的纸震落呢?这响亮的一下是不是声音呢?"就这样我一连抛出了好几个问题。"嗯，是的，声音会使物体震落，老师是我说错了。"但我的心里没有丝毫的轻松。"你没有说错。"我说道。"刚才是我个人对诗歌的解读，不同的人的着眼点会有不同，我很欣赏代倩倩同学的发言。她能够立足文本从一字一句中品味诗歌。这一点非常值得我们大家学习。不过老师也会为大家找到更多的科学的依据证明声音可以将物体震落。下面我们继续学习后面两小节诗，同学们……"讲课依然在继续，刚才的小意外平复了，而我的心却怎么也平复不下来，不是学生对我的挑战，而是我自己的粗陋让我感到惭愧。

下课后，我的同学们，也就是我课上的"学生"，开玩笑地说:"张老师，一定要找到声音震落物体的依据哦，我们也可以复习一下中学的物理课了，尽管那时候物理学的不怎么样，嘿嘿。""一定，我一定让你们温习一下。"我笑着说。

事后我查了资料关于声波的震落作用，书中这样写到:我们的耳朵能听到的声波频率为 20～20,000 赫兹。当声波的振动频率大于 20000 赫兹或小于 20 赫兹时，我们便听不见了。因此，我们把频率高于 20000 赫兹的声波称为"超声波"。可用于测距，测速，清洗，焊接，碎石、杀菌消毒等。在医学、军事、工业、农业上有很多的应用。我把这些资料拿给了同学看。

我的微格模拟课结束了，但这个小意外却深深地留在了我的记忆中。现在想起，有几点颇值得深思。

一是细节很重要，以学生为主体。虽然在上讲台前也做了认真地准备，备课、研读教材、查阅资料。但在课堂上，站在三尺讲台这样一个舞台上，还是有许多自己意料不到的事。教师所讲得每一句话看似不经意，但要句句严谨。不过小组同学的积极配合，让我觉得很欣慰。可有些问题自己根本就没想到，这便是自身的问题了，是不可原谅的。是什么震落了清晨满披着的露珠？这不是一个深奥的难以回答的问题，为什么当时就不知所措了呢？由此可见，作为教师你的一个疏忽就会使自己挂在黑板上。还有，被这个问题问住与自己的思维不开阔有直接关系，缺乏发散性地思考问题的能力。讲解诗歌只限于就诗论诗，而没有更深入地体会琢磨。如果是在真实的课堂上，学生也许会提出更多的疑问，对于刚上初中的孩子来说，他们只有十二三岁，是一个充满好奇心的年龄。这就需要教师备课不能仅从教授者的角度出发，去设定教什么、怎么教。要和学生转换位置，教师要站在学生的立场去思考问题，要学会换位思考，在你看来很容易的没有必要细讲的问题也许正是学生有疑虑的地方或是难点所在。要永远以学生为主体。同时，教师的备课一定要注重细节，要在宏观把握的基础上，深入研究文本，注意每一个细节，因为细节是决定成败的关键。

二是讲课之后方知不足之所在。无论是模拟课堂还是将来有幸走上的真实课堂，教师在讲课时不免会出现窘困的局面。面对学生五花八门的问题怎样回答和解决就成为关键。解决得好，就有助于教学的进行，能够教学相长；解决得不好，则不能使教学顺利进行，也不利于学生的成长。那么，如何才能解决好这一问题呢？文化积淀是关键，作为一位教师要时时刻刻注意知识文化的积累，在备课时要注意各知识体系以及不同学科的融会贯通。打破备课时的局限性，下真功夫备课，用心备课。一位优秀的教师定是一位有着丰富的知识储备的教师。只有在不断地实践中才会知道自己的不足与困惑，才能给学生以科学正确的引导。

三是治学要严谨。教师在课堂上所讲的每一个知识点要经得起推敲。这就要求教师要有严谨治学的态度，对于不清楚或是不知道的事情不能妄下结论，要有据可查才行。在我查找关于声波的振动作用时，我就告诉自己这只是我迈向神圣的讲台的第一步，也是一小步，我需要继续努力。

是什么震落了清晨满披着的露珠？是伐木的丁丁声，是清晨徐徐的微风，是伐木时树木倒下的瞬间连带着露珠一起震落了吧！对于诗的品味要用心去体会诗歌所营造的意境，要细心体察每一个字并联系生活的实际品读诗歌。这就是我的小意外，由"是什么震落了清晨满披着的露珠"引起的小意外，这也是我的微格模拟教学的小收获！

（张舒婷　2010级中文1班）

案例三：

教学是一门艺术

——我的模拟教学的叙事研究

"教学是一门艺术。"我可以这么简短有力的喊出。在我这一个学期的模拟教学当中，虽然讲授的课文数量和次数不是那么丰盈充实。但对于我来说，在我的教学活动中，我深深地感到教学是一门"艺术"，就似一幅画，如果哪一处着色不当，那么，也就不算是一件高档的艺术精品。以我的讲课实例片段为研究基础，浅谈我的模拟教学反思。

"没有实践就没有发言权，"这句话一点也没有错。在我整体的模拟教学当中，印象最深刻的便是第一次讲课。讲的是人教版七年级上册第五单元第23课莫怀戚《散步》。其中一个教学片断如下：

师："文中共描绘了几个人物？他们分别是谁？塑造了怎样的形象？从什么地方可以看出来？"

生："文中共有四个人物，他们分别是我、儿子、母亲、妻子。"

师："很好，很准确。那么大家看出他们在作者的笔下体现出什么形象啊？谁来回答。"（默然，没人回答）

师："我们一个一个说，先看———'我'，是一个什么样的人呢？"

生："是儿子也是父亲，是一个孝顺，有责任的人。"

师："你是从文中哪看出来的呢？找出来，分享给大家。"

······

师："很好，文中四个人物性格分析概括的很准确、全面。"

在这片段之中，现在回眸显得多么的生硬艰涩。站在讲台上的我，就是以这样的方式解决了这一个人物形象分析的问题。

可以说，这是文中一个必须要的完成课文梳理的问题，也是课文必须设置的问题。我在教材研究环节中，已经认识到解决这个问题的重要性，并且在教案设计时以提问式的方法引发学生学习。可是经过课堂教学的过程，实际的效果却不是那么美好。从中也得到一些经验：

首先，对于人物形象的分析、感悟不能浅显的从表面掠过。读、品、说三者不可分开，在这一环节当中，我没有做到读、品结合。优秀的老师会引导学生读出感情，读中领悟语言背后的隐藏信息。不论是"我"的孝顺，还是母亲

171

的疼爱，以及妻子的贤惠，儿子的天真活泼，这些背后的信息需通过"读"来体悟。而我并没有给学生"读"与"悟"的实践，就生硬地导出了答案。

其次，设计教学过渡语，衔接课堂教学是必要的。这个必要的细节是我上完第一节课所领悟的。衔接是体现一个老师的整体掌握能力及课堂灵活性的有力佐证。这个技法还需我认真体会、实践，慢慢改进。

再次，恰当地评价很重要。"很好"、"很准确"、"很聪明"，这些没有针对性的评价语，也是我在第一节课上使用的。总的感觉是这一堂课以失败而告终。

在我的第一堂课的总结之下，在我的第二课时的讲授中，在我刻意努力下，很明显地改进了自己的教学行为，实践着读、品相结合的原则，教学开始走进文本。

师："面对这样一篇关于亲情的文章，你最喜欢文章中哪句话，哪个词，谈谈你的感受?"

生："我最喜欢最后一段的这一句话，'我和妻子都是慢慢地、稳稳地，走的很仔细，好像我背上的同她背上的加起来，就是整个世界。'"

师："哦，你喜欢这一句，可以说说为什么吗?"

生："因为我在这一句感受到了浓浓的亲情，很幸福，全世界我可以什么都不要，只要一家的幸福快乐。"

师："体会很真切呀，看来这样的浓浓亲情打动了你。"

师："我们一起来看一下这句话，一起来品味一下。文中为什么运用了慢慢地、稳稳地这样的词来修饰走路呢?"

……

师："'世界'这个词范围大不大啊? 作者用世界来等同儿子和母亲的重量，这说明了什么?"

……

师："这样的词语的运用有什么好处呢?"

在这一个教学片断中，在课堂问题的设置以学生为本，老师只起牵引、解答作用。最后，我以"用你喜欢的方式读出你的感觉"，再次加深学生对课文中优美、有意境的语段的理解与认知。第二课时的课堂效果还是不错的，比第一课时更轻松更自然。

但是，通过第二课时的讲授，我对语文教学有了新的感悟:

其一，引导的力量是巨大的。适时适景的深入引导会让学生的思维更加的开阔，同时也使这节课的讲授更深入层次感强。深入浅出的教法是每个教师必须遵循的。

其二，教师应具有把握讲课重点的能力。学生不会的，以及学生会的，但不是完全明白的地方要重点讲述。真正做到有效率的讲课。

通过我的模拟教学的过程，我个人觉得收获很大。看到了自己的不足，同时也看到了自己的进步。对我来说：

教材研究阶段，文章分析的深度很重要。这也是我一直在努力学习的一个部分。总觉得研究的不够，没有进入状态，这种感觉时而在我的心中泛起。深度的适当把握，是致关重要的。以学生为主的观念还不够深入。学生不会的或者学生虽然会，但还不能够那么透彻明白把握的知识，是需要练习的。我对上述的内容把握地不够好，这需要不断的教学实践。

教学设计阶段，师生交流问题的预设，总结性话语，过渡性衔接以及教学重点难点、教学目标的把握尤为重要。关系着整个教学的成败。在这方面，现在的我只能认识到问题的存在，却不能一时间的解决掉，每一次的讲授都是一个"战斗"的状态。教学设计无疑是很重要的一环。在这一环当中，我的提升空间还是很大的。模仿和学习好的教学设计，慢慢吸收变成自己的一部分。这是我所要以后努力的。

课堂实施阶段，可以说我的感觉是"没有定数"的检验。存在着太多的不稳定因素，考验的是教师的临时应变能力和课堂控制能力。可以说现在的我依旧上讲台略微紧张，声音的整体控制不太好。从另一个方面来说，课堂实施阶段是前面教材研究及教学设计的最终体现，谓之"终结者"。还需要注意的一个问题是书面语与口头语的转换，我认为书面语和口头语的二者适时混搭，会更有教学课堂气氛。

我喜欢教师的职业，但我觉得自己所要走的路还好远好远，但通过这一次次的经历、体会，一点点的成长，会觉得慢慢地变强大。对于我的模拟教学的叙事研究，很有益处，也在激励着我前进的脚步不可停滞。

总之，要做好注重细节，整观全局，做好教材研究、教学设计、课堂实授三位一体的整合。路，还在脚下，还需一直走下去。"教学是一门艺术"一点也没错，需要精心、细心、耐心去对待。

（余晓红　2010级中文1班）

案例四：

冬眠的涟漪

这学期的模拟教学实践让我过了一把当老师的瘾。这滋味中有甜有涩，才明白教师的光芒不是站在讲台上高谈阔论的那一刻，其后备课的辛苦，为上好一堂课付出的精力与汗水，才是教师当之不易的地方。五次的微格实践使我渐渐缓解了紧张，学会把控时间，开始敢与学生互动，逐步规范着自己的教学行为。实践中尝试着讲过初中课文，小学课文，涉及到散文、诗歌、古文，其中印象至深的是一次看似易讲的小学一年级课文《雪地里的小画家》。

讲这篇课文出于一个偶然因素。这天，老师组织我们去青山文学道小学见习，听了一节四年级的语文课《麦哨》。实地听课后，被小学语文课堂的活跃与井井有条所吸引，带着轻松和热情回来后，决定讲一篇小学课文，希望能把活泼与欢乐带进课堂。

选择课文时发现《雪地里的小画家》内容简单，生词也少，融儿童情趣和科普知识为一体，充满童趣。于是，就没有在课文内容上多下功夫，而着力制作各小动物的脚印与所似图形的卡片，用于课堂活动。可以说备课过程比较轻松，提醒自己注意口语的儿童化、情切化，注意调动课堂气氛，就信心满满地走进了微格实验室。

开讲时，导入顺利，座位上的"大孩子"也积极地演着小学生，导致我不断笑场。生字的学习以读为主，理解课文内容也贯穿在多次不同方式的朗读中。因课文有童谣的性质，朗朗上口，大家读得童趣十足，课堂气氛活跃。趁此之际，我拿出卡片贴到黑板上，左边是几个小动物的爪子或蹄子印的彩图，右边贴着他们脚印所似的图形，乱序排列，让同学到黑板前进行连线。课堂活动十分顺利，我发现这些亲手制作的彩图，这样小小的游戏环节使"大孩子"们也感到有趣愉快，就更别提小学生了。所以，足以证明课堂活动对小学教学的重要作用，活动越新颖越与课文关系密切，就越能轻松达到寓教于乐的目的。

可是，正在我为教学顺利展开洋洋得意之时，平静的湖水就泛起涟漪了。课文中有一位小动物并不是雪地里的小画家，当问及"哪个小动物没来参加呀？"同学们齐声回答："青蛙！"又问："为什么没来参加呢？"答："它在洞里睡着啦！"继续问："谁知道青蛙为什么呆在洞里睡觉而不和其它伙伴一起在雪地里画画呢?"有同学喊:"因为它懒!"更多同学给出正确答案"青蛙在冬眠。"于是,我在此时给大家开始普及科普知识,说青蛙之所以冬眠是因为冬季气温低、又干燥,小动物的新陈代谢就低,不需要消耗更多能量就不用及时补充食物,所以就冬眠了。说完准备好的科普知识后,松了一口气,以为这一环节可以顺利跳过了。谁知,这时一个同学焦急地喊道:"老师!青蛙冬眠不吃不喝不会饿死吗?"我一怔,解释说:"不会的,因为青蛙新陈代谢降低,不再需要消耗像夏天辛苦捕蚊虫时那么多的能量,肚子不饿,就不需要再吃东西了。"我心里一阵打鼓,不知该如何恰当解释,要考虑到学生是小学一年级,我不知在其可接受范围内怎样说明清楚"新陈代谢"一术语,也在心里责怪自己课前准备做的不充足,只好这样勉强解释。不料,学生继而喊道:"不吃不喝不会死,还可以睡大觉,老师,我也要冬眠!"

一句"老师,我也要冬眠"引得同学们哄堂大笑,我感觉窘迫极了,面部表情一定变成了汉字"囧"。在同学们的笑声中,我低声回答道:"不可以哦,冬眠的孩子是懒惰的,我们要成为勤劳的小朋友。"话音落后,我自己都想跑下讲台去,竟然回答得这样糟糕,真是太难堪了。课堂后面的环节不知怎样进行的,只记得还耿耿于怀自己尴尬的回答。这次关于冬眠的涟漪,也是我对这节课印象极深的原因。

课后,当天夜里辗转反侧,还在纠结当初怎么给了学生一个那么牵强又愚笨的回答。应该随机应变这样答复,"某某小朋友,你如果冬眠就会错过一整个冬天吃美食的机会,也像课文中的小青蛙一样不能和大家在雪地里画画了,错过了欣赏白雪和打雪仗的机会,如果是这样,你还愿意冬眠吗?"我想,那位同学一定就会得到较满意的答复了。通过这个小小的涟漪,使我认识到多么需要加强随机应变的能力,不能课后才想到最佳应对措施,应该在教学阵地的第一时间就想到办法,就像语文名师程翔老师一样。

这次课堂的小插曲也归结于课前准备不充分,对课堂中所能发生的状况没有进行周全的考虑。拘泥于自己简单的臆想,轻视了课文内容的简易。其实课文内容简单,并不等于备课时就可以怠慢,而小学课文也远非自己想得那样简单。小学生处在智力发展阶段,思维活跃,想象力丰富,童言无忌,活泼可爱。这些因素都会导致教学中出现非预设的情况,在研究教材时,要与学生充分对话,充分考虑,才能够自如应对各种情况。

其次在本次教学实践中,忽略了小学教学目标的一大关键,即生字的学习。小学一年级识字量还很少,基础字词的学习是今后学习的根基,所以应高度重视在课堂上教学生认字、读字、写字。

最后，这次实践之所以收获颇丰，要感谢演小学生的"大孩子"们的生动配合，如果没有同学们积极认真的协作，提出那样符合适龄儿童的特性的问题，我也不会发现自身应变能力的欠缺。应变能力的培养应是综合的，应在充足理解课文的基础上，运用教学智慧以最敏捷的思考和最快的反应速度应对任何课堂中的小风波。

模拟教学实践的体验使我深刻体会到做一名合格的语文教师的难度，做一名优秀的语文教师更不是轻而易举的事情。而课堂中的小波折也是每节语文课都有可能出现的，因为语文是一门基础性兼综合性的学科，课前课后，课上课下都融入在现实生活中，有着丰富的人文性。所以，人文的就意味着它的人性化、情感性、思维性，那课堂中由于各种原因产生的涟漪也就是无可避免的。因此，学会处理当堂涟漪就成为了一种教学智慧、教学艺术。

教学是一门艺术，一门美的艺术。语文是一种情怀，一种美的情怀。而语文教师的智慧就在于用美的艺术培养学生美的情怀。

语文教学非一日之功，作为一名师范生，一位热爱教学的准教师，我愿意怀着美的情怀，走进这座艺术的殿堂。我知道，这中间还有很长很长的路需要走……

（郝嘉敏　2010级中文1班）

案例五:

<h1 align="center">牛刀小试之初体验</h1>

时光如白驹过隙，转眼间就到大三了，看着大四的学哥，学姐们忙忙碌碌，情绪上的几经起伏，一种紧迫感油然而生。回首前两年所学到的知识，着实说不上来具体学到了什么，大一古代文学试卷里考过的名词解释，全然是一个也记不得了，问问别的同学，所得到的答案也是一样。于是乎心生一种提笔四顾心茫然的念头，甚至乎开始怀疑自己学的这个专业到底有什么用。的确，中文系是一个要不断积累知识的专业，然而只进不出的知识学到又有什么用呢。终于，终于让我在这个学期看到了"实战演习"的课程，顿时犹如看见黎明的光亮，心中颇感安顿。

一、初体验之"脱稿"所得

这个学期张老师和王老师总共安排了八次微格教室练习讲课的机会，站上讲台之前，我心中满满怀有的是信心，是期待，是斗志！之前有参加过面试之类的经验，也有和老外一对一交流的机会。这些实践中获得过许多赞许，诸如说我发音标准、漂亮，思维活跃，说实话，当是时鄙人内心欢呼雀跃之感难以言表。信心自是不必说了，甚至乎都有点得瑟，飘飘然了起来。而后也参加过志愿者的活动，那个机构里的老师（全国十大金牌老师）也认为我的演讲比较深刻。于是如此这般的一个充满底气的中国女青年，秉着满腔的信心，完全脱离了教案，开始了我的第一节微格教室课，也算是我人生当中第一次以教学形式开展的"语文课"。依然是秉着以真情动人、以真情制胜的原则，挑了一篇从高中到现在都很喜欢的课文——老舍先生的《济南的冬天》。在课上说的都是真情，讲的都是实感，然而结果却是以失败告终。感觉很不舒坦，说实话，挺难过的。但是我知道失败并不是最糟糕的，在同一个地方一直跌倒才是最可怕的。

私底下总结了一下这次失败所获得的经验，在主观方面，即我自己的原因。因为自认为见多识广，于是没有认真地准备教案，而且完全错误地理解了脱离教案的概念，脱离教案不是指你不去备详细的教案，然后站在讲台上讲你的真情实意（说实话，谁要听你的真情实意）脱离教案是指你要跟别人一样的认真读解文本、设计教学方案、书写详细的教案，然而你要比别人更加努力地去吃透教案；其次，与演讲不同，讲课必须要是站在学生的立场去思考问题，你列每一个步骤都要考虑到学生是否能理解，也许学生还存在哪一方面的问题需要你去解决，还要考虑到在你讲完之后，是否能确保学生学到了知识，当然，真情实意一定也是必不可缺的，在讲课的过程中真情实意是指你要用心去热爱学生，用真心去了解学生，做好学生引路人的工作；最后，要广泛地阅读课外的知识，不论是正史、野史，还是政治、经济，甚至哲学，一定要去阅读，这其中原因有二：第一，有一句名言叫做"腹中有书气自华"，为了使自己在课堂上"气自华"，就必须认真读解文本，查阅相关教学资源，熟悉并吃透教科书，努力做到"腹中有书"；第二，是因为一个比较现实的原因，为了防止被学生"挂"在讲台上。曾经看了几个名师的教育叙事研究，特别是于漪老师《弓足的波澜》给我留下深刻的印象。这些名师都有被"挂"的经历，我们还怕什么。尽管，我们平时可以这样来安慰自己，但是，老师所担负的职责又时时在提醒我们要教好书，在道德情操上引导学生。一旦被"挂"在讲台上，不管你的心态再好，还是多少会受到影响的，如果你总是出现这样的状况，学生也会感觉到失落。

二、初体验之"上课"发现

我准备最充分的一节课是在我的第三次微格教学课上，我选了课文《故都的秋》作为题材。在上课前先是参考了各类教案，然后自己写了大致有三份教案，接着便是上网搜索教学视频，看了大概两个完整的教学视频。自认为准备工作做得充足，心态也调整到位，便再次信心满满的上了讲台去，迎接我的却是另一次"打击"，这次的"打击"最大的是"被问到"的经历。

这节课上我首先介绍了作者郁达夫其人以及课文的写作背景作为导入，将学生带进课堂。开始都按照我的预期平稳的进行着，气氛不错，心情挺好。然而生活中的美好总是短暂的，风雨还是更多的，课堂上某同学的一次发问打破了这个和谐又美好的上课局面。"老师，为什么要用"故都"来作为题目，故都是什么啊？"这一问还真是石破天惊得效果（至少对我来说有这个效果）于是我底气不足地说"是作者的故乡吧，本文是作者不远千里，北上去重游秋日里的故乡。"看似这场尴尬的气氛就要被我遮掩过去了，然而我很快就被另一个可爱的同学揭穿了，"老师，不对，你刚下不是说郁达夫是浙江人么，怎么又说故都是他的故乡，故都不是北方么，故都到底是哪儿啊？"瞬间，我的脸就红了，感觉完全乱了阵脚，着急之中只能是用"绝招"回了句"同学们，这个问题先放在这里，老师会在下了课认真的查找一下，就先不占用上课时间深究了，好吗？"不等学生回答，赶紧接着往下讲。可问题是，即使我努力让自己和同学感到这件事情就这样过去了，但是我还是从那几个同学的脸上看见了不屑的神情，这让我在后来的课上，一直保持着一种非常紧张的情绪。课后观看这节课的教学视频，我觉得我脸上的表情简直就像被人用板砖拍了一下一样，或者是被人用面团糊住了，一直以一种我很悲摧、我很惨、我很难过、我很害怕这样的表情讲完了一整节课，真是不知道下面的同学怎么忍受我这张苦瓜一般的脸的。当然，接下来，我立刻上了引擎搜索了这个问题—故都即北平，也就是今天的北京，它是元明清三朝定都之地，而本文的写作时间是1934年，正处于国民党"白色恐怖"统治之下，都城在南京，所以称为"故都"。尽管查我还是有那么一点"为时已晚"的感觉。

三、初体验之"教"有所获

由于这两次讲课和以后的几次讲课中，我认为我所学到的，所需要反思的大概有以下几个方面。

第一，要端正态度，不论是听课还是在教学上面，态度决定一切，千万不要抱有一种我有过登台经历，就骄傲的不去做准备，机会永远是留给有准备的人。但是也不能因为某次挫折就一蹶不振，永远的否定自己。

第二，作为老师，一定要认真研读课程标准和教科书，只有研读好课程标准和教科书，才能了解学生应该掌握什么，只有知道这些，你才能准确的掌握你要教的内容。研究教科书，认真备课，真的是上好一节课关键之中的关键。通过这几节简短的微格体验，我对此点的确是体会颇深，没备好课，手上没有一份详细的教案，你就像是一个气球，表现的再镇定自若，也是虚的，别人一口气可以把你吹到天上，手指一戳你也会"灰飞烟灭"，所以，真的完全地理解了老师一再强调的要我们好好研究教科书的目的和重要性了。

第三，走进学生，了解学生，真心的去爱学生。老师和学生中间似乎总有一堵墙，或薄或厚，想要真正的做好教学工作，了解和认知学生是最为关键的，我认为要做到真正地了解学生，首先要向他们敞开心扉，先让学生接纳你，才能让学生信任你；接着要做到聆听学生的声音，聆听是沟通的第一渠道，而沟通又是成为一个优秀的人民教师必不可少的一个环节。

第四，表情和衣着也占有很大的印象分。作为一个老师你是学生情绪的推动者，在课堂上你要做到让学生高兴，只有在愉快的气氛下学生的学习潜力才能得到充分的发挥，而要做到学生高兴，作为老师的我们就要比他们高兴十倍。要知道你一个小小的不开心的表情，站在讲台上就会被扩张放大，也许就会影响到学生一节课的情绪，所以我认为在上讲台之前，一定要收拾好你的表情，做一个快乐的引路人。

最后，因为被"挂"过，所以心里深深地埋下了一个信念——多读书，读好书。为人师长，你不能仅仅要求学生读书，自己要做到读更多的书，作为一个语文老师，你不读书，怎么有资格站在讲台上讲古文，论今文呢。

教学实录：

师（我）："同学们让我们来认识一个天才作家郁达夫，郁达夫是浙江富阳人，原名郁文，字达夫，1913 年留学日本，1922 年回国，因为那十年的异国生活让他饱受屈辱，所以回国后激起了他的爱国之心，在抗日战争中投入抗战救国活动，1933年由于国民党白色恐怖统治的镇压，作家在思想苦闷，生活颠沛流离期间写了大量的寄情山水，排遣郁闷的散文，今天我们要学的课文，同学们念一下题目…"

生："故都的秋"

师："同学们昨天都预习了吗？"

生："预习了。"

师："那谁能回答老师，作者为什么要不远万里北上故都去看秋呢？"

生：（沉默…）

师："那让老师来告诉你们，因为作者的思念之情，对故乡的依恋…"

生："老师，不对，他不是浙江人么，为什么北方是他的故乡？"

师："…这个问题让我们下课一起去查查看好吗，就先不占用课堂时间了，好吗？下面，请同学们在一分钟内从课文的前两段中找到作者眼中南方的秋色，并用笔圈起来。"（一分钟…）

生："找好了。"

师："太棒了，那找到哪些呢，请小明同学回答一下。"

生："慢慢的，润的，淡的，不明显的…"

师："恩，同学们找的很准，那老师来总结一下，就是三个字"慢""润""淡"，对不对呀？"

生："对！"

师："那老师再问一个问题，作者明明是写对北国之秋的怀念和喜爱之情，那为什么又要花费笔墨来描写南国的秋色呢？"

生："…不知道…（又一生）对比？…"

师："嗯，小雅同学答对了，作者就是用对比的手法来表现自己对北国之秋的热爱，那同学们再来找出作者又用了那些文字来写北国的秋天呢？"

生："清，静…"

师："嗯，同学们找的这两个字跟老师找的一摸一样，老师总结的是这几个词"清""静""悲凉"，同学们同意吗？"

生"同意。"

师："那我们现在已经大致了解了作者笔下的北国风光了，接下来，作者对故都的秋天啊，进行了更为细致的描写，请同学来快速阅读一下文章的3到11段，老师给你们两分钟的时间。"

（两分钟…）

师："同学们阅读完了的话，就来一起找一找作者是通过描写哪些景物来表达自己对秋天的喜爱之情呢，同时，同学们能不能试着将这些景物总结一下，并且给这几种景物命名呢？"

生："…（答案千奇百怪…）"

师："同学们都总结的非常不错，但是都不够全面，有些又不太动听，老师来说说老师所总结的好不好呀？"

生："好吧…"

师："（板书）小院深秋图，秋日槐树图。"

生："只有两个…"

师："嗯，因为时间的关系，这节课上老师只给出两个答案，剩下的同学们沿着老师这个思路自己在课下来进行总结好吗？"

生："好吧。"

师："嗯，好，那我们这节课就上到这里，同学们，下课。"

（刘姿君　2010 级中文 1 班）

语文教科书编辑话语系统研究

近年来，有一部分学生的毕业论文选择了语文课程教学论方面的题目，涉及阅读教学、写作教学等方面的内容。这表明了越来越多的学生关注、喜欢、研究语文学科教学。

这一部分选编了两篇 2009 级学生的毕业论文。一篇是关于中学语文教科书中阅读教学的编者话语研究，另一篇是人教版小学语文教科书"语文园地"的研究。这两篇毕业论文都是对以一册语文教科书编辑话语的某个系统进行了研究。这虽然与本书的主题——阅读教学文本研究的关联度不是很大，但是换个角度来看，又都是对语文教科书的研究，对语文教学资源的研究，都体现了师范生研究语文学科的意识与状态。为此，作为附录编入本书。

案例一：

人教版小学语文教科书"语文园地"的研究
——以三年级上下册为例

引　论

新世纪初，教育部颁发了《基础教育课程改革纲要（试行）》，新一轮的课改由此开始。与之相适应的《义务教育语文课程标准》也随之实行，《义务教育语文课程标准》的基本理念是：全面提高学生的语文素养，正确把握语文教育的特点，积极倡导自主、合作、探究的学习方式，努力建设开放而有活力的语文课程。新的课程标准强调了学生在语文学习中的主体地位，指出教师在教学中要充分发挥学生的主动性，使学生通过自主、合作、探究的学习方式获得知识，培养自主学习能力。

"教科书是课程目标和内容的具体体现，是教学的凭借和依据，是教学内容最基本的载体，又是教师和学生开展课堂教学活动的主要依据。"① 因此，教科书编排的内容、理念主导着学生学习的方向，决定了学习内容。以新课标为指导的教材在编写中也体现了这一理念。

语文是基础学科，在义务教育中具有重要地位，新课标指出："语文课程对继承和弘扬中华民族优秀文化传统和革命传统，增强民族文化认同感，增强民族凝聚力和创造力，具有不可替代的优势。"语文课程的多重功能和奠基作用，是其它科目无法比及的。小学语文是语文学科中的基础部分，小学语文教材一直以来是课程设计、改革的重点。因此，小学语文教科书的编写在新课改后备受教育界关注。其中，影响最广泛的是人教版的小学语文教科书。这套教材以新课标的基本理念为指导，强调了学生学习的主体性。教材的课文内容选材广泛，吸收了古今中外不同历史时期、不同地域的各类文章，引导小学生形成正确的人生观，健康的审美取向。目前，这套教材广泛地应用于各地区的小学语文课堂教学中，因此，对这套教材的研究也很多。

从笔者掌握的资料来看，对小学语文教材的研究大致可以分为以下三类：对小学语文教科书的宏观研究、微观研究、以及对比研究。其中，宏观研究的主要内容有：小学语文教科书的历史变化研究，小学语文教科书的功能、使用情况研究，小学语文教科书的制度研究等，如詹海玲《新课程小学语文教材练习系统研究——以北师大版小学〈语文〉为例》。微观研究的内容较为丰富，涉及课本插图作用的研究，童话选材的研究，习作系统的研究，口语交际内容的研究，综合性学习的研究等等，如柯一冰《课本插图在小学语文中的作用》，骆奇《人教版小学口语交际部分的编制研究》。对比研究主要是对不同版本的内容、习作领域、编写理念的研究，以及对同一版本课改前后变化的研究，如史玲玲《人教版与北师大版小学语文教材的比较研究》，陈怡《人教版与苏教版小学语文教科书的比较研究》。在这些研究中，多数研究的研究对象为一整套教材或多套教材，一些微观研究选取了教材中的一部分内容作为研究对象，但纵观这些研究，鲜有对一套教材的具体内容进行的研究，而对"语文园地"的研究更是少之又少。

"语文园地"是小学语文课本中的重要组成部分，它的设置对于学生巩固单元所学知识、培养自主学习能力具有重要意义。本文以人教版教材小学语文

---

① 张秀华. 小学语文教科书人教版"语文园地"与北师版"语文天地"的比较研究[D]. [硕士学位论文]延吉：延边大学. 2011，1.

三年级课本中的"语文园地"为研究对象，提出了"语文园地"的内容编写在学生学习中的积极作用，发现"语文园地"编写中的一些问题，并提出了相应的对策。

一、"语文园地"内容的构成

三年级语文课本中的语文园地由四个固定栏目和一个机动栏目组成。固定栏目有："口语交际"、"习作"、"我的发现"和"日积月累"。机动栏目由"宽带网"、"展示台"、"成语故事"和"趣味语文"组成，这四个栏目交叉安排在两册书的八个语文园地中，每个栏目共出现两次。

"口语交际"是"语文园地"的第一个栏目，它的内容与单元主题密切相关，是对单元内容的巩固和提升。例如上册第三单元所选课文为古诗《夜书所见》、《九月九日忆山东兄弟》，散文《风筝》、《秋天的雨》，以及现代诗《听听，秋的声音》这些都描写了秋天的事情、景物，"口语交际"的内容与之相联系，要求学生交流的内容是"秋天的快乐"，让学生说说秋天的事情，学生可以用到课文所学的内容，也可以搜集课外关于描写秋天的句子，巩固、拓展了所学内容。

第二个栏目是"习作"，它的内容与"口语交际"的内容相衔接，即"口语交际"说了什么，"习作"就写什么，使听、说、写相互联系，协同培养学生的各种能力。比如上册"语文园地四"的"口语交际"内容为"观察中的发现"，"习作"内容就是"写观察日记"；下册"语文园地一"的"口语交际"是"介绍家乡景物"，与之相对应，"习作"内容为"写一些家乡的景物"；下册"语文园地五"中，"口语交际"的要求是"谈谈爸爸、妈妈对我的爱"，"习作"的要求就是"写写父母对自己的爱"。

第三个栏目"我的发现"设计的内容较多，主要有一字多义、形声字辨析、多音字组词、句式表达等。编辑者给出词语或句子，在主体内容下给出提示语（如图所示），让学生自己发现所给字词、句子的不同之处，培养自主学习能力。例如下册"语文园地四"的这一栏目中给出下列几组词：

普通　曲谱　采摘　色彩
入迷　谜语　文章　波纹
如何　荷花　样式　考试
互相　车厢　分数　纠纷
至于　细致　皮球　疲劳

　　编辑者给出的提示语是："我发现每组两个词中带点的字……"，三年级的学生根据已有的知识不难发现每组词中加点的字读音相同，第一个字是第二个字的一部分，进而在教师指导下掌握这些形声字的规律。

　　第四个栏目"日积月累"包括一个固定栏目和一个机动栏目，固定栏目是"读读背背"，机动栏目由"读读认认"、"读读记记"和"我会填"组成，三个栏目交叉安排。"读读背背"的内容丰富多彩，多数与单元主题有关，包括名人名言、古诗、俗语、儿歌、成语等等。"我会填"的内容主要是形近字组词和词语搭配填空，"读读认认"和"读读记记"一般给出一些字词，让学生识记。

　　四个机动栏目"展示台"、"成语故事"、"趣味语文"和"宽带网"的内容是对课堂所学知识的进一步延伸和拓展，把语文学习与日常生活、社会实践结合起来，激发学生的语文学习兴趣，培养探究学习的能力。

　　这些栏目的设计体现了新课标中对于语文学习整合性、科学性的要求，内容丰富，形式多样，提出了不同的学习方式以及对学生学习能力的要求，有助于学生学好语文课程。

二、"语文园地"编写的意义和作用

　　语文园地的设置有利于学生巩固单元所学知识，强化课文学习内容，并向课外延伸，体现了语文学习的生活性。笔者通过对三年级课本中"语文园地"的研究，认为该部分的编写内容有以下几点作用。

（一）培养学生的自主学习能力

　　新课标指出："学生是学习的主体。语文课程必须根据学生身心发展和语文学习的特点，爱护学生的好奇心、求知欲，鼓励自主阅读、自由表达，充分激发他们的问题意识和进取精神，关注个体差异和不同的学习需求，积极倡导自主、合作、探究的学习方式。教学内容的确定，教学方法的选择，评价方式的设计，都应有助于这种学习方式的形成。"[①] 要培养学生的自主学习能力，教师在教学中应以引导者的身份，指导学生主动思考，以探究的形式获得知识。

　　在"口语交际"的练习中，教材要求是先分组讨论，然后各小组整合意见，每组选一个代表向全班同学讲出来。在这一过程中，小组内的互相发言讨

---

① 中华人民共和国教育部制定. 义务教育语文课程标准[S]. 北京. 北京师范大学出版社. 2011,3.

论锻炼了每个学生的口语表达能力；同时，吸取各个同学的长处，训练了学生听的能力；而最后的意见整合则使学生的协作能力、归纳整理信息能力得到提升。例如上册"语文园地五"的"口语交际"内容是：

> "我们已经对祖国的传统文化有了一些了解，让我们把了解到的传统文化和同学们交流。可以先在小组里交流，再商量一下用什么方式向大家介绍。各组代表汇报的时候，本组的同学可以补充，其他小组的同学可以提问。最后评一评，哪个小组活动开展得好。"

在整个活动过程中，每个学生都参与其中，教师只是作为组织者和引导者参与了活动，学生的听、说能力，自主学习能力得到培养。

许多单元的"习作"部分提出学生自己修改作文、互评作文、交流写作内容的要求，这也培养了学生自主学习的能力。例如下册"语文园地二"的习作要求是：

> "通过本组的学习，你一定对保护环境有了进一步的认识。这次习作，就请你写一写这方面的内容。可以把调查了解到的情况写成一篇短文；可以展开想象，写一写几年后家乡的环境；也可以写发生在这次综合性学习中有趣的事情。写完以后，多读几遍，修改自己不满意的地方。"

新课标第二学段习作的学段目标中有一点要求是："学习修改习作中有明显错误的词句。根据表达的需要，正确地使用冒号、引号等标点符号。"① 让学生修改自己或者他人的作文，培养了他们基本的鉴赏能力，是对写作水平的另一种提升。

"我的发现"栏目采用第一人称"我"的语言叙述方式，强调了自主学习意识。许多"语文园地"的这一栏目中都给出提示语指导学生独立思考，发现学习内容。例如上册"语文园地六"中，编辑者给出了两组句子：

> "海水有深有浅。
> 夜深了，老师还在工作。"
> "他收到远方同学的一封信。
> 密密层层的枝叶把森林封得严严实实的。"

提示语是："我发现同一个字在不同的句子里……"，这样以省略号结束，启发学生思考，进而发现同一个字在不同的语境中有不同的意思，这样获得的知识比教师直接讲授得到的知识记得要牢固很多，同时也养成了独立思考的习

---

① 中华人民共和国教育部制定. 义务教育语文课程标准[S]. 北京:北京师范大学出版社. 2011,7.

惯。

机动栏目"宽带网"结合时代发展，以新名词"宽带网"作为栏目名称，贴近生活，吸引学生。"宽带网"多数要求通过搜集资料来获取知识，扩大了知识面。在信息传播迅速的当今社会，从大量的信息中搜集、整理有用信息是每个现代人应具备的基本能力。"宽带网"的设置培养了学生的这一能力，使学生在整理资料的过程中学会获取知识的方法。

（二）提升学生的语文素养

所谓"语文素养"，是指"根据学生的特点，经过学习和训练发展起来的语文方面的知识与能力、探究能力与创造能力、情感态度与价值观等。"① "学生应具备的基本语文素质的内涵是丰富的，课程目标根据"知识与能力"、"过程与方法"、"情感态度与价值观"三个维度来设计展开。这里面体现了工具性和人文性相统一的思想，包含了扎实的基本功的培养和潜在能力与创新能力的开发。我们必须注重学生语文素养的全面提高，不能片面强调突出其中的某一个方面。"② 两册书在编写中把培养语文素养作为重要内容，各个栏目都体现了这一点。"日积月累"中的小栏目"读读背背"内容广泛。例如上册"语文园地二"的"读读背背"中给出一些名人名言，学生在记诵这些名言的同时，逐步形成了正确的人生观、价值观。再如上册第五单元的内容为传统文化，"语文园地五"的"读读背背"是十二生肖，学生通过了解祖国文化，培养了对民族文化的认同感。还有下册"语文园地六"的"读读背背"的内容是一些关于气象的农谚，将语文学习与生活联系起来，扩展了学习视野。另外一些语文园地中的"读读背背"有成语、古诗、歇后语、俗语等，不仅让学生了解了传统文化，也积累了好词好句。

"日积月累"的另一个机动栏目"我会填"主要是形近字组词和动词、量词的搭配填空，其它两个机动栏目"读读认认"和"读读记记"也以字词的识记为主。学生在识字写字的基础上掌握词语、成语，培养了基本的字词学习能力，养成了良好的语文学习习惯，奠定了基本的语文素养。

"我的发现"这一栏目的设置也有利于提升学生的语文素养。其中不仅包括字词的学习，还有标点、句式的学习。例如上册"语文园地二"的这一栏目中，编辑者给出三个句子：

---

① 王文彦、蔡明. 语文课程与教学论[M]. 北京：高等教育出版社. 2002，63.
② 巢宗祺. 语文课程标准解读[M]. 武汉：湖北教育出版社. 2002，5.

小男孩摆弄了很久很久，说："一切准备停当。"

"一定会飞回来！"男孩肯定地说。

"是的。"小男孩站起来，鞠了个躬，"请让我进去吧！"

通过气泡中的提示语，学生会发现引号可以放在句子中的不同位置，学习引号的不同用法。再如下册"语文园地二"的栏目中给出两组句句子：

蒲公英的花可以张开、合上。

蒲公英的花就像我们的手掌，可以张开、合上。"

"一棵高大的橡树挺立在路旁。

一棵高大的橡树像草原的哨兵，挺立在路旁。"

通过对比每组句子，学生可以体会到运用比喻句的妙处：使表达内容更生动、形象，使抽象的事物具体地展现在读者眼前，在教师的指导下学会这一修辞手法。这些内容的编写加强了学生遣词造句的能力，学生在学习过程中掌握了方法，可以迁移到其它内容的学习中。

"成语故事"虽是一个机动栏目，但对提升学生的语文素养具有重要意义。中华文化博大精深，成语故事作为我国传统文化艺术宝库中的重要组成部分，对我们的日常生活有一定的启发教育意义。"语文园地"选取了其中颇具代表性的几则故事，学生通过阅读，在知识与技能方面，扩大了阅读量，培养了概括能力，还掌握了成语，增加了词汇量，学会运用成语造句，提升了语文学习技能；在情感态度与价值观方面，教给学生为人处事的原则。例如"闻鸡起舞"的故事赞扬了刻苦学习的精神，学生在读完故事之后一定会受到启发。"买椟还珠"则告诉学生做事要分清主次，切不能舍本逐末。这些故事的学习在求知、做人、做事、与人相处方面有助于学生形成正确的人生观。

（三）激发学生的语文学习兴趣

"兴趣是最好的老师"，学生如果对学习内容感兴趣，学习效果就会很好，所以，在教材编排和教师教学过程中都应注意激发学生的学习兴趣。这两册语文书在编写中，结合三年级学生的年龄特点，在内容上注重激发学习兴趣，培养学生对语文学习的兴趣，为学好语文打下基础。

"趣味语文"就是一个很好的例子。上册"语文园地三"在该栏目设计了一段绕口令"花鸭和彩霞"，学生在诵读绕口令的同时，会感受到汉语文字的有趣之处，有效地掌握这部分内容。下册"语文园地四"给出的是"看图说成语"，例如第一幅图左右两侧画了两扇门，门中间是一座山，三年级学生可以根据已有的知识经验猜到成语"开门见山"。这样的设计符合三年级学生的认知水平，难易适中，图文结合的方式培养了学生的语文学习兴趣，对于学生掌握知识起到良好的作用。

"展示台"是一个实践性较强的栏目。要求学生通过课外实践来学习，并交流学习成果。在实践活动中，提高了学生的学习兴趣。例如上册"语文园地五"要求展示与传统文化有关的内容，学生可以搜集的东西很多，像春联、剪纸、节日传说等等，在搜集过程中，不同学生会对不同的内容感兴趣，进一步学习、了解，收到良好的学习效果。

"我的发现"也很好地激发了学生的学习兴趣。上册"语文园地四"的该栏目中，给出了四组形声字：

草坪　评价　苹果

分辨　辫子　花瓣

干燥　急躁　做操

俄国　嫦娥　饥饿

通过观察，学生可以发现带点的字声旁相同而形旁不同，每个字的意思也不一样。在学习过程中，学生还会找出许多类似的字，扩大了识字量。下册"语文园地一"中，该栏目给出十个词：

动静　得失　吞吐　详略　攻守　进退　始终　呼吸　是非　爱憎

通过提示，引导学生发现每个词中的两个字意思是相反的，两个意思相反的字怎么能组成词呢？在教师指导下，学生查找每个词的意思，明白之后就会对这类词感兴趣，继续寻找，获得更多的知识。

研究发现，两册语文书在编写中以新课标为指导，设置内容符合学段目标，"语文园地"的设计与单元主题紧密相连，有效地整合知识，为课内学习做了进一步延伸。

三、"语文园地"编写的问题和对策

两册书的内容编写合理、科学，符合该学段学生的年龄特点，但是在一些细节上还存在一些问题。通过笔者的研究，发现以下几个问题，在此基础上提出了一些建议。

（一）习作要求中具体指导较少

写作是新课标提出的五个语文学习能力之一，三四年级的习作目标是：

1. 乐于书面表达，增强习作的自信心。愿意与他人分享习作的快乐。

2. 观察周围世界，能不拘形式地写下自己的见闻、感受和想象，注意把自己觉得新奇有趣或印象最深、最受感动的内容写清楚。

3. 能用简短的书信、便条进行交流。

4. 尝试在习作中运用自己平时积累的语言材料，特别是有新鲜感的词句。

5. 学习修改习作中有明显错误的词句。根据表达的需要，正确使用冒号、引号等标点符号。

6. 课内习作每学年 16 次左右。

每个"语文园地"都有"习作"这一固定的栏目，编辑者一般先指出习作内容，然后提出要求。笔者发现，这些要求多数只提出了"写什么"，而对于"怎样写"则没有指出。如上册"语文园地六"的习作指导语是：

"我们向同学介绍了自己去过的地方，现在就来写一写。要写出这个地方怎么吸引人，使别人读了也对这个地方感兴趣。写同一个地方的同学，可以交流交流，互相取长补短。如果不想写去过的地方，写想去的地方也可以。"

上册"语文园地四"的习作要求如下：

"你把观察到的事物写进日记里了吗？让我们先交流一下各自的日记，听听同学的意见，再写一则观察日记。要观察自己最感兴趣的，要写自己最想写的。写好后读给同学听，看谁在观察中有新的发现。"

下册"语文园地五"的习作指导语是：

"这次习作，要在口语交际的基础上，用一两件事，写写父母对自己的爱，也可以写发生在自己和父母之间别的感人的事，要表达真情实感。写完以后，读给爸爸、妈妈听，请他们提提意见，再认真改一改。"

这几段话只提出了习作内容：写一个你去过或者想去的地方，写一则观察日记，写写父母对自己的爱，而对于从哪些方面写这件事或物则没有提及。这样学生在写作时就会遇到一些困难。三年级的学生刚开始写作文，要写出相对于一二年级篇幅较长的文章，是对学生能力提升的新要求。因此，必须在作文指导中让学生拓宽思路，有话可写，这样才能写出好作文。

针对这一问题，笔者认为可以从以下两方面解决。首先，教科书在编写中可以加入一些具体要求。例如上述作文提示语在提出作文要求后，可以加入以下一些指导语："想一想这个地方有什么特点，哪些地方最吸引你？是那里的景物、建筑，还是人们的生活习惯，或者气候、美食？你可以写其中的一个方面，也可以写多个方面，写出这个地方吸引人之处就可以。"这样有利于学生打开思路，联想到丰富的素材，写出内容充实的文章。其次，教师在教学中可以多加引导，特别是要落实好口语交际的教学，通过相互交流，拓宽思路。

（二）口语交际中具体要求模糊

新课标中口语交际的要求是："具有日常口语交际的基本能力，学会倾听、表达与交流，初步学会运用口头语言文明地进行人际沟通和社会交往。"① 在每个单元的"语文园地"中，"口语交际"都安排在了最前面。一般先提出要交流的内容，然后提出表达时的要求，有小组讨论，也有班级集体发言。笔者通过对两册书十六个单元"口语交际"的研读，发现其中多数具体要求不太明确。例如下册"语文园地八"的"口语交际"指导语是：

> "读了这一组课文，你可能对神话、传说更感兴趣了。你还知道或读过哪些神话和传说，选一个讲给大家听。讲之前，要记住故事内容；讲的时候，要有一定的顺序，把故事内容讲清楚。别人讲的时候，要认真听。讲完以后评一评，看谁的故事最吸引人。"

其中有"讲的时候，要有一定的顺序，把故事内容讲清楚"，至于怎样的顺序，怎样讲清楚，都没有提及。这样学生的发言内容就会空泛，不能做到生动、细致。因此，口语交际的指导语可以更具体、更明确，这样更好地指导学生进行发言，完成教学目标。

在教材编写中，口语交际的指导语可以更具体一些，指出"怎样讲"。上述例子中，口语交际的指导语可以是："明确故事的主人公，想围绕他发生了什么事，这件事的起因、经过、结果是什么？这件事产生了什么影响？"学生通过读指导语，明确了要讲的具体内容，交流起来就会有话可说，说得详细、生动一些。

（三）"我的发现"中缺乏程序性知识策略

两册书的每一个"语文园地"中都有"我的发现"这一栏目，笔者发现，这些栏目在给出主体内容和提示语后，对于怎样运用这些知识没有给出具体的指导。这就使得学生对于学习内容的掌握局限于知识的识记，而欠缺运用知识的能力。例如下册"语文园地三"的"我的发现"内容如下：

> "马跑得越快，离楚国不就越远了吗？
>
> 马跑得越快，离楚国就越远了。"
>
> "这不恰好表明有数不尽的骆驼吗？
>
> 这恰好表明有数不尽的骆驼。"

---

① 中华人民共和国教育部制定. 义务教育语文课程标准［S］. 北京:北京师范大学出版社. 2011,7.

主体内容下面的提示语是："每组中的两个句子……"，学生通过阅读提示语会发现每组的两个句子意思相同，第一个句子是反问句，要比第二个陈述句的语气更强烈，起到强调的作用。教师讲解后，学生会识别反问句这类特殊的句子。但是对于如何运用反问句，教材中没有做出指导。

因此，教材编写中适当加入一些运用知识的指导，会使学生更灵活得掌握知识。例如上述例子中，编辑者可以在提示语后编排几个陈述句，要求学生改写为反问句。这样学生不仅识别了反问句，理解其意义，还会具体地运用反问句，提高了语文学习能力，体现了语文课程的实践性。

（四）"日积月累"中缺少语文知识的延伸拓展

"日积月累"这一栏目的设置很好地体现了新课标中全面提高学生的语文素养这一理念，选取内容丰富多彩，从不同角度提高了学生的语文素养，但对于教材之外的相关知识未提出学习要求。

"语文的外延就是生活"，可以说生活处处有语文，在课本中学到的与生活密切相关的生活常识、俗语、谚语等不仅可以运用于实际生活中，还可以激发学生的学习兴趣，使他们搜集其它相关内容，运用到生活中。例如上册"语文园地四"的"日积月累"给出一首儿歌要求学生背诵：

"正月菠菜才吐绿，二月栽下羊角葱；

三月韭菜长得旺，四月竹笋雨后生；

五月黄瓜大街卖，六月葫芦弯似弓；

七月茄子头朝下，八月辣椒个个红；

九月柿子红似火，十月萝卜上秤称；

冬月白菜家家有，腊月蒜苗正泛青。"

学生在背诵的同时可以了解到不同月份各种蔬菜水果的生长状态，教材可以在此基础上提出拓展相关语文学习内容的要求，可以让学生找找其它植物的生长在各月份有什么明显的变化，例如结合单元所学课文《花钟》说说各种花开放的不同时间，各种植物结果的时间等等。这样将语文学习与生活紧密联系，不仅提高了学生的语文学习兴趣，也使语文课程更有活力。

四、结语

本次研究以人教版小学语文教材三年级上下册中的"语文园地"为研究对象，阐述了"语文园地"内容的构成，指出了"语文园地"编写的意义和作用，发现了"语文园地"编写中存在的问题："写作"、"口语交际"指导语中

"怎样做"内容涉及较少,"我的发现""日积月累"编写中缺乏运用知识的指导,在此基础上提出了相应的对策。这次研究仅以人教版教材中的具体内容为研究对象,在研究中用到的相关资料、文献有限,还存在一些缺点和不足,研究结论为一家之言,希望与相关研究者探讨、商榷,以期教材再版时对改进教材有一定帮助。

参考文献:

[1]义务教育课程标准实验教科书.语文三年级上册、下册[M].北京:人民教育出版社,2011.

[2]王文彦、蔡明.语文课程与教学论[M].北京:高等教育出版社,2002.

[3]倪文锦、谢锡金.新编语文课程与教学论[M].上海:华东师范大学出版社,2006.

[4]中华人民共和国教育部制定.义务教育语文课程标准[S].北京:北京师范大学出版社,2011.

[5]顾娟.小学语文三年级下册教材比较分析研究[J].语文学刊,2011.10.

[6]王娜娜.小学三年级语文教材(上册)的比较分析——以课改后的"人教版"和"苏教版"为例[J].教学与管理,2011.2.

[7]张秀华.小学语文教科书人教版"语文园地"与北师版"语文天地"的比较研究[D].[硕士学位论文]延吉:延边大学,2011.

[8]史玲玲.人教版与北师大版小学语文教材的比较研究[D].[硕士专业学位论文]上海:华东师范大学,2008.

[9]陈怡.人教版与苏教版小学语文教科书的比较研究[D].[硕士学位论文]上海:华东师范大学,2010.

[10]陈佳.我国当代小学语文教科书之比较研究——以人教版和上教版为例[D].[硕士专业学位论文].上海:上海师范大学,2010.

[11]陈敏.人教版小学语文教材习作系统研究[D].[硕士学位论文]重庆:西南大学,2011.

[12]骆奇.人教版小学口语交际部分的编制研究[D].[硕士专业学位论文]上海:华东师范大学,2009.

[13]邱笑红.人教版、苏教版小学语文教材习作系统研究[D].[硕士学位论文]南京:南京师范大学,2008.

[14]周芳.小学生语文综合性学习研究[D].[硕士专业学位论文].苏州:苏州大学,2010.

[15]陈蓓蓓.我国小学作文序列化训练探索的研究[D].[硕士专业学位论文].上海:华东师范大学,2008.

（闫瑞鲜　2009 级 1 班）

案例二：

中学语文教科书（阅读教学）编者话语研究
——以人教版八年级（上）为例

引　言

语文教科书是经过课程与教学论加工的专业文本，编者赋予它们特定的教学功能和价值，这就意味着每本教科书都有潜台词。语文教师作为学生学习语文教学内容的主要传播者和指导者，就无可避免的要与编者对话，充分了解语文教科书的潜台词。也只有通透的理解编者意图，理解编者的思想内容和倾向，语文教师才能有效地利用教科书。与编者对话除了要研究文本，也就是所选的课文，还应该研究编者话语。

目前来看，对语文教科书中编者话语的专门性研究还比较少，在一些研究语文教材的专著中能够看到一些，例如韩雪屏等主编的《语文课程资源研究》中第六章第二节介绍了编者话语的内部结构。还有一些电子期刊上也有关于编者话语的研究，多是单列出编者话语中的一项来研究，或者研究怎样与编者对话，编者、读者、作者之间的关系。例如中国知网里有研究插图、注释、练习题、补白的论文，还有研究编者、读者、作者之间的关系的论文。

下面的行文就是以人教版语文八年级上册为例，对中学语文教科书阅读教材中的编者话语进行具体研究。

近年来，随着素质教育的不断普及，新的教学理念的不断深入，语文教师的教法和教学重点都发生了很大的转变。可是很多语文教师在教学过程中，教学重点不明确，导致教学内容泛化。甚至有些课文在备课时就不知道该从何入手，不知道该给学生教什么。造成这种情形的原因有很多，其中一个比较重要的原因就是语文教师不太关注语文教科书中的编者话语，对编者意图不够了解，不能充分把握编者的思想内容和倾向，从而不能有效地利用语文教科书。

语文教科书中的阅读教材在深层里蕴涵着编者的课程教学理念和研制智慧，它的编排不是随意的，不论是选文也好，还是插图、注释等也罢，都是经过编者精心挑选的，就连思考练习题中的各个问题也要仔细斟酌再设置，而且编者最注重的是对这些内容的整合，以形成一个系统的比较集中的体系，以此培养学生的语文能力，提升学生的语文素养，达到编者预期的目标。

　　目前普遍使用的语文教科书中，阅读教材的体例大都仍采用单元编排的方式，单元内部的基本组元要素除了选文外，其它都是编者话语，主要包括：指导语、注释、插图、补白、思考练习题等。

　　那么这些编者话语形态的内容是什么，它们之间又有着什么关系呢？下面就让我们以人教版语文八年级上册为例，具体探讨这些问题。

一、整册书的指导语

　　阅读教材的指导语是编者为帮助学生确定学习目标和领会课文而撰写的引导性文字，包括整册教材的指导语、单元教材的指导语、选文指导语等。

　　整册书的指导语是编者写在教科书前面的话，编者往往通过文字或表格的形式，说明编辑教科书的指导思想、教科书的特点、总体结构和体例，称为"前言"、"说明"或者"编者的话"、"编者说明"等，其目的是让学生对教材的内容、结构和学习次序有整体上的了解。这些指导语虽然是整册书的，但其中大部分内容是针对阅读教材说的。

　　新课程标准实验教科书改变了以往"编辑说明"的内容和话语方式。例如人教版语文八年级上册就是以书信的方式"写在前面"：

　　　　亲爱的同学们：

　　　　新学期开始了。面对崭新的语文课本，你又一阶段的语文学习之旅启程了。

　　　　在旅行中，你将询问世界，何时铸剑为犁？将呼吁让世界充满爱，感受说不尽的桥，走上辩论台，并体验莲文化的魅力……一篇篇短小精美的课文，是一道道精神的美味，散发着芳香，让你尽情享受；一次次综合性学习，是一次次精神的探险，让你流连忘返。

　　　　在旅行中，你将尽情地漫游。生活有多么广阔，语文世界就有多么广阔。不仅在课堂上、在教科书中学语文，还要在课堂外、在生活中学语文。一篇课文，一道练习，就是千里之行的一小步，语文世界的广阔天地有无限风光在召唤着你。

　　　　在旅行中，你将看到语文与历史、地理、生物、自然等学科，有着不可分割的联系。学语文，也在学其他学科；学其他学科，也在学语文。

　　　　在旅行中，你将看到当代信息社会的"投影"。课本将引导你利用各种媒体，广开语文资源，搜集语文信息，并学会与人共享。

　　　　这次旅行成功与否的关键在于你自己。你能主动地在实践中丰富人文素养，提高语文能力吗？你能积极地与同学们切磋学问，砥砺思想，共同完成学习任务吗？你能质疑问难，深入探究问题吗？相信你能，一定能！

祝

旅途愉快，马到成功！

编者

2007 年 4 月

这其中包含了这本教科书的总体构思和编者的编写意图。

所谓总体构思主要指的是这本教科书编排的主要内容，以及这些内容排列的次序。而且这些内容都是些比较精炼的概括，比如上面的例子中第二自然段说到的"你将询问世界，何时铸剑为犁？将呼吁让世界充满爱，感受说不尽的桥，走上辩论台，并体验莲文化的魅力"，就是对教科书中几个单元主题的高度概括。并且后面单元排列的次序都是根据这些内容的次序排列的。

至于编者的编写意图主要表现在两个方面：一是培养学生的审美情趣，陶冶情操，形成正确的情感态度和价值观；二是提示学生语文知识与技能等学习的范畴，鼓励学生自主学习，提高语文能力。在上面的例子里共有六个自然段，2—4 自然段都是为了第一方面的编写意图写的，5—6 自然段则是为了第二方面的编写意图写的。

更为惹人注目的是这篇指导语的语言表达方式。一方面它是以书信的格式写的，开头即称呼"亲爱的同学们"，很亲切，这样就拉近了编者与学生的距离，使得编者能够站在一个朋友或者长者的角度与学生交流。我们阅读这篇指导语时能够感受到来自一位长者的深切关怀和殷切期望，不由自主的想要聆听这位长者的谆谆教诲。这种充满人情味的鼓励的话语，不同于以往严肃刻板的说明，更能提起学生阅读、学习的兴趣。

另一方面编者把学习过程比作旅行。学习难免枯燥乏味了些，旅行却是有无限乐趣，轻松快乐的，让学生把学习当做旅行一样，在知识的海洋中遨游，这样不仅能够达到编者的目标与期望，而且能使学生乐于接受，积极进取。

二、单元指导语及其与选文指导语、补白之间的关系

（一）单元指导语

单元指导语写在每一教材单元之前，用以引出学习主题，提示单元学习目标和重点，唤起学生的阅读期待。编者从情感和价值观念、阅读知识和能力以及阅读过程和方法等方面，激发阅读兴趣，指点阅读门径，提出阅读要求。

　　单元指导语是对整册书指导语中的内容和要求作具体阐述，即单元指导语是整册书的总体构思和编写意图的具体化。因而单元指导语的内容就包括三方面：一是阐述各个单元的主题内容；二是培养学生的审美情趣，树立正确的情感态度和价值观；三是积累语文知识与培养语文技能。

　　单元指导语一般有两段，第一段2－3句话，主要讲述的是上面所说的一、二两方面内容；第二段一般为一句话，有的是两句话，主要是提出有关语文知识与技能方面的学习要求。

　　例如人教版语文八年级上册第二单元的单元指导语：

　　　　上一单元涉及的非正义战争中残杀无辜的暴行，使我们在震惊与悲痛之余，发出这样的呼唤：再也不能让人类之间的残杀延续下去了，应该让世界充满爱。这个单元就以"爱"为主题，几篇课文都在诉说对普通人，尤其是对弱者的关爱。让我们从课文中感悟到"爱"这种博大的感情，从而陶冶自己的情操。

　　熟读这些课文，从中了解叙述、描写等表达方式，揣摩记叙文语言的特点。

　　这则单元指导语共有两段，第一段有三句话，第一句说的"再也不能让人类之间的残杀延续下去了，应该让世界充满爱"，表明了编者对非正义战争的态度，而且倾向非常明显，编者反对非正义战争，呼吁爱。编者的这种带有明显倾向性的价值观实际上是在指引学生也树立这样的价值观，就是对学生正确价值观的培养。第二句直接指出了这个单元的主题内容是"爱"。

　　第二段提出了学生阅读学习这个单元要学到的"叙述、描写等表达方式"是怎样的，还有鉴赏记叙文的语言特点。叙述、描写，都是语文知识。鉴赏记叙文的语言特点则是关于语文技能的。

　　这两段是以第一人称的口吻比较客观的阐述的，类似于一个人比较客观的自我介绍。语言精练明确。这样的好处就是让学生对本单元的内容学习目标和重点有明确的认识。

（二）单元指导语和选文指导语之间的关系

　　选文指导语是围绕单元指导语来写的，它们之间存在着一定的从属关系。选文指导语主要是针对相应选文根据单元指导语的内容而写的，有的是根据单元指导语中的思想感情方面写的；有的则是根据单元指导语中的语文知识与技能方面写的，不过这方面内容涉及比较少。例如人教版语文八年级上册第二单元第9课《老王》的选文指导语：

在我们周围，有一些像老王这样的生活艰难的人。他们不被人重视，却有一颗金子般的心。你体悟到这些人的善良了吗？你是怎样对待他们的？读一读这篇课文吧，也许你会有不少感触。

这则选文指导语主要是从情感方面写的，说到了社会底层人物的善良，这是与这一单元的主题"爱"遥相呼应的。

再例如人教版语文八年级上册第五单元第 22 课《短文两篇》的选文指导语：

古代文人表述自己的志向和情操时，往往不采用直白的方式，而常常以物为喻，写的比较含蓄，这叫做"托物言志"。这两篇短文都是托物言志的名文，文字优美，意味深远，学习时要反复诵读，用心品味，以充分领略作者的情怀，同时也要认识这种情怀产生的社会背景。

其中"托物言志"就是一个语文知识点，还有"文字优美，意味深远，学习时要反复诵读，用心品味"这些语言，都是与这一单元的单元指导语中要求学生品味课文语言相关的。

其实不管从哪个方面讲，选文指导语都是为了单元指导语服务的，它是依据单元指导语而写的。

（三）单元指导语和补白之间的关系

补白散见于教科书的不同地方，为学生提供许多宝贵的课程资源，以加深对课文的理解，拓展学习内容。补白的内容非常的广泛，而且选取的角度也多种多样，有补充相关资料的，包括作家、作品、背景等；有补充语文知识的；还有补充评论的等等。应强调的是补白不同于过去教科书中静态的知识短文，而是有机地融合选文的具体语境，渗透于具体的听说读写实践之中。

人教版语文八年级上册阅读教材的补白内容表

阅读课文目录	补白内容
毛泽东《新闻两则》	测一测你的听力
孙犁《芦花荡》	养成良好的听话态度和习惯
西蒙诺夫《蜡烛》	学习阅读记叙文
鲁迅《阿长与〈山海经〉》	关注记叙中的议论和抒情
李森祥《台阶》	说话要有中心
茅以升《中国石拱桥》	学习阅读说明文

阅读课文目录	补白内容
陈从周《说"屏"》	注意说明文的科学性
梅涛《生物入侵者》	说话要连贯
陶渊明《桃花源记》	学习背诵
刘禹锡《陋室铭》、周敦颐《爱莲说》	学习猜读
郦道元《三峡》	学习扩展阅读
陶弘景《答谢中书书》、苏轼《记承天寺夜游》	学习缩写
周密《观潮》	改写
张岱《湖心亭看雪》	学习扩写
诗四首	学习续写

　　从上表中我们可以看出人教版语文八年级上册阅读教材中选取的这 15 篇补白，主要补充的是语文技能方面的内容，包括听、说、读、写。

　　最上面的两篇补白说的是听话。"说话要有中心"、"说话要连贯"和"学习背诵"是有关说话的内容。最后四篇补白说的是写作方面。剩下的都是关于阅读方面的，这一方面又包括两个部分，一是文体，包括说明文和记叙文；二是阅读方法，包括猜读和扩展阅读。

　　这些补白的具体内容大多是相关知识的概念和注意事项，个别会涉及到游戏和故事。在语言表达上比较严肃，多是说明性的文字，指向性非常明确，内容很明了。

　　前面我们说过目前普遍使用的语文教科书，阅读教材的体例仍然采用单元编排的方式，而且这些单元多是主题单元，主题内容一般都是在单元指导语中提出，单元指导语实际上就是为了明确编者的编写意图和教学重点、难点而写的。

　　补白一般是写在课后留有空白的地方，选取的内容和选文休戚相关，是依据编者既定的目标和教学重点选取的，是对单元指导语主题内容所欠缺的语文技能方面知识的具体补充。例如人教版语文八年级上册第三单元第 11 课《中国石拱桥》，这篇课文是说明文，而且说明文的特征也非常明显，而这篇课文课后的补白"学习阅读说明文"中，就依据课文的特点介绍了说明文的概念、目的、顺序和结构。

　　虽然这篇补白表面上是依据《中国石拱桥》写的，仿佛和单元指导语没什么关系，实则不然，第三单元所选的课文都是说明文，可以说说明文是第三单元的一个重点，补白中关于说明文的具体内容其实就是为了帮助师生理解说明文这一重点写的。所以说补白是对单元指导语的一些重点、难点的更为具体的补充。单元指导语往往只是提示语文知识与技能学习的范畴，补白是在这个范畴内选取某知识点进行具体阐述，所以说补白是对单元指导语主题内容所欠缺的语文技能方面知识的具体补充。

三、选文指导语及其与插图、注释、练习题之间的关系

（一）选文指导语

选文指导语是编者针对单篇选文而撰写的指导语，以往教科书称之为"预习提示"或"提示"。主要内容是交代选文、作者以及时代背景的有关知识，并且设置一定的预习问题或者预习作业。新课标标准实验教科书对此有较大的革新，很多阅读教材取消了选文提示语，保留了阅读提示。保留了阅读提示的教科书，在提示内容和话语方式上也有较大的改观。

人教版中学语文课程中的选文指导语很像教案中的导入语，内容上或是与选文相关的知识，或是干脆就是选文中的内容。语言表达丰富多彩，多用提问的方式唤起学生的好奇心。

例如人教版语文八年级上册第四单元第16、17课的选文指导语：

人类有语言，大自然也有它自己的"语言"。研究这种"语言"的科学叫做物候学。这篇课文就是介绍物候学的。阅读文本，想一想，作者是怎样用准确的语言和清晰的条理把一门复杂的学科介绍清楚的。（第16课《大自然的语言》）

《西游记》里的孙悟空有一个绝招真令人拍案叫绝：他与妖魔们作战一旦吃紧，便从身上拔一撮猴毛，吹出一大群小猴来参加战斗。这当然是神话，但是今天的科学却能实现类似的"奇迹"，这就是"奇妙的克隆"。克隆何以这样神通广大？还是听听遗传学家的解释吧。（第17课《奇妙的克隆》）

从第一篇选文指导语中我们可以看出在内容上是写选文内容中的"物候学"，在语言表达上陈铺直叙，而且为了引起学生的好奇心，编者让学生"想一想，作者是怎样用准确的语言和清晰的条理把一门复杂的学科介绍清楚的"，这不仅增加了学生的阅读兴趣，而且还指点学生阅读这篇课文时应注意把握课文的语言特点。

第二篇选文指导语写与选文相关的孙悟空的绝招，语言表达上妙趣横生。

不管是内容上还是语言上都增加了选文的神秘感与趣味性，使得学生产生浓厚的阅读兴趣，吸引学生阅读课文。最后又设置了一个问题"克隆何以这样神通广大"，更是把学生的求知欲调动起来，让学生积极主动的去寻求答案。

这样的叙述，以及设置问题这一方法的应用，对调动学生积极性、指点学生读书方法、扩展学生知识视野、引导学生把握学习重点等都是有利的。

（二）选文指导语和插图、注释之间的关系

语文教科书中插图是一种不可或缺的阅读资源。插图以直观形象的方式对课文相关内容做出补充，学生对照相应的插图阅读，既可促进对课文内容的理解，也可激发阅读兴趣，引起联想和想象。教科书中的插图已经成为编者话语符号的另外一种富有形象性的形式，备受师生关注与喜爱。

从形式来看有国画、油画、水彩画、版画、宣传画、漫画、素描、简笔画、摄影以及计算机合成的图画。从色彩来看有彩色和黑白。主题来看人物像、实物像、动物像、景物像、故事情节画、示意图、构造图、连环画等。从位置来看有文前页插图、图文同页插图、文后页插图。在一定程度上插图蕴涵着文本的阐释功能、审美功能和文化载体功能。

可以说选文指导语是从思想情感方面提示选文内容的，插图是从形式上表现选文内容的。它们都是为了选文内容服务的。而且它们都有导向功能，选文指导语主要是导向选文思想情感方面的重点，插图主要是表现选文中某些核心概念，引导学生对核心概念的关注。

语文教科书中的注释内容广泛，举凡课文出处、作者简历、作品时代、字音字义、词语解释、典故来源等均有涉及。语文教科书中阅读教材的注释主要有三类。一题注，介绍作品出处、重要作家和必要背景；二注音释词，对于难解字词和生僻字词的注解，帮助学生疏通文字，把握课文内容，这是最多的一类；三是与选文内容相关的人文与自然方面的知识，有助于学生加深对课文的理解，并利用注释提供的线索，查阅相关资料，有效地拓宽知识面，扩展课外阅读量。

语文教科书中，文言文和古诗词中注释比较多，其内容涉及到语文基础知识和文学、文化常识等。它是为了帮助学生理解课文，扣除文字障碍的。学生只有理解了课文的内容，才能谈得上对课文思想情感、语言表达等方面的理解，因而注释是为了帮助学生理解或者完成选文指导语中的阅读要求的。

（三）选文指导语和练习题之间的关系

选文指导语主要是提示选文内容的一些重难点，练习题则是依据选文的重难点对语文技能方面的训练。例如人教版语文八年级上册第四单元第 17 课课后练习题第一题：

一、快速阅读课文，回答下面问题

1. 为了说明"克隆是什么"，作者运用了哪些说明方法？

2. "克隆鲫鱼出世前后"一节的说明顺序是什么？为什么不以时间的先后来写"克隆试验"呢？文中这种安排有什么好处？

3. "克隆羊"的诞生，为什么在全世界引起"轰动"？

4. 课文从哪些方面写了克隆技术造福人类？

从前面选文指导语的例子中我们知道这一课的一个重点内容是"克隆"，在上面的这个例子里是围绕"克隆"提出的一些问题，是综合探究性学习实践，是对学生分析课文内容的训练。选文指导语提出教材内容的一些要点，练习题针对这些要点设置了语文训练，不管是选文指导语，还是课后练习题，它们都是为了实现编者意图服务的。

四、练习题系统

练习题是语文教科书中除了选文之外最重要的组成部分，也是体现语文教科书特色与价值的重要内容之一，通常都是编者针对单元教材的知识、能力要点和选文重点、难点设置的。这些题目不仅成为学生学习过程中巩固和运用知识、历练技能和提升能力的主要途径，而且也突出地显示出编者的教育理念和教学指导思想，是编者意图的集中体现。

新课标的练习题的名称有"思考与练习"、"研讨与练习"、"探究·练习"等。人教版语文八年级上册的练习题名称就是"研讨与练习"。前面四个单元还设置了"读一读，写一写"这样的识记练习，后两个文言文古诗词单元则取消了这一板块，因为识记内容比较多，在注释中已经详细的注音释词，所以在练习题板块中就没有必要设置"读一读，写一写"了。

一般来说人教版中学语文教科书中教读课的练习题大约有三四道题，自读课一般有两道题。这样的数量还是比较适合的，一篇课文一般要讲一到两课时，一节课 45 分钟，练习题可能占用的时间是 10—20 分钟，这样还是比较合理的。

练习题设计的类型一般有以下 4 种：

1. 整体感知和理解文本。这类阅读理解型的题目占有较大的比重。在题目设计上，针对不同课文的内容和特点，提出了词义、句意、段意、篇意等不同层次的具体要求。例如人教版语文八年级上册第六单元第26课《三峡》课后练习题第二题就是解释词语。

2. 语言积累和品味。这类练习题侧重于对语言的推敲、分析和欣赏，主要有选词造句的研究，诗词文段的背诵，以及朗读、复述、背诵、抄写等，以促进语文知识的识记和保持。一般来说在现代文阅读单元中，这类练习题主要是对语言的推敲、分析和欣赏，对背诵要求甚少，背诵多是在文言文古诗词单元的练习题中出现。

3. 探究性和拓展性练习。这是开放性的作业类型，要求学生就课文引发的有关话题展开讨论、辩论；搜集相关资料，合作探究或组织相应活动等，以进一步促进知识、态度的活用与迁移。例如人教版语文八年级上册第四单元第18课课后练习题第三题：

"不同科学领域之间是紧密相连的。在一个科学领域的新发现肯定会对其他领域产生影响。"这段话对你有什么启发？你能从自己的学习或生活经验中举一两个例子来阐述这一观点吗？

4. 专题性研究和实践活动。这一类练习旨在以选文资源为起点，开发综合性的学习活动，为学生语文学习开拓更为宽广的学习空间，以便综合运用语文学科以及相关学科的知识技能，促进知识的远迁移，养成独立地研究和解决问题的实践能力，以及创新的意识和能力。例如人教版语文八年级上册第二单元第6课课后练习题第四题：

在你的童年生活中，有没有像阿长这样的给你留下深刻印象的普通人？你怎样看待他们？请用一二百字写下来。

练习题最能体现编者意图，是培养语文能力，提高语文素养的一种途径，而且练习题语言表达上指向性很明确，清晰明了。

五、研究意义

（一）编者话语自身的研究价值

编者编写语文教科书的过程中，不仅是把语文知识、思想精神、情感态度等放入其中，更多的是把它们整合起来形成一个系统，以期达到某些目标，这些都承载着编者的研制智慧，因而语文教科书作为专业文本普遍使用本就值得研究，研究编者的研制智慧，研究编者的编排是否合理，研究编者编排的内容是否符合时代要求，研究编者的编制是否有出错的地方……只有不断的研究，才能使得语文教科书去糟粕取精华，不断的趋于完善。

研究语文教科书，不仅要研究其中选取的文本的内容，选取的依据，编排是否合理等，而且还应研究编者话语内部的结构和关系，研究它们的内容，语言表达方式等等。只有发现问题，才能解决问题；只有发现规律，才能利用规律；只有发现奥妙，才能把它发扬光大。

（二）有利于语文教师有效地利用语文教科书

研究中学语文教科书阅读教材中的编者话语，有利于语文教师把握教学的目标和方向，优化教学的方法和策略，提高解读文本的能力，从而有效地利用语文教科书，更好的完成语文教学任务。

教学目标是指对学生经过教学活动后将会达到什么效果而做出的预测，它是教学活动的出发点和归宿。研究语文教科书中的编者话语，有利于把握编者编写语文教材的思想情感价值观的倾向和语文知识能力的侧重点，这样就可以明确教学的目标和方向。例如前面第二部分第（一）"单元指导语"中所举的例子，提出了第二单元所要学习的重点内容。研究这则单元指导语有助于明确这个单元的目标和方向。

教学方法是联结教与学的重要纽带，是实现教学任务的必要条件。研究语文教科书的编者话语，有利于语文教师宏观把握教材，对教材中各个部分合理调配，使教学方法优化，从而提高教学效率。例如前面说到的整册书的指导语，研究它能够使得语文教师宏观把握整册书的思想内容和侧重点，合理调配，制定出整个学期的教学计划，更好的完成教学任务。

语文教师应该具备的一个基本的能力就是对文本的解读能力，如果语文教师自己也不能理解文本，那么他怎么教学生理解呢？要是语文教师理解错了，那么后果可想而知。语文教科书中的编者话语与选文密切相关，例如在语文教科书中文言文当中的注释，大部分是对文言文中的字句做出解释，这些都有助于语文教师理解文言文。所以说研究语文教科书中的编者话语有利于教师提高文本的解读能力。

叶圣陶先生曾说过"教材无非是例子"，也就是说教材是基础，研究语文教科书阅读教材中的编者话语能够帮助语文教师更好的理解和把握语文教材，从而有效果地利用语文教科书，更好的完成语文教学任务。

（三）有利于提高学生的语文素养

语文教科书是学生学习语文的范本，它主要是为了培养学生的语文能力、提高学生的语文素养而编写的。语文素养是一种以语文能力为核心的综合素养，主要包括语文能力、语文知识和语言积累、语文学习方法和习惯，以及思维能力、人文素养等要素。语文教科书中编者话语对学生语文素养还是有一定的培养、训练与引导作用的。

语文能力最基本是听、说、读、写的能力，在此基础上产生对语言的感知能力、分析能力、审美能力，和深厚的写作能力等。例如前面第二部分第（三）"单元指导语和补白之间的关系"中说到的补白内容，包括听、说、读、写四个方面，这实际上就是对学生语文能力的培养。

《课程纲要》指出："改变课程实施过于强调接受学习、死记硬背、机械训练的现状，倡导学生主动参与、乐于探究、勤于动手，培养学生搜集和处理信息的能力、获取新知识的能力、分析和解决问题的能力以及交流与合作的能力。"

这是在说自主、合作、探究这三种新课程改革中的学习方法，编者话语在一定程度上可以辅助学生形成自主、合作、探究的学习。例如前面第四部分说到的练习题，它对学生分析和解决问题、交流合作等能力有一定的训练作用。

至于引导作用，就是牵引与导向学生朝着某个既定的目标或方向思考和发展，语文教科书编者话语中的指导语在一定程度上就有着导向作用，例如前面第三部分第（一）"选文指导语"里举的例子，其中提出了两个问题"作者是怎样用准确的语言和清晰的条理把一门复杂的学科介绍清楚的"和"克隆何以这样神通广大"，这两个问题的提出，使得学生对它们产生了兴趣，自然而然的想要去探寻结果，在提起学生的阅读兴趣的同时，也引导了学生学习的方向。

参考文献：

[1]课程教材研究所,中学语文课程教材研究开发中心. 义务教育课程标准实验教科书语文八年级上册[M]. 北京:人民教育出版社,2009.

[2]韩雪屏,王相文,王松泉. 语文课程教学资源[M]. 北京:高等教育出版社,2007.

[3]廖圣河. 论语文教师与教科书编者对话[J]. 江苏教育研究,2011.

[4]毛海鹰. 学会与编者对话[J]. 江苏教育与新课标同行,2012.

[5]刘晴. 神交与联动——浅议编者、作者、读者三者之间的关系[J]. 中国劳动关系学院学报,2010,24.

[6]孙建锋. 教师怎样与"编者"和"文本"对话[J]. 名师论语,2012.

[7]卢金明. 方寸纸上万千气象——语文教科书补白摭谈[J]. 教育与管理,2011.

[8]鲍亚民. 学会看课文插图[J]. 全国中语会会刊,1997.

[9]唐翔. 中小学教科书插图研究综述[J]. 教育与管理,2010.

［10］李建海. 课文注释功能简说［J］. 全国中语会会刊,1997.

［11］张学凯. 论语文教科书练习题设计的价值取向［J］课程·教材·教法,2007,27.

［12］朱瑛. 要重视课后练习题在语文教学中的作用［J］. 阅读教学研究.

［13］张学凯. 语文教师"学术"谈.［J］. 现代语文,2007.

［14］张学凯. 试论"用教材教"的基础.［J］内蒙古教育,2007.

［15］刘慧贤. 教育学［M］. 呼和浩特:内蒙古教育出版社,2009.

（刘晓慧　2009 级 1 班）

参考书目

中华人民共和国教育部制定. 义务教育语文课程标准(2011年版)[M].北京:北京师范大学出版社,2012.

中华人民共和国教育部制定. 普通高中语文课程标准(实验)[S].北京:人民教育出版社,2003.

韩雪屏,王相文,王松泉. 语文课程教学资源[M].北京:高等教育出版社,2007.

王枬. 教师印迹:课堂生活的叙事研究[M].北京:教育科学出版社,2008.

吴亚萍,王芳,备课的变革[M].北京:教育科学出版社,2007.

傅道彬,于茀. 文学是什么[M].北京:北京大学出版社,2002.

朱绍禹. 中学语文教材概观[M].北京:人民教育出版社,1997.

顾黄初,顾振彪著. 语文课程与语文教材[M].北京:社会科学文献出版社,2001.

王松泉. 阅读教材论[M].沈阳:辽宁大学出版社,1997.

李维鼎. 语文教材别论[M].杭州:浙江教育出版社,2004.

[英]S·皮特·科德. 应用语言学导论[M].上海:上海外语教育出版社,1983.

高慎英,刘良华. 有效教学论[M].广州:广东教育出版社,2004.

曾祥芹. 汉文阅读学研究(中卷)[M].北京:高等教育出版社,2010.

皮连生. 教学设计——心理学的理论与技术[M]. 北京:高等教育出版社,2000.

[美]艾伦·C奥恩斯坦,弗朗西斯·P,汉金斯,柯森,钟启泉. 课程:基础、原理和问题. 南京:江苏教育出版社,2002.

宗白华. 宗白华全集[M].合肥:安徽教育出版社,1994(第2卷).

童庆炳. 文学理论教程(修订二版)[M].北京:高等教育出版社,2004.

鲁迅. 鲁迅全集[C].漓江:漓江出版社,2000.

黑格尔. 美学(第1卷)[M].朱光潜译,北京:商务印书馆,1979.

张志公.语文教学论集[C].福州:福建教育出版社,1981.

人民教育出版社中语室.《文言读本》上下册.第1版.北京:人民教育出版社,1985.

朱子全集(第十四册)[C].上海:上海古籍出版社.2003.

朱自清.经典常谈[M].上海:上海世纪出版集团.2006.

钟斌,郭惠宇.走进文本需要哪些要素[J].中学语文教学,2013,(7),17—22.

周颖.文学类文本处理的着力点———把握作品的文化底色[J].语文教学通讯(B),2013(1),11—12.

黄厚江.解构和整合:文本处理的两个核心环节[J].语文教学通讯(B),2013,(1),9—11.

金正平.文本解读的不同维度和立场[J].语文教学通讯,(B),2013,(1),7—9.

卫建云,严华银.文本解读与课堂深度[J].中学语文教学,2013,(1),19—24.

王本华.作家眼中的文学作品教学——兼谈中学语文的文学作品解读[J].课程·教材·教法,2013,(3),55—60.

周冬梅.阅读教学中的文本解读[J].文学教育(下).2010(10).